社会工作丛书·第二辑

团体社会工作

（第二版）

SOCIAL WORK WITH GROUPS
(SECOND EDITION)

肖 萍 著

社会科学文献出版社
SOCIAL SCIENCES ACADEMIC PRESS (CHINA)

再版序言

改革开放 40 年来，我国社会学与社会工作的学科恢复重建工作取得了重大进展。在我国社会工作发展初期，高校开设社会工作专业课程与实际部门培训学习普遍缺乏本土教材参考。为了改变这种局面，社会科学文献出版社支持我组织出版"社会工作丛书"。在大家的共同努力下，2001 年《个案社会工作》和《团体社会工作》率先出版，此后《社区社会工作》和《社会工作行政》等相继面市，成为我国大陆第一套教师自己编写的教材。这套丛书的特点是，结合实际阐述社会工作理论与实务，具有鲜明的本土创新性，得到了使用方的普遍好评。

这套丛书自出版以来，每年开学季都会重印，发行量平均在万册以上，有的教材销量超过 6 万册。为什么会取得这样好的市场反响？我想主要在于以下两点：第一，当时正值我国社会工作学科兴起与大发展时期，社会上对学习社会工作专业知识也热情高涨，但缺乏本土社会工作教材，因此这套丛书实现了供求及时对接。第二，得益于参与写作的老师与出版社的共同努力。当时，参与教材编写的作者大多是开设社会工作专业课程的大学老师，在怎么使自编的讲稿成为公开出版的教材方面还没有经验。书稿交到出版社以后，编辑根据出版要求提出不少修改意见和建议。这样，每本书经作者和编辑反复修改才出版，从而保证了书稿的质量。实践表明，这套丛书对社会工作教学、研究与实践都发挥了推动和引领作用。

现在，社会科学文献出版社决定再版这套丛书。再版教材的作者与读者，应认清我国社会工作发展的阶段性特征：社会工作教育从数量扩张转向质量提升，社会工作政策从基本框架形成转向体系化完善，社会工作专业服务从行业标准化向管理制度化转变，社会工作实务在蓬勃发展的同时迎来了社会工作理论的创新繁荣，社会工作专业化进入高质量发展的新阶段。

我国即将全面建成小康社会，开启基本实现现代化的新征程。人民美好生活需要日益广泛，不仅对物质文化生活提出了更高的要求，在民主、法治、公平、正义、安全、环境等方面的要求也日益增长。提供与此相适应的社会工作与管理，就必须实现创新发展，使社会工作成为社会建设、社会治理现代化的重要组成部分。在专业化、社会化、信息化、智能化过程中，推进社会工作理论、方法、政策与实务的高质量发展。立学为民，治学报国。无论是社会工作领域的研究者还是教学工作者，都必须"多到实地调查研究，了解百姓生活状况"，"着眼群众需要"。通过对中国特色社会工作实践进行总结及案例分析，提炼符合中国社会工作实际的新概念、新观点、新理论。运用大数据与人工智能，为服务对象挖掘数据中蕴藏的价值，实现社会工作的集成式和高效化发展，促进社会工作在更大的场域发挥实时性作用，走出一条具有中国特色的现代社会工作发展之路。

作为这套丛书的主编，我期待再版的每一本教材都能更加全面地总结我国社会工作的本土实践与模式创新的经验，也关注与借鉴国外社会工作方法与实务的进展；期待今后这套丛书在推进我国社会工作创新发展、在社会工作教学与实践中发挥更大的作用。

宋林飞

中国社会学会原会长、南京大学教授

2019 年 3 月 11 日

目　录

第一部分　团体社会工作引论

第二部分　团体社会工作理论

第三部分　团体社会工作实务

团体社会工作引论

第一章　团体社会工作的意义

团体是个人与他人之间建立关系的重要手段，可以帮助人们学习行为准则和社会规范，建立社会支持网络，并从中获得重要的社会资本。团体是社区和社会的基本结构。具有功能性的团体社会工作服务，能促进个人与社会的发展，建立紧密的社会联系，建设充满活力的社会。

第一节　团体的意义

不同学者对团体提出了各种不同的诠释，综合这些诠释之后，我们可以大致勾勒出"团体"的基本面貌：团体是一群人彼此面对面沟通的过程；团体中的成员在面对面聚会的过程中彼此互动、适时回应；团体成员彼此之间相互依存、相互影响；团体成员遵守共同的团体规范；团体有着共同的目标；团体是一个动态的整体。基于此，我们可以更加了解团体的意义。团体的意义可以从个人与团体、团体与社会两个层面来探讨。"团体经验及社会活动机会的增加，可以使个人的社会生活、知识与技能，日益丰富而美满，对于社会的功能，亦甚宏大。"（言心哲，1944：305）

一　个人与团体

人在社会中生活，归属感、安全感及成就感是较为强烈和深入的情感动力。对于个人来说，归属于团体或贡献于他人，都是具有重大意义和价值的。团体社会工作基于这种团体哲学，帮助个人通过不同的团体经验，来增强社会功能，以促进个人、团体及社会的发展。

（一）个人需要团体

人为什么需要团体？"没有人是一座孤岛"（No man is an island），人不可能离群索居，单独生活，因为人是群居性的动物。人在成长的一生中，从呱呱落地开始，便开始了家庭式的团体生活，受到父母的呵护疼爱。之后，到了婴儿期，人开始体会到除了"我"以外，还有"别人"的世界，开始体会到团体的存在。到了青少年期，人们的思想、观念、行为、态度深受同辈团体的影响。到了成年期，人们的生活方式、价值观念更加广泛地受到社会上各种类型团体的影响。换句话说，人在成长的各个不同的阶段里，都需要有不同的团体来支持，尤其是，当人们彷徨无助碰到困难时，团体往往可以扮演一些积极性的角色，充分发挥助人的功能（李郁文，2001：3）。

每个人在成长过程中，都有各种不同的团体生活经验，譬如在家庭与父母、兄弟姐妹的相处，在学校与同学、老师的相处，在工作场合跟同事、主管的相处，等等。因此，人的成长和学习与团体生活的经验不可分割。

事实上，人们之所以需要团体，是因为个人需求可以在团体中得到满足，这也是个人加入团体的原因和理由。这主要体现在以下几个方面：

（1）个人的不安全感和孤立感通过团体得到消除或减轻，团体成为个人的避风港；

（2）个人的荣誉感可以通过团体获得，个人在团体中可以展现其阶层地位和身份；

（3）个人的自我价值感在团体中得到提高；

（4）个人的权利和影响力可以通过团体得到增强；

（5）个人情绪安慰、情感互动、心理支持等方面的需求可以在团体中得到满足；

（6）个人工作效率的提高以及工作目标的达成，可以通过团体来实现，并且在团体中可以与他人取长补短，获得最佳效益。

（二）团体对个人的重要性

在团体生活中，人们能学习到如何与人相处，处理彼此间的冲突，关心和投入团体生活中的共同事务，以使生活环境更好、个人需求获得满足。其中，人们在各种不同团体生活经验中，可以与他人互动，形成对自我的看法，并相互提供经验，相互学习生活适应的方法。除此之外，现代社会分工越来越细，人们相互间的依赖性越来越强。因此，个人人格成长受团体生活经验影响，同时个人也必须从团体生活中学习团体生活的技能与态度。

如果缺乏团体生活经验，则个人无法学习到适当态度和技能以面对生活适应问题。当个人无法获得他人接纳时，不仅个人不能得到需求的满足，而且对个人的自我概念和自我价值会产生负面影响，甚至使人产生偏差行为。因此，团体中人际生活经验强烈影响个体的人格成长及日后生活适应能力。团体工作者相信个人有问题时，可以通过团体工作者有计划的协助，建立亲密关系，彼此相互接纳、关怀，从而使个人有成功的团体生活经验，培养健康的自我人格，良好的社会适应能力。

根据莱特和凯勒的分析，团体对个人的影响可以表现在四个方面（Light and Keller，1975：158）：通过团体内部成员间的互动，可以获得社会认同；团体是社会力量和社会制度影响个人行为的媒介；团体赋予个人改变社会的权利与影响力，个人因而通过团体来影响其他的团体或社会；团体会将个人经验转换成社会经验，也会将团体经验传授给他人。

从团体形成和维系来看，团体对个人的重要性主要体现在以下几个方面：

（1）促使团体成员同心协力，进而可以联系或协调具有相互依赖功能的不同部门，通过团体完成个人无法完成的目标和任务；

（2）通过团体维持一个非正式沟通网络，可使成员能够更迅速地交换共同兴趣和信息，可以整合新的意见或创造性的解决方案。

（3）通过团体中成员之间互惠互利的相互帮助，可以解决成员个人性的问题，在团体规范、价值和行为影响下，促进成员的社会化。

（4）通过团体中成员的互动和沟通，可以提升成员在社会的确定感。

二　团体与社会

现代社会为什么需要团体社会工作？现代社会需要团体社会工作是有许多理由的。首先，科技的惊人进步使我们可以看出，全世界的人都必须发觉其他的人，并且学习如何与他们相处在一起。在现代的世界，由于劳动分工越来越细致，人们的相互依赖成为一种显著的特性。在许多不同的生活情境中，尤其是在工作领域，一般人变得很难建立起有意义的团体关系。当主要的团体——家庭，改变了规模、组织和功能，团体社会工作虽然不能取代家庭的位置，但它可以提供一些家庭生活的特有的经验。现代社区的问题亦必须由团体以及团体交互的努力来解决。"只有那些具备真诚、理解、无条件（至少是低功利性）关注和支持等要素的关系，才能使人从中得到滋养和成长。这无关阶层也无法用金钱赎买。富豪、政客、平头百姓莫不如是。人们或有意或无意地基于宗教、兴趣、相似的角色等共同点寻找日常社交以外真诚关系的可能性。这使得读书会、公益行动小组、单身女性俱乐部等五花八门的小团体都进入了兴盛时期。"（甄静慧，2014）

团体是人们赖以生存和发展的基本单位，离开团体个人将失去情感和生活的依据，甚至人与人之间的互动也会变得无序和陌生。团体不只是多数人所构成的集合体，更是人际关系的组合，也是个人行为的依据，还是构成社会的基础。团体在人们的社会生活中扮演着相当重要的角色（宋镇照，2000：7），与这些角色相关的任务主要包括社会化、社会稳定、社会控制和社会教育。

（一）社会化

团体担负着社会化的功能和任务。个人从出生到死亡都在团体中度过，并依赖团体、运用团体、接受团体、认同团体等，接受团体规范和学习团体的价值，并学习人际的互动行为，成为团体接纳的成员。言心哲指出，"从事团体工作者，每以为此种健全的社会生活与团体经验乃供给个人以适应社会及发展社会化的态度的一种重要媒介。团体经验及社会活动机会的增加，可以使个人的社会生活、知识与技能日益丰富而美满"（言心哲，1944：305）。

利伯曼认为，团体社会工作帮助个人适应现代社会生活的复杂情形，或者能够帮助人们克服进步的威胁，甚至文明本身的各种困难（Lieberman，1938）。团体社会工作的本质在于社会化，可以从个人及社会两方面加以说明：从个人学习如何与人相处来看，团体社会工作能协助个人在团体中互相配合，使其对于团体福利能有所贡献；从个人生活的发展与成就来看，团体工作常能协助个人发现较满意的生活（McClenahan，1936）。

（二）社会稳定

团体是社会稳定的力量，社会总是会通过团体来整合个人，将个人纳入社会结构。社会的稳定和发展是以团体的稳定和发展为基础的，而团体的凝聚整合和巩固提供社会稳定的重要依据。

（三）社会控制

团体规范与契约可以发挥社会控制的效果。团体不但提供个人活动的地方，也有一套行为规范来约束个人行为，在团体的运作下，团体使个人产生一种从众的心理，以免让个人成为异类，从而使之在行为的表现上也尽量符合团体对个人行为的期待。

（四）社会教育

团体是现实社会的缩影。团体成员在团体的过程中，往往会体验到一般社会中可能发生的各种状况，学习到如何与别人交往、沟通、互动、协调、合作等人际关系的技巧，以及如何缓解和应对误解、曲解、不满、抱怨等负面情绪的方法。团体社会工作"由较小之团体活动所获得的各种经验与知识，可作参加较大团体的训练和教育基础。从这方面来看，团体工作富有很大的社会意义与教育价值"（言心哲，1944：305）。

第二节　团体社会工作的界定

作为一种工作定义（Benson，2010：8；Lindsay and Orton，2008：7），团体社会工作是一种社会工作方法，旨在通过有目的的、富有成效的、健康的和创造性的团体经验，有意识地、训练有素地、系统地运用有关个人与他人不断互动的知识，在明确协议的基础上，以知情同意的方式帮助个人和团体满足个人和群体的需要，实现团体的目标和维护成员的权利，并影响和改变个人、群体、组织和社区。

我们可以回顾团体社会工作发展过程中的各种界定，从中了解团体社会工作的含义，并且逐渐形成对当代团体社会工作的一般看法。

一　社会服务机构实践中的团体社会工作

团体社会工作起源于各种社会性质的社会服务活动，较早时期实施团体社会工作的有基督教男青年会、基督教女青年会、童军等机构，它们的服务内容常包括团体活动。在早期社会改革过程中，社会服务机构和组织的团体工作者通过团体活动的形式，不懈努力地与工业革命对人民生活的不利影响做斗争，这些早期的社会改革者以强烈的服务社会的使命感和奉献精神，强调个人成长与社会发展、公民参与、民主参与和结社、文化多元化，对团体社会工作发展产生了重要的影响（Alissi，1980）。团体社会工作被当作一种社会运动、民主性行动的方法以及多个社会服务领域中的一部分，例如非正规教育、青年服务、娱乐活动、野外活动、劳工运动、睦邻组织、社区中心等（Konopka，1963：2）。

美国团体社会工作的先驱者，例如柯义尔（Grace Coyle）、纽斯泰特（Wilbur Newstetter），早期便把具有团体活动性质、提供团体经验、满足个人及社会所需要的活动认定为团体社会工作。

二 专业教育发展中的团体社会工作

20世纪20年代开始，团体社会工作不仅与社会服务机构有关，而且与教育领域和成人教育讨论方法的发展有密切的关系（Coyle，1952）。

20世纪20年代和30年代，团体社会工作在很大程度上被视为一种教育过程，个体通过积极参加志愿组织学习新的技能和知识。创造性的项目活动被用作促进正常的个人成长和个性发展的工具。团体工作者开始认识到，团体领导技巧对团体过程有重要的影响，而这些过程反过来又影响成员的态度、行为和个性。此外，团体工作者认识到小团体对参与者发挥着社会化的影响，并开始有意识地利用这种团体作为一种力量，灌输价值观，教导领导才能和公民责任，在社会运作的其他方面，这种团体也成为实现合作民主变革的手段（Alissi，1980）。

布希在其著作《团体工作中的领导》中指出，随着闲暇时间的增加，以及非正规教育中团体工作的重要性得到认可，团体工作在现代生活中变得越来越重要。"团体工作通常是指社会机构主办的在闲暇时间进行的教育过程，目的在于帮助个人在团体中获得知识、技能与态度，或者开展具有建设性、娱乐性的活动。"（Busch，1934：1）

柯义尔也于1937年认为："团体社会工作是一种教育的过程，通常由各种志愿结合的团体，在团体工作者的协助下，于闲暇内实施。其目标是在团体中通过个人人格的互动，促进个人成长，以及为了达成共同目标，而促成团体成员互助合作的集体行动，创造团体的情境。"（Coyle，1937）

哈特福德（Hartford，1971）从早期柯义尔对团体社会工作的论述中发现，在20世纪30年代柯义尔所主张的团体社会工作大致可以分为三个方面的内容。

（1）个人的发展与社会调适，个人有能力与他人相处、合作，且能在各种团体中感觉舒坦。

（2）经由知识与技巧的增进而丰富个人的兴趣，进而整合这些兴趣到个人自决的生活模式中。

（3）发展对社区参与的社会职责感，不只在于预防与治疗反社会行为，而且鼓励参与社会的改进。

这一时期团体社会工作不被视为一种社会工作方法，而被当成一种教育与休闲活动的过程，团体经验被视为协助正常成长和发展进程以及促进公民社会责任与行动的重要工具，其目标则在于促进个人发展和社会调适、激发个人兴趣、增强个人社会职责感等。

三　作为社会工作方法之一的团体社会工作

自从团体社会工作有意识地被运用以来，人们一直在找寻一个较简单的定义。随着时代的变迁，虽然不断地产生新的定义，但一直没有发展出一个较为普遍接受的定义（Konopka，1963：2）。20世纪40年代之后，团体社会工作被视为一种社会工作方法，美国团体社会工作专家们便努力为其寻找一个共同认可的定义。

（一）威尔逊与赖兰的定义

美国团体社会工作学者威尔逊（G. Wilson）与赖兰（G. Ryland）认为："团体社会工作是受过专业训练的团体工作者，在其所属机构或社团的支持下，依据团体社会工作原理和方法，以及团体工作者对个人、团体和社会的了解，运用团体工作者与团体、团体成员及社会的交互关系，以促进个人、团体与社会发展为目的的专业工作。"（Wilson and Ryland，1949）

（二）美国团体工作者协会的定义

1949年，美国团体工作者协会（American Association of Group Workers，AAGW）的委员会发表了一篇标题为《团体工作者的功能界定》（*Definition of the Function of the Group Worker*）的报告（Coyle，1949）。这份报告中的定义在之后的几年里一直被视为团体社会工作的正式定义。虽然这个定义并不十分严谨，但是已经包含了许多重要概念，对于团体社会工作目标、功能、方法以及一些必要的基本知识等的相互关系进行了呈现，主要有如下几个方面。

（1）团体工作者通过团体成员间的相互作用及活动方案，协助不同类型的团体达到其目标——帮助个人成长及社会性目标的实现。

（2）团体工作者的目的包括：根据个人能力和需求促进个人成长；使每个个体能适应各种人、团体和社会；使每个人有改变社会的动机；同时，让每个人能够认识到自己的能力、权利及每个人之间的差异性。

（3）团体工作者参与团体的目的，是影响团体的过程，是使团体中的决定来自知识和分享，是整合每个人的思想、经验和知识的结果。

（4）团体工作者主要是让自己负责的团体，通过经验而和其他团体、社区、社会间保持良好的社会关系，目的是培育有责任的公民，并加强社区和社会内不同文化、宗教、经济或特殊的社会团体间的相互理解，并使每个人都能参与，从而促进社会朝着民主目标不断前进。

（5）团体工作者的指导方针是，所有人都能自由发挥自己的能力、尊重他人及负起维持民主社会不断前进的社会责任等。

（6）团体社会工作的临床基础是，以近代社会科学有关个人、团体行动的知识和社会情境，社区和社会内各种有关知识为主。

（7）基于这些知识，团体工作者运用技术来协助成员，使他们能以自己的能力参与或创造社会性、建设性的团体活动。

（8）团体工作者必须详细了解活动方案和团体内部的相互作用、团体与社区间的相互作用。

（9）为了回应成员关切的事项及满足成员的需要，团体工作者必须协助成员从体验团体过程中得到满足，并且能通过社会关系而获得喜悦，达到个人成长，并进而协助成员以有责任的公民身份参与社会活动。

（10）团体工作者必须有意识地运用下列几项媒介：自己和团体的关系、作为手段的活动方案知识、对个人和团体过程的理解以及对于个人、团体所负有的责任和自己所代表的社会价值观。

（三）马乔里·墨菲的定义

1959 年，美国社会工作教育委员会（Council on Social Work Education）发表了由马乔里·墨菲主持的课程研究，其中提出了一个比较理论性且概括性的定义："团体社会工作是社会工作方法之一，它通过有目的性的团体经验来促进人们的社会功能发挥。"（Murphy, 1959：39 - 40）墨菲把团体社会工作纳入社会工作体系之中，并将其视为专业性社会工作方法之一。这个定义非常精简，要从中了解团体社会工作的服务对象和方法，还需要加以解释与补充。墨菲也整理了学者们对团体社会工作的一些一致性的观点，主要有以下三方面（Murphy, 1959：78）。

（1）团体社会工作是通过团体经验的提供来达成下列目标：尽可能激发个人潜能，改善人际关系，增强社会功能，以及实施社会行动，等等。

（2）团体社会工作是一种基础方法，它可以运用于不同的工作部门。

（3）在团体社会工作方法中，团体工作者有意识地使用了团体工作者与成员的人际关系、成员间的人际关系、成员与团体的关系及团体活动；团体工作者协助成员与团体充分地利用其能力与力量，也依照当时成员的目标、需求、关注与能力来运作团体。

美国全国社会工作者协会 1965 年出版的《社会工作百科全书》中的团体社会工作的定义与墨菲的说法很相似，认为"团体社会工作是一种在面对面的小团体内以及通过此团体为个人提供服务的方法，以使成员参与团体活动促成预期的变迁"（NASW，1965）。

（四）特雷克的定义

特雷克（Harleigh B. Trecker）整理众多意见之后，为团体社会工作的定义做了综合性的总结。团体社会工作是一种方法，这种方法由知识、了解、原则、技巧组成，在各种社会工作机构中的个人，在团体工作者的协助下，在团体活动中互助，彼此建立关系，并以个人能力与需求为基础，获得成长的经验，旨在达成个人、团体、社区发展的目标（Trecker，1972：36）。特雷克总结的这一套定义的操作性很强，其定义如图 1 - 1 所示。

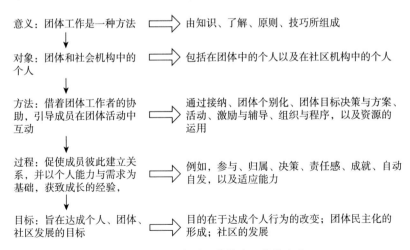

图 1 - 1　特雷克对团体社会工作的定义

资料来源：Trecker，1972：36。

（五）克那普卡的定义

克那普卡（Gisela Konopka）在回顾团体社会工作之后，延伸了墨菲的定义，将团体社会工作概括为："团体社会工作是社会工作的方法之一，它通过有目的的团体经验，协助个人增强其社会功能，以及更有效地处理个人、团体或社区的问题。"（Konopka，1963：20）

1978 年，克那普卡在对当时的一些团体技巧进行分析后总结了团体社会工作最显著的特点，正是这些特点让它成为一种合理可靠的、核心的社会工作方法。这些特点有如下几点。

（1）系统论是理解团体过程中和更广泛的环境中的个人的独特的综合性的视角。

（2）团体社会工作使用艺术、戏剧、游戏和讨论等各种媒介，将认知和情感方法结合起来。

（3）团体社会工作使用"成员"概念而非"案主"（client）概念，表明助人过程中民主化的重要性，并将互助作为目标。

（4）团体工作者不是一个权威主义者或观察者，而是一个真实的个体，团体成员有权了解他/她；让团体经历成为真正的分享体验，每个人可以开始获得真正的自信；注重成员自由坦诚的了解和互动。

（5）团体内容与现在、过去和未来有关；团体气氛是开放、温暖和接纳的；面质是诚实的和支持性的；团体社会工作的关键词是"参与"。

（6）团体工作者要学会评估个人和他们的环境，了解他们的人生哲学，有能力在个人和团体中激发自助力量，然后，根据他们的需要和能力，与团体成员一起制定各种方法来实现他们的目标（Konopka，1978）。

四 通才实务视角下的团体社会工作

在社会系统理论的支持下，通才实务（generalist practice）取向于 20 世纪 60 年代后期开始出现。人的问题日益错综复杂而又相互关联，需要社会工作实务采取灵活变通的方式，通才模式提供了多功能的人才，适应了这种需求。通才实务包含了两个基本组成部分。首先，社会工作者集中关注系统间的互动——人与环境的相互作用，同时不断寻找干预若干系统的方法。其次，它并不试图要求服务对象的境况适应社会工作者的方法取向，而是将服务对象的境况视为采用哪种实务方法的决定因素。它因此要求社会工作者具备广博的知识和技能基础，面对服务对象及其系统，可以有能力从中选择适当的方法，满足服务对象的需求（Morales and Sheafor，2004：38）。

（一）团体社会工作的通才实务视角

对于社会工作者来说，团体实践是必不可少的，而且无处不在。从为个人和家庭提供服务到规划、发展和管理人类服务，团体实践以多种形式适用于社会工作的所有领域。当今社会工作中的团体实践，其最大的特点是它的广度，涉及目的、人群、实务情境、实务工作者的角色和实务方法等各个方面（Schopler and Galinsky，1995）。

罗纳德·W. 特斯兰（Ronald W. Toseland）、罗伯特·F. 理瓦斯（Robert F. Rivas）提出，要以通才实务视角为基础来理解团体社会工作是怎样帮助个人、家庭、团体、组织和社区更好地发挥功能的（Toseland and Rivas，2017：18－21）：

（1）所有社会工作者都会参与到团体的实践中，他们可能推动治疗团体、支持团体、教育团体、社会目标团体、工作团体或娱乐团体的运作，他们也可能担任多学科团队、工作部门和委员会的领导或是其成员。团体社会工作需要面对、应对和处理各种各样与个人、组织或社区相关的团体。

（2）在主持任何一种团体时，团体工作者都需要关注个体成员、整个团体以及团体所处的社区环境。团体工作者需要关注个体成员，以帮助他们实现自己的目标；团体工作者需要将团体当成整体来进行干预，从而使团体功能达到一个最理想的水平，保证团体达到预期的目标。团体工作者还需要评估团体的环境，以决定是帮助团体来适应环境，还是改变团体所处的环境。

（3）团体工作者需要吸收通才实务中的知识和技能，并将它们运用到各种类型的不同领域的团体社会工作实务中。经验丰富的团体工作者常常会尝试用不同的方法开展工作，不断更新自己的知识。整合多种实务方法的效果，常常优于使用单一方法。团体工作者需要在对特定团体进行全面评估的基础上，将实务方法运用到特定情境中，而不是固守某一个方法，或者将一种方法简单复制、生搬硬套到另一个情境中。团体工作者如果能够掌握不同的团体工作方法，并且能够根据团体的不同需求来运用特定的知识和技能，那么他们的工作将是最有效的。

（4）从通才实务视角来看，团体工作的助人过程具有互动性、动态性的特点。初学者常常会采用团体社会工作实务中静态的、结构性的、时效性的方法，这种方法比较简单，但是无法解决团体社会工作在现实中所面临的复杂性和多元性问题。

（二）通才实务视角下团体社会工作的含义

基于通才实务视角，团体社会工作可以定义为：在社会工作专业价值观和实务伦理原则指导下，在一个社会服务系统内，有目的地运用团体概念、干预策略和团体过程，针对团体成员和整个团体开展的，以实现个人、团体和社会的目标的活动。这个定义的含义体现在以下几个方面（Toseland and Rivas，2017：27-28）。

（1）团体社会工作是以目标为导向的，是在专业实务背景下，由团体工作者开展的计划好的、有秩序的活动。这些目标可以是满足团体成员个人的社会-情感需求，也可以是帮助团体成员所属的机构或组织完成某些特定的任务。

（2）团体社会工作的服务对象系统有着双重关注点：针对团体成员和针对整个团体。二者并不一定是互相排斥的。不管是把团体当成服务对象系统，还是把团体成员当成服务对象系统，都必须了解团体成员过去的生活历史、发展模式、需求、目标、行为模式特点等。

（3）团体并不是生活在一个真空之中的，它们与自己所在的社区有着密切的关系。这些社区会支持团体活动，使之合法化，还会影响团体目标的实现。

（4）团体社会工作与现行的服务系统也是密切相关的，团体和赞助机构之间存在相互影响的关系。团体会受到赞助机构的使命、资源、目标和政策的影响。同时，团体也可能促成赞助机构政策和程序的改变。

第三节　团体社会工作的相关概念

一　非社会工作取向的团体活动

由于团体社会工作与某些通过团体来服务个人的专业在功能与技巧上有重叠的部分，因此，有必要对团体社会工作与非社会工作取向的团体活动进行区分。

由于以下几类"非社会工作取向的团体活动"都有某些特征与团体社会工作相似，所以容易混淆不清。这些特征是：提供小团体面对面沟通的情境来达到效果；运用团体过程来做媒介；通过语言与非语言的沟通；以角色扮演、心理剧、社会剧、团体活动等作为辅助工具；借助受过训练的领导者来推动激发团体动力；重视团体的发展过程；持续性的团体经验分享（林万亿，1998：20）。

（一）团体娱乐活动

团体社会工作会被视为团体休闲娱乐或团体娱乐，这与早期团体社会工作发展的历史背景因素有关。当时大多数的娱乐活动是以团体的方式进行的，团体社会工作也被误认为是"娱乐"与"社会教育"的同义词。从娱乐的种类或方法上看，有业余运动、公园游赏、水上运动、音乐会、夏令营、社交娱乐、艺术欣赏、戏剧观赏、家庭娱乐、教堂娱乐、劳工娱乐、农村娱乐以及商业化的娱乐等，其中有些与团体社会工作是有密切关系的（言心哲，1944：313）。事实上，团体社会工作的概念一直在转变，娱乐的范围也一直在改变，一般人无法将二者的意义区分得很清楚，甚至存在将二者混淆的现象（Konopka，1963：4）。

团体社会工作会被视为团体休闲娱乐或团体娱乐的另一个因素则是，团体社会工作过程中常以团体游戏来激发团体动力或进行治疗，而这些团体游戏的基本形式可能与团体娱乐游戏没多大差异。

事实上，团体社会工作是具有多种功能的社会工作方法之一，娱乐只是团体工作者运用本身的技巧、发挥团体社会工作功能以提供服务的一部分。

早在1944年，言心哲就指出，团体娱乐活动与团体社会工作虽然常常交替互用，但是不能将普通的团体娱乐活动称为团体社会工作（言心哲，1944：308），因为它的主持人或领导者对于参与团体娱乐活动的个人，并没有充分的认识，也不能全部顾及个人的社会发展，这与团体社会工作的基本概念不符，二者在其目标与操作过程上是有差别的。柯义尔也提出将团体社会工作与娱乐活动区分开来，"娱乐是一种需要履行的职能，团体社会工作是履行这一职能的一种方法"（Coyle，1947b：69－80）。

（二）团体生活

团体社会工作与各种团体，如俱乐部、委员会、政党、宗教等组织的生活，应有所区别。二者相同的是，都致力于实现团体中某一个或多个的共同目的。儿童们在街上结党成群，是一种团体生活。将这些儿童移到另一个区域或机构，配合一个领导者，用教育的历程指导他们的生活，就是一种团体社会工作。团体社会工作通过控制团体环境因素，对参加者的教育产生影响，具有社会教育的意义，这与政治团体及其他组织方面的执行人员所用的方法和想达到的目的，是不尽相同的（言心哲，1944：308）。

二 团体辅导、团体咨商与团体治疗

团体辅导（Group Guidance）、团体咨商（Group Counseling）和团体心理治疗（Group Psychotherapy）通称被称为团体治疗（以下简称团体治疗），三者之间，从功能上看，虽有部分重叠，但本质上还是有不同的（李郁文，2001：9～11）。

（一）三者的含义

1. 团体辅导

团体辅导是一种有组织地预防问题的方法，内容包括教育的、职业的、个人的、社会的信息提供，而这些信息是在正常的教学过程中未被教导的。因此，团体辅导是提供给学生精确的信息，以协助他们做好适当的计划与生活选择，是一种以预防为取向的团体服务（Dinkmeyer and Muro，1979：4－5）。

团体辅导的主要目标是资料的提供或知识的获得，以作为个人拟定计划或做决定的参考，因此本质上，其功能是预防性的（preventive）和发展性的（developmental）。团体辅导主要强调的是认知或知识层面的功能，主张用间接的方法来改变自己的思想或行为。

团体辅导的实施，原则上以班级人数为准，通常是30～40人，并且以例行安排的时间来实施，方式可以是讲解、讨论、看电影、放幻灯片、收看闭路电视、看木偶剧、学生报告、请人讲演或座谈等。

2. 团体咨商

团体咨商是咨商的一种方式，通过团体中的人际互动过程来协助成员解决一些意识层面的情绪与行为困扰，增进自我了解与相互接纳。

团体咨商的目标不只是相关知识的获得，因为实施对象是具有暂时性或持续性困扰的人，所以目标是改变团体成员的思想、观念、态度或行为。因此本质上，团体咨商兼具了预防性、发展性和矫治性（remedial）的功能。团体咨商强调的不只是认知或知识层面，已经涵盖了情感的介入（affective involvement），主张用直接的方法来改变团体成员。

一般而言，团体咨商已属较专业的范畴，所以必须由受过训练的、能胜任的、专业的辅导员或咨商员来带领，以短期的方式在学校辅导中心或社区心理卫生中心实施，且人数不宜太多，原则上是6~8人的小且亲密的团体。

3. 团体治疗

团体治疗是心理治疗的一种重要方法。团体治疗旨在缓解症状和改变基本人格，重点是使成员能够实现他们个人的治疗目标。团体心理治疗的成员想要改变，并准备好通过自我探索为之努力，需要被激励。他们加入这个组织应该是自愿的，而不是外部压力的结果。他们需要相信团体会适合他们，并接受团体心理治疗的理论。由于这些团体严重依赖口头交流，成员应该能够运用语言。最后一个要求是要有心理意识，能够接受对自我内部以及自我与他人之间的互动和关系的适当心理解释。团体心理治疗不鼓励关注团体以外发生的事件，也不鼓励对成员行为起源进行过多的历史调查（Preston-Shoot，1987：12－13）。

由于团体治疗的对象已非一般常人，而是有严重情绪问题的病人。因此，必须由具有证照的治疗师来进行矫治性的或临床性的人格重整和治疗。治疗技术已经偏重对过去潜意识里的思想、情绪做深入的心理和行为的解析，且必须是在医院诊所或医院中做长期性的治疗。

团体治疗很接近团体社会工作。可是，团体社会工作并不只是处理情绪与心理上有困扰的团体，也不特定用于精神病诊所。所以，团体社会工作不等于团体治疗。我们宁愿说团体社会工作中的治疗模式相当于团体治疗（林万亿，1998：17）。

团体治疗是一种支持性的、再建构的深度分析，分析焦点在于潜意识的层面，强调心理的或其他严重的情绪问题，以及长期的心理问题。而相对地，团体咨商是一种教育性的、支持性的，是情境问题的解决及对意识层面的了解，强调正常的与短期的问题。

（二）三者的区别

团体咨商、团体辅导与团体治疗这三者是相当难以区分的。一般说来，若以受助者的情绪与行为困扰程度来区分，团体辅导层次最浅，团体咨商次之，团体治疗应是最深的。

团体辅导具有预防功能，而团体咨商则兼具预防与治疗功能，团体治疗顾名思义是一种治疗取向。三者虽然可以如此来区分，然而，它们基本上是在一个连续体上，可以不必对它们加以明确区分，可以认为它们是连续的方法。

如果从三者的实施场所来区分，则团体辅导以学生为对象，主要的实施场所是教育机构；团体咨商的对象也是以学生为主，还有一般青少年，所以其实施场所除了学校，还包括青少年服务机构与成人教育机构；团体治疗则以行为与情绪有深度困扰的人为对象，其实施场所以医疗机构与犯罪矫治机构为主（林万亿，1998：18～19）。

三　训练团体、敏感训练团体与会心（邂逅）团体

训练团体（Training Group，T-group）、敏感训练团体（Sensitivity Training Groups）和会心（邂逅）团体（Encounter Group）原来都是用来训练咨商员与经理人员所采取的密集团体方法，其目的是借团体经验学习人际关系的技巧，增进个人自我了解、个人成长以及提高人际沟通能力。会心（邂逅）团体和敏感训练团体是指团体成员关系非常密切，且要自我表露的一种团体经验，目的在于增进人际觉知，让成员对自己以及与他人的关系有一个更敏感的认识和理解。

这些团体都注重自我表露的团体经验，强调分享"此时此地"（here and now）的经验，团体成员之间彼此相当亲密、信任，目标在于增进人际觉知。会心（邂逅）团体可能持续数小时或数天，一旦达成了人际觉知的目标，就会期待态度与行为发生改变。敏感训练团体一般会有情感流露，但一般并不直接尝试界定和解决特定情感问题或个人问题，只是增强个人的和人际的觉知，这样人们就能够更好地避免、应对和处理特定的个人问题（Zastrow，2015：13－16）。

（一）训练团体

1947年，在美国麻省理工学院工作的著名心理学家、团体动力学的创造者勒温（Kurt Z. Lewin）与他的同事及学生意识到人们在现代社会中过分忽略了人际关系的教育，开始着手研究由社区领导者所组成的工作团体在社区中如何发展组织、如何提升领导技巧，以达到团体的工作目标，并

因此研发了训练团体技术。同年，在勒温辞世后不久，训练团体在缅因州的伯瑟尔成立了。勒温的同事们继续在麻省理工学院发展这种团体，之后扩展到密歇根大学。渐渐地，伯瑟尔的训练团体声名远播，进而在华盛顿成立了"国家训练实验室"（National Training Laboratory，NTL），开始有系统地研究团体动力和团体过程，训练团体开始在美国迅速扩展。国家训练实验室最早开始训练实业界的经理及负责人，因为他们可以支付高昂的费用。这种训练团体将重点放在人际交往的技术培训上，提高成员面对并解决人际困难的能力（Rogers，1970：2-3）。因此，训练团体强调团体过程，而非个人成长；强调在过程中成员之间如何互动，如何给予回馈和支持。

（二）敏感训练团体

敏感训练团体起源于美国国家训练实验室所实施的小团体训练。团体成员参与讨论和体验活动的目的主要是提升对自己或对他人的敏感程度。敏感训练团体强调成员自我感受、自我觉知等方面能力的培养，让成员对自己以及与他人的关系有一个更敏感的认识和理解，以增强人际关系意识。

（三）会心（邂逅）团体

在训练团体发展的同时，在芝加哥大学也有另一个密集团体（intensive group）正在发芽。1946~1947年，第二次世界大战刚刚结束，罗杰斯（Carl R. Rogers）和同事们负责为退役军人管理处训练一批心理辅导员，被要求研发一个短期而密集的课程，来强化对他们的训练。这种训练方式为学员们提供了许多深刻而有意义的经验，这种训练方式慢慢沿用下来。与伯瑟尔的训练团体相比，这类会心（邂逅）团体建立在以人为中心的理论运用上，更注重经验及治疗的导向，强调通过体验过程促进个人成长以及发展与改善人际沟通和人际关系（Rogers，1970：4-5）。

20世纪60年代，会心（邂逅）团体开始强调发展内在的自我，并且注重个人成长及自我发展（李郁文，2001：18）。到了20世纪70年代，会心（邂逅）团体也开始注重创造性经验的体会，如舒茨（W. C. Schutz）就主张吸收其他心理学的方法，如非口语技巧、心理剧、按摩、静坐、瑜伽、太极及完形治疗等技巧，而发展出他独特的"坦诚会心团体"（open encounter group）（Schutz，1973）。

1. 会心（邂逅）团体的特征

会心（邂逅）团体具有以下共同特征（林家兴，1987：50）。

（1）组成人数在 6～20 人，以 10 人左右为最适当。这是为了提供面对面互动机会，易于产生较为密集和接触的团体经验。

（2）会心（邂逅）团体是较少结构性的，团体的互动没有硬性规定，团体的目标和方向也是由团体成员共同制成的。

（3）团体领导者 1～2 人，是促进者的角色，他们的职责是促进团体成员思想和感觉的表达和沟通。

（4）团体领导者和团体成员将团体的焦点集中在当时成员之间交往的态度和互动过程上。

（5）会心（邂逅）团体鼓励大家开放、真诚、人际面质（interpersonal confrontation）、自我披露和强烈的情绪表现。

（6）参加会心（邂逅）团体的人并不被称为服务对象，会心（邂逅）团体也不被称为治疗团体。

（7）会心（邂逅）团体的目标，主要包括某些方面的个人改变，如行为、态度、价值或生活方式，至于娱乐或经验只是居其次而已。

（8）会心（邂逅）团体的方式，可以是密集地一连举行数日，一周至两周，也可以是间隔数日或每周举行一次，有的则是一次持续 12 至 48 小时的马拉松式的会心（邂逅）团体。

2. 马拉松团体

马拉松团体（Marathon Group），是一种较长时间的会心（邂逅）团体。团体聚会的时间往往可以从 12 小时持续到 24 小时，甚至延长到 48 小时或 72 小时，因为是长时间的聚会，所以被称为"马拉松团体"，也有学者将之称为"时间延伸团体"（time-extended group）。

该团体是由两位以精神分析为导向的团体治疗者——斯托勒（F. Stoller）和巴赫（G. Bach）于 1964 年首先提出的，他们非常重视时间因素，认为时间延长有下列好处（林家兴，1987：72～73）：马拉松的本质在于产生疲劳的效果，可以削弱自我防卫。

在传统团体治疗中，当服务对象感受到其他成员负向的反应，时间的结束往往是很正当的退路，但是在延长时间的团体中，没有一个参加者可以逃避掉团体的注意。

时间延长的话，团体才不会像其他团体那样经常担心时间到了的时候要中断。这样可以帮助成员减少对时间的警戒心，因为在处理伤害和愤怒的感觉时，往往一连串的冲突会伴随而来，如果时间不够，则通常会影响团体的突破。马拉松团体免除了成员对时限的担心，鼓励成员之间进行更深更大的冒险。

参加者有较多的机会了解自己的反应状态，在马拉松式长时间的相处中，每个人的样子会反复出现，可以通过各种方式，使自己有机会更好地了解自己。

马拉松戏剧性和强烈的预期本质，帮助营造一种危机和期望的氛围，这种氛围包含自我实现的预言，促使参加者预期在这段时间之内会有事情发生在自己身上。因此，参加者一定要尽力地参与，并且使自己得到改变。如果他／她自己不了解这种现象时，他／她的同伴也会提醒他／她，告诉他／她除了这段时间之外，下次将没有的机会解决自己的问题，因此，每个人都会尽力投身于团体中。

四　团体社会工作与小组社会工作

团体社会工作是由英文 Social Group Work、Social Work with Groups 直译过来的，一般可以翻译成团体社会工作或小组社会工作，这两个术语都是社会工作中常用和常见的，有时也可简称为团体工作或小组工作。

本书则比较偏好"团体社会工作"，认为团体社会工作在汉语里的意义更加丰富，也能够体现中国传统文化与社会工作的有机结合。

在汉语中，团体的意义首先体现为一种"团""圆"，团体社会工作的基本形态是圆形的，让成员在一起团聚，形成一个团结的活动集体。

在中国文化的本土传统下，团体社会工作的本土基础体现在"和""与""合"三个方面。"和"体现了一种团圆圆满的感觉或感受，强调共同性和归属感，形成一种和睦友好的和谐氛围。"与"实践了团体社会工作的本质：与成员一起工作，建立一种工作同盟关系。"合"表达了团体社会工作的过程中，成员与团体工作者以及团体集中力量为了实现共同目标或完成共同任务而联合或结合，大家合起来产生一种合力，相互合作，成员合群合拍，形成合适的问题解决方案。

第二章　团体社会工作的历史发展

在社会工作发展史中，团体社会工作直到 20 世纪 30 年代才正式被社会工作专业接纳，并且成为社会工作的一部分。到了第二次世界大战开始时，社会工作才将团体社会工作使用在临床机构，例如医院、诊所和相关的服务机构。

随着社会、经济和政治的发展，人的需要也发生了巨大的变化，社会工作专业人士及其所属的社会服务机构纷纷积极回应。团体社会工作始于 19 世纪末，致力于提高人类在劳动、住房和娱乐等领域的生活质量。到了 20 世纪中叶，团体社会工作已经成为一种具有社会工作知识和技能的专业方法。21 世纪以来，团体工作者将价值观、概念和技巧融为一体，逐步拓宽团体社会工作实务领域，实现个人、团体和社会的目标（Schopler and Galinsky，1995）。

第一节　团体社会工作的起源（1850~1926 年）

团体社会工作虽然到了 20 世纪 20 年代才有了迅猛发展，但是在社会工作专业中，这种发展却是酝酿多时的。团体社会工作的历史是深远的。现代团体社会工作方法的形成，是近代工业革命的产物，是逐渐演进的，不是突然产生的。因此，团体社会工作的发展有着很深远的历史脉络。

一　团体社会工作的历史背景

团体社会工作起源于 19 世纪的欧美。当时的欧美，尤其是英国和美国，处于工业革命时期，工业革命不仅带来了经济的快速发展和文化的进步，也带来了巨大的社会变迁和社会不稳定。而这种社会变迁后来成为团体社会工作的沃土。

（一）工业革命的社会后果

由于工业革命带来了工厂制度的兴起，许多农村人口涌入城市，城市产生了许多严重的社会问题，例如居住、公共卫生和犯罪问题，当时的公共政策和服务对这些问题却束手无策。

工业革命时期的经济发展几乎完全依赖工人数量的增加，工厂里到处都是愿意接受低工资和危险工作环境的工人。由于资本家对工人的剥削，社会差距拉大，贫富悬殊，贫穷问题迅速蔓延。

工业革命也带来了城市的变迁。离开原来长期居住的家园来到城市的新移民遭遇到截然不同的文化，造成了城市新移民群体间的猜忌和不信任乃至冲突。

为了解决工业革命所造成的居住、教育、犯罪和童工等问题，英国和美国都发生了很多社会运动。

（二）人本主义与宗教的刺激

当时大部分参与社会福利工作的人都受过良好的教育，他们来自上层富裕的家庭，出自贵族学校，并且充满宗教热忱。他们认为自己是人们的保护者，觉得自己有责任将社会变得更为适合居住。他们有社会责任感，并且相信人们在信仰上的表现是决定他们的未来是荣耀或罪恶的关键。源自这种宗教的情怀，他们成立了许多社会团体和机构，通过团体的方式来协助他人。

另外，教会团体为从事社会慈善事业，设立了各种组织，其中包括互助组织。这些组织都曾运用团体社会工作方法，来协助儿童、青少年、成人、移民等，并培育其公民的责任，也因此促进了团体社会工作的发展。

二　团体社会工作服务机构的发展

1910～1920 年，那些关注成人教育、娱乐和社区工作的人开始意识到团体工作的潜力。早期社会工作学者的著述都表明，团体有多种用途：帮助人们参与社区活动，丰富人们的生活，促进社会行动；支持那些主要关系不令人满意的人，帮助人们学习社交技巧；通过团体解决问题、讨论和辩论社会议题，帮助人们学习问题解决技巧；利用团体来预防犯罪，并帮助那些适应不良的人实现社会化功能；通过教育等促进不同文化和社会群体之间的和谐（Toseland and Rivas，1995：49 - 50）。

近代团体社会工作的发展属于社会变迁中社会服务机构发展历史的一部分（Konopka，1963：3）。社会变迁催生了新的社会服务理念，强调自助（self-help），尤其是作为团体本质互助（self-help of a group nature），最早的慈善事业也是从这种人类相互扶持的需要、相互支持的信念中衍生出来的（Kunstler，1955：40）。在工业化时期，基于劳工运动产生的除了薪资调整的需求，还有文化层面的需求，成人教育应运而生；基于儿童户外活动的需求，开始出现儿童休闲服务，例如野外营地活动等；基于同胞互助和问题解决的需求，发展出了移民中心。

（一）青年机构

团体社会工作作为一种社会服务方法是从 1844 年英国创立的具有教会背景的青年会组织开始的。青年会（也即基督教男青年会，Young Men's Christian Association，YMCA）的创始人乔治·威廉斯（George Williams）本是一个商店学徒，他目睹了许多和他一样的学徒及青年店员因工作之余无所事事而沾染上了许多恶习，于是就联合了志同道合的青年人组织了青年会，定期聚会，从事各种宗教、社会及有益会员身心发展的活动。

后来，英国妇女界也效仿男青年会的服务工作，于 1877 年联合成立了英国第一个基督教女青年会（Young Women's Christian Association，YWCA），开始为女青年和各种妇女组织开展服务工作。早期基督教女青年会关心的对象是，刚由农村迁移到城市、无法找到安全的住所、无法满足基本生活需要或是缺乏良好休闲活动的妇女。除了为这些妇女提供安全的居所和圣经研读以外，基督教女青年会还为这些妇女提供广泛的课程，例如烹调课和缝纫课。

美国受到英国成立青年会的影响，也成立了类似的基督教男青年会（1851 年，波士顿）、基督教女青年会（1859 年，纽约），为男女青少年提供团体经验。

基督教青年会成立的宗旨是，通过圣经研读团体来宣扬基督教义。早期它们对于服务形式是游戏和运动，还是课程、休闲和社团有一定的争论。

（二）儿童服务机构

在美国，城市发展的结果是儿童没有适当的户外游戏场所，缺乏户外活动，对儿童的身心教育产生了不良影响。因此，当时的美国掀起了儿童乐园运动。波士顿第一教会于1868年利用公立学校的校园成立了第一个儿童假期乐园。芝加哥于1876年首先利用公园开展各种有组织的游戏和体育活动。1885年儿童乐园运动正式发起，教会团体、私立学校、各地移民中心及社区中心纷纷响应，蔚然成风。最初这些活动仅为儿童假期而设，往后发展为常年的、有计划的设置。此外，美国女孩友好社团（Girl's Friendly Society of the United States）于1877年成立，美国男孩俱乐部（Boy's Clubs of America）也成立于1906年，这些组织都是以提供儿童休闲活动为主的。

在英国，童军提供的制服、徽章、户外活动和露营活动，也很受欢迎。男童军由巴登－鲍威尔爵士（Robert Baden-Powell）于1907年创立。它成立的宗旨是希望通过露营、健身、狩猎等活动，建立青年人健康的人格。巴登－鲍威尔是一个社会达尔文主义的拥护者，他看到当时英国的青少年没有健康的身体并且道德沦丧，因此希望通过户外活动与冒险活动来培养英国青少年在品德、体格、手工艺、健康四个方面的能力。男童军与英国的军方有密切的关系。童军早期的领导者大部分是军中退役的将领。童军穿的制服是由军人的旧制服修改而成的，童军将这些穿着军人旧制服的青年人集合成小团体，称作分队，开展登山、行军、打旗语和大地追踪等活动。1910年童军运动传到美国，同年，也很快在欧洲大陆推行开来。1911年，女童军营火会（The Camp Fire Girls）成立，其活动不限于郊游或远足，也包括游戏、歌唱、研习会，以及开会分组讨论有关教育文化的专题。

在早期，儿童和成人用团体娱乐活动来填补空闲时间；到了19世纪90年代，人们认为团体娱乐活动不只是为了娱乐，并逐渐发现可以通过团体娱乐活动，学习处理现实生活问题、适应新的道德价值观、学习社交技巧，尤其是，对于儿童的身心发展是十分必要的。

基督教青年会和童军等致力于服务青年人的机构，由地方的一小群居民开始，逐渐扩大机构的服务范围，最后成为国家性甚至国际性的机构。这些机构一旦发现社会中流行某一活动时，就会以这些活动来吸引居民参与。

（三）移民中心

团体实践始于移民中心（settlement house，也称为睦邻中心），是19

世纪末社会改革运动的一部分。这一时期的社会工作者和其他社区工作者对城市贫民和移民的恶劣生活和工作条件感到不满。这些人超负荷工作，经常由于语言和文化障碍而与周围的社会分离，没有时间、精力或资源来改变他们的处境。针对都市移民问题提出具体解决方法的，首推1844年在英国伦敦东区建立的汤恩比救济院（Toynbee Hall），也称"汤恩比馆"，它是第一个移民中心。该救济院的建立者塞缪尔·巴奈特（Samuel A. Barnett）牧师有感于伦敦东区变成了一个贫民窟，于是便号召知识青年义务为地区服务，改善该区居民的生活环境。

美国人史坦顿·科伊特（Stanton Coit）曾住在汤恩比救济院，1886年，他与友人查尔斯·B. 斯托弗（Charles B. Stover）一起效仿汤恩比救济院，在纽约市下东区建立了邻舍委员会（Neighborhood Guild）。邻舍委员会是围绕俱乐部的理念而组织起来的，团体活动和俱乐部是"培养邻里熟人"和建立"私人关系"的理想场所（Alissi，1980）。后来简·亚当斯（Jane Addams）及艾伦·盖茨·斯塔尔（Ellen Gates Starr）被汤恩比救济院的活动所吸引，于1889年在芝加哥成立了著名的赫尔救济院（Hull House）。

这些救济院都同大学有密切的联系。移民中心的建立者们相信，受过大学教育的学生与贫穷的人一起生活，能提供给贫穷的人一种较高生活水准的典范，并且激发贫穷的人，使之达到较高的生活水准；他们也相信，大学生与社会中劳动阶级的接触，能提供给学生对不熟悉的困难经验的体验，并且使他们了解人的生存状况和生活的内涵；他们还很实际地认为，参与移民中心的工作，可以增加学生了解贫穷不幸的人们生活状况的机会，有助于学生理解贫穷人的感受和需要。因此，这些救济院是运用团体的方法，希望达到教育穷人和有需要者的目标。例如，汤恩比救济院就像是在贫民区设置大学一样，提供给住在当地的穷人一些欣赏艺术课程、成人课程和一些特别的课程。之后创立的牛津救济院则将团体服务更广泛地运用在小孩和成人身上。多伦多大学的救济院提供的服务包括：为男童设立的运动社团、为成人设立的英语课程、为儿童设立的友谊社团以及为工作男童开设的学校。

英美等国家在社会工作发展过程中成立的移民中心，是以改善贫民或一般平民的物质与卫生状况为目标的，希望他们能获得较高的教育水平与较多的知识。各地的移民中心除开展就业辅导、小额贷款等经济扶助服务外，还成立了各种俱乐部、游乐场、幼稚园、成人教育班、讨论团体、舞蹈歌咏队等，以提高他们的受教育水平，提倡正常娱乐。这些移民中心的发展，也推动了团体社会工作的发展（李建兴，1980：26）。

在众多的移民中心中，犹太人社区中心（Jewish Community Centers）的发展最为显著，它们积极协助犹太人适应在美国的生活。当时的犹太人社区中心可以分为两种类型：一种是早期迁入美国而今生活较安定的移民，他们组织起来协助从东方迁入的贫穷移民；另一种是新移民自己努力建造的移民中心。有些成人积极参与新成立的机构的志愿服务工作，以改善自己或他人的环境，这些志愿服务活动所强调的不是单向的协助受助者，而是促使受助者加入解决问题的行列（Konopka，1963：3）。

当时的工作方法是尽量发动当地人自动自发、互相合作，为地方服务，而团体社会工作本身的自助观念正好吻合了人类相互扶持的信念。这种移民中心以休闲活动为基础，试图用正式或非正式的结社来构建社会现实，以支持这些移民在新的土地上的生理和生存的需求（Handlin，1951）。

三　团体社会工作起源阶段的特点

这一时期的团体社会工作主要是协助个人适应工业社会的变迁，以提供休闲活动为主。团体工作者在强调社会参与、民主进程、学习与成长以及跨文化接触的价值的同时，也提供了休闲活动和公民教育（Schopler and Galinsky，1995）。团体社会工作的基础是建立在自助运动和非正式的娱乐目的上的，例如睦邻组织、男女青年会、童子军、移民中心等机构在设立之初，都是各有目标，但后来都被称为团体社会工作机构。这些服务存在一些共同要素：以小团体的方式参与、民主的生活方式、对社区的共同责任感、成员范围遍及全球等，不过这些要素在当时并没有被觉察到。在美国"动荡的二十年代"中，团体社会工作以"建立更美好社会"方法的姿态出现，被当成培育真正民主生活方式的方法（Konopka，1963：4－5）。

这一时期从事团体服务的工作者有教育学背景的，有社会学或心理学出身的，也有部分是社会工作者，团体社会工作基本缺乏专业的认同。到了20世纪20年代，社会工作学者玛丽·里士满（Mary Richmond）已经开始注意到小团体心理学的重要性："我非常高兴地注意到了现代个案工作的一种新趋势，即从小团体心理学的角度来看待我们的服务对象，这种新趋势是社会治疗（social treatment）的充满希望的明朗的未来。"（Richmond，1920）

第二节　团体社会工作的形成（1927～1963 年）

在这一阶段，团体社会工作的形成明显地表现在专业化及其带来的学科知识的系统化和方法的多样化。

一　团体社会工作形成的社会背景

社会的变迁促进了团体社会工作的发展。第一次世界大战后，团体社会工作成为一种运动，受到各方面的冲击。随着团体社会工作的急剧发展，服务项目的增加，其重要性地位也得到相对提高。这时，欧洲的无政府主义思想逐渐衰落，许多国家一跃成为民主国家，同时，妇女的独立运动激烈地改变着家庭关系。成员通过团体活动和参与邻里社区的决策过程，成为更成熟的城市居民，而这是民主社会所需要的。

1929 年美国股市大崩盘时，世界其他地方也发生了经济恐慌，大批失业者游荡街头。对于失业者，除了给予必要的救济以外，还需要组织训练班授以新技艺，以开拓就业市场，也需要安排活动以排遣闲暇时间。位于芝加哥的科芒斯（Commons）救济院就致力于帮助深陷失业困境的工人。

第二次世界大战时，许多父母离家工作，儿童无人管教，在外嬉戏，惹是生非。在这种情况下，一些有识之士便开始安排儿童课外活动以及日间托儿服务，使父母减少后顾之忧。二战后，一些退伍军人患有"战争后遗症"，军队中的一些社会工作者发现，若以团体方式让这些病人倾诉内心感受以及目前适应社会的状况，从而得到支持和安慰，则有助于他们的病情好转。因此，团体社会工作在这些重大的社会变迁中得到了发展。

在这一阶段，团体社会工作的形成也有了学科知识上的支持。1920 年以后，团体社会工作的发展是各种专业，特别是社会学、心理学、教育学等逐渐合作的结果。由于社会学、心理学及精神病学等学科的发展，近代社会科学家关注团体行为的心理及教育、个人与团体的关系等方面的研究。社会学研究个人、团体与社会的关系，以及个人社会化过程的重要性。教育学强调自主学习和自助助人的精神在社会变迁中所起的作用。1933 年，杜威（John Dewey）的生活教育理论被引入团体社会工作。心理分析学、精神病学及心理卫生学的发展为团体社会工作开辟了新的工作领域，使其不再像以前那样仅运用于人们的闲暇时间，还可以为各种遭遇不幸的人进行团体性的治疗。通过团体社会工作，社会工作者可以协助人们解决不幸遭遇等各方面的问题，改善他们的社会生活状况。20 世纪 30 年代精神病学对个案社会工作的影响也波及团体社会工作，团体工作者开始接受研究、诊断与治疗的医学模式。从此以后，团体社会工作除了服务于社区、邻里、青年机构外，也应用于治疗机构，例如儿童保育机构、感化院、医院等。

二　专业成长

（一）专业课程

团体社会工作成为社会工作学院的课程以前，人们习惯于以所属机构的性质来看待团体社会工作，而非将它视为一种方法或实务工作的方法。例如将在救济院工作的人，称为救济院工作人员；将基督教男青年会和基督教女青年会工作的领导者，称为青年会领导者；将在休闲和游戏场所工作的人称为休闲领导者。早在 1906 年，纽约慈善学校就开设了一门研读课程，目标是训练学生，使之能胜任救济院的工作。到 1913 年，学生开始可以报名参加关于休闲领导者工作的完整的研读课程（Reid，1997：24 - 25）。

然而，团体社会工作纳入社会工作则是 20 世纪 20 年代以后的事了。团体社会工作开始成为社会工作专业的课程是在 1923 年。那时位于美国俄亥俄州的西方储备大学（Western Reserve University）为了训练俄亥俄州克里夫兰地区的团体领导者，特别设计了一门"团体服务培训课程"，首先讲授这门课程的教师是米尔德雷德·查德西（Mildred Chadsey）。

威尔伯·纽斯泰特（Wilbur Newstetter），认识到需要开发一个可用于实务的科学知识基础，并将团体在社会工作中的使用与团体在教育和娱乐中的使用区分开来，于 1927 年创立了团体社会工作课程。1934 年，纽约社会工作学校推出了团体社会工作课程，几年后，匹兹堡大学的社会工作学院也推出了这一课程。到 1937 年，美国已有 13 所教育机构开设了团体社会工作课程，其中 10 所是社会工作训练学院。当时团体社会工作理论的发展深受杜威教育理论的影响，主要的理论权威首推威尔伯·纽斯泰特和克蕾丝·柯义尔。当时团体社会工作的功能主要是提供娱乐以及教育群众参与民主程序，从而使之成为有用的公民。团体社会工作的学员以志愿者为主。

（二）专业研究

1922 年，里士满把社会工作的范围分为个案工作（Case Work）、团体工作（Group Work）、社会改革（Social Reform）和社会研究（Social Research）（Richmond，1922：223）。1933 年，菲利普·克莱恩（Philip Klein）把社会工作分为个案工作、团体工作、预防与教育工作（Preventive and Educational Work）、社区组织（Community Organization）。同年，美国全国社会工作会议（National Conference of Social Work，NCSW）把社会工作分为社会个案工作、社会团体工作、社会组织、社会行动（Social Action）和公共福利行政（Public Welfare Administration）（Witmer，1942：20 - 21）。

团体社会工作于 20 世纪 30 年代开始被列为社会工作的专业工作。1935 年以前，美国全国社会工作会议的会议论文集中是没有团体社会工作的文章的。1935 年，美国社会工作者协会（American Association of Social Workers，AASW）将团体工作增列为和个案工作、社区组织及社会行政一样的实务部门。1936 年，美国团体工作研究协会（American Association for the Study of Group Work，AASGW）成立，它的目的是确定团体社会工作的理念并促进团体社会工作的发展。但是，一直到 1939 年，团体社会工作在美国全国社会工作会议上仍然没有被纳入社会工作专业的主题。当时的团体工作者将自己视为独立的专业，而社会工作专业本身也没有纳入团体社会工作的功能。爱德华·林德曼（Eduard C. Lindeman）在 1939 年的美国全国社会工作会议上提出："团体是人类相互关系的特别形态之一，也是一群人的集合体。在团体中尝试通过大家共同合作的方法，经由个别努力更有可能达到满足个人的需要。如此说来，我实在不明白，为什么团体和团体经验不能被视为社会工作所关心的焦点。"（Lindeman，1939）

1935～1940 年，有关团体社会工作的论文开始出现，团体工作者们也努力在团体社会工作哲学、实务经验和教育等方面，推动团体工作者作为社会工作专业人员进一步发展（Papell，2015）。亨德利（Charles Hendry）分析了 1935～1940 年发表的 150 篇文章，发现关于团体社会工作的内容可以分为四大类：团体社会工作与社会需求、社会工作目标的关系；团体社会工作作为教育、娱乐和社会工作的一个过程；团体社会工作项目中关于志愿者和专业领导者的选择、培训和督导中存在的问题和实践；团体社会工作实务中不同领域和方法的相互依赖和相互关系（Hendry，1940）。

（三）专业服务

20 世纪 30 ~ 40 年代，一方面，由于精神病理学家西蒙·弗洛伊德（Sigmond Freud）及奥托·兰克（Otto Rank）对社会工作的影响从个案社会工作扩展到团体社会工作，团体工作者开始接受医疗模式。那时，团体社会工作的服务对象主要是失业工人、残疾人、16 岁以下的儿童、老人、社会偏差行为者（如成人犯罪、青少年犯罪与滥用药物者等）；另一方面，团体社会工作由于不局限于提供闲暇活动及培养民主参与功能而于 1946 年被正式纳入社会工作专业。

20 世纪四五十年代，在精神健康机构中，团体社会工作被用来给病人提供治疗，其工作者重视运用团体作为治疗手段。与此同时，犹太人社区中心和青年机构还是较多地使用团体社会工作来实现教育和娱乐功能。

20 世纪 50 ~ 60 年代，首先，由于东西方冷战的影响，尤其美国处于麦卡锡时代，社会行动受到限制，这种政治气氛阻碍了团体社会工作促进社会改革、社会变迁及社会行动的努力；其次，团体工作者通过协助战后救济和重建工作，以及提供与战争有关的特殊服务，扮演新的角色，从而扩大了团体社会工作的实施领域；最后，当时，社会学及心理学受到重视，很多社会科学学者都被邀请到社会工作学院里任教，因此，团体社会工作受到场域理论、互动理论、系统理论、行为分析理论、团体动力理论的影响，团体社会工作研究得到了丰富，团体社会工作转向治疗性，团体社会工作的理论及技巧得到了发展。

三　方法发展

（一）团体社会工作与社会工作方法

1946 年，在纽约布法罗（又称水牛城）举行的美国全国社会工作会议上，柯义尔代表美国团体工作研究协会发表了一篇有影响力的论文《迈向专业化》（On Becoming Professional）。这篇论文的重点并不是讨论专业的特性和地位，而是检讨专业性工作所要求的责任和专业性工作的必要条件。她说："我个人希望，关于社会工作的新定义可能包括：在履行某些社区功能（如儿童福利、家庭福利或保健服务、娱乐和非正规教育）时有意识地利用社会关系。个案工作、团体工作和社区组织都有一个共同的因素，即它们都是基于对人际关系的理解。虽然每种方法所使用的具体关系是不同的，但其基本哲学和方法是相同的——尊重个性和对民主的信仰。我们与个案工作者和专业社区组织人员分享。正是出于这个原因，我认为作为一种方法的团体社会工作，属于这种从更大范围来界定的社会工作的方法之一。"（Coyle，1947a）

当柯义尔提出团体社会工作是一种方法，而且是属于社会工作方法的一种，是一种广义的社会工作方法时，她的意见为大会所接受，这个结论也就使团体社会工作有了专业归属，正式成为社会工作方法之一，开始运用于家庭治疗、青少年犯罪治疗、残疾人团体治疗和精神病人的团体治疗等方面。

1946 年也是美国团体工作研究协会成立的第十年，该协会成员投票决定成为一个专业组织——美国团体工作者协会（American Association of Group Workers，AAGW），当时有 2300 名会员。在接下来的十年里，美国团体工作者协会（AAGW）致力于将团体工作打造成一项公认的专业活动。

1955 年 7 月，美国团体工作者协会（AAGW）最终与 1917 年到 1949年之间陆续成立的其他六个全国性专业协会组织合并，整合成美国社会工作协会（National Association of Social Workers，NASW），成为美国社会工作发展的独特推动力量。这六个专业协会组织分别是：1917 年成立的美国社会工作交流协会（The National Social Work Exchange），1921 年改为美国社会工作者协会（American Association of Social Workers，AASW）；1918 年成立的美国医院社会工作者协会（American Association of Hospital Social Workers），后改为美国医务社会工作者协会（American Association of Medical Social Workers，AAMSW）；1919 年成立的美国访问教师协会（American Association of Visiting Teachers），1945 年改为美国学校社会工作者协会（National Association of School Social Workers，NASSW）；1926 年成立的美国精神病社会工作者协会（American Association of Psychiatric Social Workers，AAPSW）；1946 年成立的美国社区组织研究协会（Association for the Study of Community Organization，ASCO）；1949 年成立的社会工作研究小组（Social Work Research Group，SWRP）。在这个过程中，团体社会工作显然已经被确立为社会工作的专业方法之一。

（二）团体社会工作与个案社会工作

虽然团体社会工作从 20 世纪 20 年代就被列入学校的社会工作课程，

但是专业社会工作一直不接纳它。在当时团体社会工作似乎被视为社会工作中的一个异类。当时的专业社会工作（主要是个案社会工作）是从慈善组织机构中发展出来的，以协助者和被协助者之间的关系为主体。他们对于自己接近服务对象的取向和尊重个人、重视影响个人行为的内在力量的想法有很强的自信。团体社会工作是从睦邻取向和自助运动中发展起来的，它接近服务对象的基本取向是以团体内的人际关系为主，而且它很重视团体内的相互作用和团体所具有的力量，这常被误解为它不重视个人的动力，而是对环绕在个人四周的环境及其对个人的影响给予较多的关心。团体社会工作是行动取向的，但是，到1963年为止，它的概念尚不能被系统化，也只有一部分内容被专业社会工作认可。对于团体社会工作来说，个案社会工作的领域是过于狭窄的（Konopka，1963：6-7）。

麦克莱纳汉（Bessie Averne McClenahan）在1936年时就对团体社会工作和个案社会工作之间的合作关系及其实务指南做出了详细的分析（McClenahan，1936）。

个案社会工作和团体社会工作是一种互补的技术，而不是对立的、排他性的。个案社会工作强调从个人的视角解决个人或社会问题，一次只处理一个人或一个家庭的问题。团体社会工作把工作的重心放在一个团体上，也就是说，为了某种共同的目的，把几个人联系在一起，组织起来开展团体活动。团体工作者与团体成员一起工作，不是一个接一个，而是作为一个团体开展工作。

虽然方法不同，但个案工作者和团体工作者的目标是相同的。两者都在寻求促进人的个人适应和社会化。个案工作者的目的是理解和解释服务对象（个人或家庭）的需求，发展其自我调节能力，使其能够解决自己的问题；通过利用社区的社会资源，努力增强个人的能力，维护家庭生活的完整性。团体工作者的兴趣在于，通过开展团体活动来实现更好的个人适应。团体工作者试图帮助人们发现自己与他人的关系，并分享日益增长的团队精神、团体忠诚和社会责任。个案工作者努力帮助服务对象融入其通常所属的团体，并将俱乐部或班级作为培训服务对象参与团体的方法。此时，个案工作者会依赖团体工作者，因为对团体行为负责的是团体工作者。团体工作者运用技巧来促进联合活动，同时，团体工作者必须在某种程度上了解每个成员的个别需要。

服务对象与社会工作者之间的关系因技术的不同而不同。服务对象在遇到危机时寻求个案工作机构的帮助；人们为了满足美好时光、友谊、交往和职业等方面的需求，在闲暇时间来到团体工作机构。个案社会工作机构的帮助始于试图使服务对象努力摆脱各种各样的障碍；团体项目的参与则是从最初的社交欲望——归属和分享中成长出来的。团体工作者利用这些动力，通过社会经验引导自我扩展、积极的社会适应和个人成就的满足。

个案工作者和团体工作者之间的合作关系的实务指南是什么？首先，需要相互了解对方的工作技术和术语。从这些知识中可以更清楚地认识到每种服务的贡献和局限性，从而认识到二者相互联系、取长补短的重要性甚至必要性。二者互为资源。随时坦承自己技巧的有限性，是一种专业态度。因此，当团体工作者观察到一个服务对象的不适应是源自人格结构和社会情境时，其正确做法是转介给个案工作者，请其承担起开展个案工作、提出社会治疗建议，甚至在许多（如果不是大多数）个案中治疗的责任。当个案工作者发现服务对象与其所在的社区格格不入，缺乏团体接触时，其正确做法是运用团体工作者这个资源，将服务对象介绍给团体工作者，让服务对象有机会通过团体活动找到自我。目前的趋势显然是个案社会工作和团体社会工作之间的关系日益紧密，个案社会工作机构承认团体工作者作为顾问的价值，团体社会工作机构也常聘请个案工作者作为社会治疗的指导者和专家。

第二次世界大战期间的时代背景和社会状态对于团体社会工作发展产生了强烈的影响，并加速了团体社会工作与社会工作专业（当时主要是个案社会工作）之间的认同。一方面，这一时期对于持续和有意识地追求民主的重要性的强调，促使个案工作者对团体有了更深层次的了解，也让团体工作者领悟到仅仅依赖团体活动方案及团体过程是不够的，需要进一步理解和重视其中的个人动力。另一方面，这一时期将团体作为助人元素的观念更加深入人心，团体社会工作和个案社会工作两种方法形成了一种友好关系，原因在于：在为军队及战后的士兵提供服务的过程中，美国大量地动员了个案工作者和团体工作者，他们一起工作的机会无形中增加了彼此的了解；曾经深刻影响个案社会工作并在个案工作者眼中享有崇高地位的精神病学专业开始尝试将团体作为治疗手段进行实验（Konopka, 1963: 7-8）。

（三）团体社会工作的相关著述

团体社会工作与社会工作（尤其是个案社会工作）之间争论的一个主

要根源是精神分析方法对社会工作的影响。精神分析方法在第一次世界大战后就强烈地影响着社会工作，尤其是个案社会工作。团体社会工作的理论与过程之后也越来越受到弗洛伊德学说的影响。"今天的团体社会工作不仅要重视开展文娱活动，更重要的是要考虑如何使人们能够更好地发展和进行互相合作式的共同工作和娱乐。"（Perlman，1957）团体工作者与服务对象一起工作时，服务对象的功能发挥好坏，要视他们的动机、他们的感觉以及他们的交往关系如何而定，而这些条件如何又取决于社会工作者对于人们在互动中所流露出来的语言和行动的合理性或不合理性的了解和评价。

　　不过，团体社会工作接受精神分析方法时，已经比较慎重。其原因有四。第一，团体社会工作加入社会工作行列时，精神分析方法本身已经开始改变。第二，团体社会工作的概念受早期德国社会学家齐美尔（G. Simmel）和韦伯（Max Weber）的影响很大。第三，小团体行为的研究是二战以后新兴的社会心理学和文化人类学的研究领域。这些知识的发展，使团体社会工作的发展免受当时精神分析运动的负面影响。第四，团体动力学是一门研究团体行为的动力的科学，它在社会科学中的发展对于团体社会工作很有帮助。因此，团体社会工作不像精神分析那样只重视个人，而较重视社会环境对个人的影响。

　　正因此，这一阶段团体社会工作的著作非常丰富。这些著作集中了一些关于团体社会工作实践的思考，也就成为团体社会工作的经典书目。柯义尔的《团体经验和民主价值观》（Coyle，1947b）继续强调在民主框架内的小团体方法的运用；《团体工作对美国青年的服务》（Coyle，1948）中用很多示例性材料分析了社区娱乐休闲服务机构中关于休闲和义务教育的团体领导。特雷克的《社会团体工作：原则和实践》（Trecker，1948）是第一批团体社会工作教科书之一，1955年和1972年对其进行了更新和修订。格特鲁德·威尔逊和格拉迪斯·瑞兰的《团体工作实务》涉及理论和实践的方方面面，包括对活动节目媒介的透彻分析、不同团体的实务说明以及关于督导和管理过程的材料（Wilson and Ryland，1949）。克那普卡的《以儿童为对象的治疗性团体工作》着重于团体治疗的实践（Konopka，1949）。克莱恩的《社会、民主与团体》重申了团体社会工作的民主基础，并强调了帮助团体作为负责任的公民进行问题处理的重要性（Klein，1953）。海伦·菲利普斯的《社会团体工作技能要领》强调将衡量团体工作者的技能如何作为能否实现社会价值和目的的主要工具（Phillips，1957）。墨菲的《社会工作教育中的社会团体工作方法》一书作为社会工作教育委员会课程研究的一部分，在全面的文献回顾、对社会工作学校的访问以及对团体社会工作教育有引导性的论文研究的基础上，汇集了当时关于团体社会工作的思考（Murphy，1959）。

第三节　团体社会工作的推广与复兴（1964 年至今）

这一阶段的团体社会工作主要受到公民权利运动、反贫困运动、女权运动等的影响，产生了巨大的变化，团体社会工作也被用来参与社会行动。

一　团体社会工作的推广（1964 ~ 1978 年）

二战期间，各种为战士服务的机构开始采用"团体治疗"方法，医治身心失调的军人。现代军队中的娱乐活动与治疗工作，仍普遍地推行团体社会工作方法。

二战以后，团体社会工作更推广至外展工作方面，试图服务一些有越轨倾向又难以接触的青年人。儿童教育机构针对一些儿童心理失调问题，也采用团体社会工作方法，实施治疗。在成人教育机构、工人教育机构、成人俱乐部、联合委员，甚至在公共住宅社区中也都会有团体社会工作。另外，随着老年人口占总人口的比例有不断上升的趋势，老年服务机构中的团体活动也成为团体社会工作的重要内容。

学校本身就是一种团体，教师的教学、学校的管理、学生的学习及课外活动都与团体社会工作的原理和方法有着密切的联系。

近代的工业企业，在劳资关系和管理方面，都曾有过各种实验。团体社会工作的原理和方法，在工业关系方面受到了特别的重视。

社区在发展过程中必须组织各种委员会、理事会和董事会等团体。现代团体社会工作已将其工作原理和方法推广到社区组织的委员会和理事会，以及各种有关社会建设和社区发展的团体，认为这些委员会的组织本身，就应该是一个团体，应该促进成员间的相互关系，培养团体内的领导人物，建立一种团体精神，以增强他们互助合作的工作效果（李建兴，1980：36 ~ 37）。

20 世纪 60 年代以后，团体社会工作已走向更多的实务领域，如消除暴力犯罪、滥用药物、失业、再婚、性角色混乱、妇女角色变迁、家庭等。现代社会中凡是与调适社会关系及促进个人与社会关系发展有关的团体活动，都有意或无意地、直接或间接地采用团体社会工作方法（李建兴，1980：37）。

团体社会工作除了雇用受薪的社会工作者，也利用大批志愿者。在娱乐服务方面，团体社会工作常乐于借助志愿者，请他们参与游戏带领，参加竞技、体育、艺术、手工、野营活动以及主持团体讨论。此外，在休闲活动方面，也有大批的志愿者，他们参加选择、训练及督导工作（李建兴，1980：39）。20 世纪 70 年代开始的自助和支持团体运动，以及治疗团体、行动倡议和组织运作中跨学科协作的压力不断增加，社会工作者经常被要求培训志愿者或准专业人员担任团体领导者，为自助团体提供咨询，并在多学科团体中发挥关键作用。

二　团体社会工作的复兴（1979 年至今）

对于美国团体社会工作的发展来说，受到经济、政治、社会体系、社会规范、专业社会工作以及社会福利机构本身的影响，20 世纪 60 年代是其发展的一个转折点。美国社会工作推行整合模式或通用取向（generic approach），人们开始忽视个案、团体和社区工作的专业性，这导致团体社会工作在专业学校得不到重视；团体社会工作在美国的受欢迎程度有所下降，很多接受了专业训练的团体社会工作者在实务过程中也很少使用团体社会工作方法。这些因素导致团体社会工作从 60 年代开始衰落（Toseland and Rivas，2017：62）。

一些理论家更注意发展团体治疗模式的理论。1970 年至今，团体工作受到了一般系统理论、社会制度理论、社会角色理论的影响。同时，行为主义、交互分析、格式塔治疗、危机介入以及生态学观点的启发，使心理治疗与团体治疗更加相通。在团体社会工作的理论家都努力发展更细致的团体社会工作的同时，社会工作领域也力求发展个案、团体和社区社会工作三方面渐趋整合的模式（吴梦珍，1994：3）。进入 20 世纪 70 年代之后，人们对团体社会工作的兴趣继续下降。大多数学院不开设高级团体社会工作课程，团体社会工作方法也较少在社会工作实务中使用（Toseland and Rivas，2017：63）。1978 年，特罗普（E. Tropp）发表了题为《团体工作到底发生了什么?》的论文，其中指出当时的一个明显的悖论，即在社会工作教育放弃团体社会工作专业的时候，美国全国范围内对团体经验［尤其是敏感训练团体、会心（邂逅）团体等］的热情却日渐高涨（Tropp，1978）。

到 20 世纪 70 年代末，团体工作者们认识到需要建立更强大的身份认同。关心团体社会工作的一些学者在 1979 年 3 月社会工作教育协会年度会议上设立了团体社会工作促进委员会（Committee for the Advancement of Social Work with Groups）。这个委员会最早的活动是支持 1979 年 11 月在俄亥俄州克里夫兰举行的第一届团体社会工作推广年度专题研讨会（Annual Symposium on Social Work with Groups）。此次研讨会是为了提升实务工作者对团体社会工作的潜在优势的认识和复兴团体社会工作，参加者包括美国和加拿大的团体社会工作者（Gitterman and Salmon，2009：27）。此后，这个研讨会每年召开一次，吸引了来自美国以及其他国家的团体工作者参与。1985 年，该委员会成为团体社会工作推广协会（The Association for the Advancement of Social Work with Groups，AASWG）。团体社会工作推广协会除了赞助每年的研讨会之外，还选派一个人担任社会工作教育协会的联络员，负责在社会工作学院中推广团体社会工作的课程大纲，还制定了一个团体社会工作教育标准，向社会工作教育协会的教育政策委员会提供政策建议（Andrews，2001；Toseland and Rivas，1995：51）。在接下来的 20 年中，团体社会工作推广协会一直致力于在社会工作领域中大力推广团体社会工作方法。2012 年，该组织已经发展成为一个国际专业组织，更名为国际团体社会工作协会（International Association for Social Work with Groups，IASWG）。国际团体社会工作协会下设几个地方性分协会，致力于通过地方和国际两级的行动纲领和倡导，促进团体社会工作实务、教育、实习指导、研究和出版的发展。

20 世纪 80 年代和 90 年代初可被视为团体社会工作巩固、创新和评估的时期。在这一时期，社会工作者汲取了团体社会工作在历史发展中的经验教训，同时，还开发了新的模式，例如开放式团体和单节次聚会团体等，以推动团体社会工作持续发展，并应对由传统支持系统的侵蚀和人口结构变化带来的快速社会变革。社会工作者越来越多地使用团体社会工作方法，这使对所有学生进行团体社会工作教育的重要性增强，并为从业者提供了团体实践的继续教育和督导。

在这一时期，团体社会工作更加重视对团体社会工作成果的评估。20世纪90年代，除了女性主义的意识形态影响团体社会工作的实施，卫生健康照顾管理的发展对团体社会工作的实施也有深远的影响。受美国健康照护改革的影响，团体社会工作被用来协助实施个人健康计划。个人健康计划的管理者可决定购买哪些机构的服务，同时要求有时间限制和提供进展报告等，因此，团体社会工作的实际效益就成为影响团体社会工作发展的重要因素。

近三十年来，在日益复杂的社会中，人们对社会服务的接受度越来越高，这为团体社会工作的发展带来了机遇和挑战，也对团体社会工作实务提出了前所未有的需求。社会工作者在满足和应对这些实务需求方面具有很强的技巧性和创新性，表现在：与多元文化团体、开放性团体（如支持团体、住院治疗团体和跨学科团体）、非自愿团体等合作；适应新的专业角色，例如培训志愿者成为自助团体的团体领导者、咨询、在跨学科协作中扮演成员或领导角色等；精通新技术（例如视听设备、计算机网络、新媒体技术等）在培训和教育、组织运作、团体规划和成果评估等方面的运用（Schopler and Galinsky，1995）。从历史发展来看，团体社会工作一直受全球化的影响。随着互联网的发展，全球化的发展趋势增加了虚拟 - 现实这一新的维度，从而使团体成为国际上具有广阔前景的实务新领域。随着社会工作朝向证据为本的实务与研究的发展，团体社会工作实务的理论基础通过实践智慧和研究成果不断发展（Mayadas，Smith and Elliott，2004）。

第四节　团体社会工作在中国的发展

团体社会工作在中国的发展分为四个时期：民国时期的萌芽阶段、1949～1978年的停滞阶段、1978～1990年的恢复阶段、1990年至今的发展阶段。

一　民国时期的萌芽阶段

在民国时期，西方团体社会工作的发展正处于启蒙阶段，我国团体社会工作的发展伴随着社会工作的逐步推进，与西方团体社会工作的发展在时间上的差距不大，但由于社会形势和环境背景的不同而有着不同的表现，总体处于萌芽阶段。

（一）民国时期团体社会工作的形式

民国时期的团体社会工作可以追溯到晚清时期慈善机构里针对男女孤儿的各种习艺团体，善堂中出现了不缠足会、戒烟会、习艺所，后来渐渐发展出了很多形式。20世纪初，香山慈幼院成立的家庭部，是一个教育儿童适应家庭生活、培养儿童家庭观念及责任感的团体，是具有团体社会工作特征的类家庭团体。此时的习艺团体和类家庭团体并没有系统的专业理论及方法（孙志丽，2016：130）。

基督教青年会1885年传到中国，1895年12月，中国第一个城市青年会——天津中华基督教青年会创办。广州基督教青年会于1904年发端，1909年正式成立。早期的青年会提倡的是"三育"，即德育（spirit）、智育（mind）和体育（body）。1866年，纽约基督教青年会总干事迈克班尼（Robert R. McBurney）正式将"四育"定为宗旨。"青年会之内容为德育、智育、体育、群育诸部。盖所以求完人之幸福，使身、心、灵俱臻理想之发达也。"（谢扶雅，1923：7）在中国，"social"一开始被翻译为"社交（交际）"，强调的是服务方法。在中国，基督教青年会在1918年出版的《童子养成法》，针对德育（求达最高尚之品谊）、智育（求识真理之泉源）、体育（求达最完全之健康）、社交（求得最有益之友朋），建立了相应的课程内容和考核体系。以社交为例，共设300分，参观、国民常识、交际常识各100分，采用自评、观察员打分等多种方式进行评分（青年会全国协会，1918）。后来，又将"社交（交际）"称为"群育"，就是增进个体之间的关系的方法，是以团体的力量服务于个人，促进个人身、心、灵的全面发展。青年会采用多种方式开展团体社会工作，在团体中通过成员之间，成员与领导者之间的互动作用，促进成员人格的平衡和发展。

1920年，在中国基督教青年会全国大会后，"四育"逐渐取代"三育"成为中国基督教青年会的官方宗旨。此时的中国基督教青年会的服务具有了团体社会工作的雏形。"青年男女社团工作之目的与功用，在以有组织的方式，利用闲暇时间，运用适合青年男女之兴趣的娱乐的教育、文化及个人指导，以增进德智体群四育之发展。"（言心哲，1944：313）

童子军算是民国时期团体社会工作早期的一种形式。1912年2月25日，武昌文华书院教员严家麟参考英美童子军的教育形式，组成童子军义勇队，成立了中国第一支童子军（邵雍，2008：86）。童子军致力于开发儿童智能，培养儿童德行，提高儿童做事能力，培养儿童的自立、互助、爱国、爱民族、爱人类及勇敢牺牲等精神，鼎盛时期遍及全国中小学校。民国时期，童子军活动非常频繁，除了参加童子军自己所学课程的比赛、检阅、露营等大型活动，还积极参与卫生运动、劳动服务、募捐赈灾、征募航空救国基金、游行示威等各种社会活动，涉及各种公益事业服务、政治服务、战时服务等方面。抗日战争爆发后，上海童子军首先扛起抗战服务大旗，建立起战时服务团，并向全国 50 万童子军发出号召，不仅在城市而且在农村开展战时服务（孙志丽，2016：130）。

民国时期，工会团体有所发展，工会的建立及其活动是民国时期团体社会工作发展过程中的一个表现，但还不成熟（孙志丽，2016：130）。

民国时期团体社会工作的团体类型有：发展性的，如戒烟会、妇女会、各种青年会以及早期善堂中的习艺团体；情感性的，如同乡会、香山慈幼院中的类家庭团体等；政治性的，如 20 世纪 20 年代反帝运动中的工会、各种讲习所和俱乐部；娱乐性的，如监狱中的乐队、教会大学中的乐队、沪江大学中的电影俱乐部以及其他的文娱团体；研究性的，如燕京大学社会学系的社会服务研究组以及社会调查组等；弥补战争创伤性的，如红十字会和教会大学在抗日战争时期开展的救护团体等；自治性的，如乡村建设运动中的自治组织以及其他的互助会等（孙志丽，2016：133）。

（二）民国时期团体社会工作教育

我国的社会工作教育是在 20 世纪 30 年代初开始的。当时教会大学社会工作教育目标明确，即培养专业的社会工作者，并且设有社会工作相关课程。傅愫冬写的《燕京大学社会学系三十年》中，提到燕京大学于 1930 年开始有"社会行政组"的设置，开设了"个案工作"、"精神健康社会工作"、"团体工作"和"社会行政"等 14 门课（傅愫冬，1982）。由于课程实践以及社会发展的需要，各教会大学成立了各种实验区，在实验区中创立各种社会团体，如燕京大学的学生自治会、同学会、老乡会、妇女会和母亲会；圣约翰大学的益智会、互助会、互助团体等，它们都是团体社会工作的形式。此时教会大学的这些社会团体中已经渗透了团体社会工作方法，因而，教会大学是中国近代团体社会工作形成的真正场所。到了 20 世纪 40 年代，伴随着专业社会工作的初步确立，团体社会工作也相对成熟了（孙志丽，2016：133）。

（三）民国时期团体社会工作发展的特点

民国时期的团体社会工作和西方团体社会工作几乎是在同一时期发起的，并且起初面对的服务群体都主要是儿童，"儿童集团的指导与扶持是社团工作（即团体社会工作）最早的一种形式"（蒋旨昂，1946：36）。儿童教养机构的社会工作者的基本训练之一就是团体社会工作，社会工作者要设法使儿童在团体中发展出一种为社会人士所能接受的态度和行为（吴桢，1948a）。后来团体社会工作渐渐扩大到了其他社会群体中。中国团体社会工作最终形成的时间，与西方国家团体社会工作的形成基本上是同时，但是由于民国时期中国是一个复杂而充满斗争的场域，与这些斗争有关的政治性团体在此时相对较多，弥补战争创伤性的团体也相对较多，战争时代的学者没有更多时间来顾及学术研究，而是更多地把研究放在了实践过程中，相关的团体社会工作著述也不多（孙志丽，2016：134）。因此，民国时期团体社会工作"很少有合乎社会工作标准的"（吴桢，1948b），发展缺少人员和制度支持，也不够规范，相对较浅。

中国在封建社会时期就有一些救济性、互助性的团体，但还未具有专业方法的性质。20 世纪 20 年代初，国外社会工作专业传入我国，30 年代我国成立了一些社会工作机构，其中，社会救济福利机构有五种类型：一是私人开办的社会救济福利机构；二是官方办的社会救济福利机构；三是宗法性的社会救济福利机构；四是宗教性的社会救济福利机构；五是外国人办的社会救济福利机构。这五种类型的社会救济福利机构有一些是交叉的，例如，外国人在华举办的社会救济福利机构往往是宗教性的、私人性和宗法性的（卢谋华，1991：279）。

言心哲将民国时期的团体社会工作分为两种：社会机关团体和社会团体工作。"团体工作有时可作社会机关团体（a group of social agencies）工作的统称；有时系指注意于团体活动与团体生活之工作，例如利用社会教育、娱乐事业、体育工作及其他闲暇时间的活动，来激发人格的发展和促进事业的完成的团体工作；而有时则仅指社会事业或教育事业上的一种方法而已。此种方法，或应用于上述之社会教育、娱乐事业及体育工作等机关，或应用于惩戒、医院、学校等机关，莫不各有其用途。凡应用此种团体工作方法，努力于社会目的之完成者，均可称为团体社会工作。这类团体社会工作的对象虽似仍在个人，然莫不带有重要的社会意义，故称为社会团体工作（social group work）较为相宜"（言心哲，1944：305）。

二　1949～1978 年的停滞阶段

中国大陆的社会工作学的课程与系科设置在 1952 年因院系调整与社会学同时被撤销。1979 年中国社会学会成立了，全国有四所大学（北京大学、复旦大学、南开大学和中山大学）重建了社会学系，而社会工作专业仍未受到重视。

自新中国成立以后，中国人民救济总会（前身是中国解放区救济总会）同意接收并整顿改造了旧社会遗留下来的救济福利机构，包括处理外国人和外国教会办的社会救济福利机构，把它们纳入政府的统一领导和社会主义的轨道。与此同时，在社会主义制度下建立起来的一些群众团体，例如中华全国青年联合会、中国共产主义青年团、中华全国妇女联合会等都各自担负了一部分社会工作的任务。中国残疾人联合会、中国儿童基金会、中国红十字会等则是社会工作的专业团体（卢谋华，1991：279～280）。

自新中国成立后，社会主义民主的原则要求在社会工作中广泛使用团体社会工作的方法，人民政府、企事业单位与群众组织都鼓励人们根据自愿的原则参加一定的团体或组织活动，利用团体成员间的相互影响、相互帮助、相互促进，实现个人的社会化。政府部门和民间建立了种类繁多，适合不同年龄、职业、文化程度与兴趣的社团或团体，开展各种团体活动与社会活动。在少先队、少年宫中，成立了许多适合少年儿童的兴趣团体；在高等学校中，大学生与研究生成立了诸多兴趣团体，如摄影社、集邮社、书画社、诗社、合唱团、科学社等多种学生社团。具有广泛活动的工会团体是工人阶级的群众组织，在社会生活、生产与工作中发挥了重要作用。老年人、残疾人和其他社会群体也成立了各种性质、各具特色的社会团体和文化体育组织，吸收广大群众参加。团体社会工作的方法在这些社会团体和组织中得到了一定程度的应用，在团结人民、教育人民、关心人民、调动人民群众积极性、发扬人民群众当家做主精神和社会民主等方面，发挥了积极的作用。虽然这些团体所开展的活动不是完全的西方专业意义上的团体社会工作，应该说，它们应用了团体社会工作的一些方法，具有团体社会工作的性质，可以被认为是团体社会工作在中国的特殊表现形式。

三 1978～1990 年的恢复阶段

1979 年 3 月 15～18 日，全国哲学社会科学规划会议筹备处在北京主持召开了"社会学座谈会"。这次社会学座谈会的召开和中国社会学研究会的成立，标志着社会学恢复重建工作的开始，从此结束了中国社会学停顿 27 年的局面，踏上了学科重建的新征程（魏礼群，2018：616）。

1980 年 5 月 25 日至 7 月 31 日，中国社会科学院社会学研究所和中国社会学研究会在北京联合举办了第一期社会学讲习班。"社会工作"由雷洁琼主讲，雷洁琼成为改革开放以来在中国（大陆）系统讲授社会工作课程的第一人。当时流行的学术观点是：社会工作是社会学的一个分支，属于应用社会学范畴。但雷洁琼在讲课中旗帜鲜明地阐明了社会工作发展至今早已成为相对独立的一个专业，它是工业化和城市化的产物，越来越成为一个独立的专业和学科（王青山，2004）。

1981 年，由费孝通指导和主持，在组织编写《社会学概论》的过程中，撰写者决定在书中增写"社会工作"并将其作为独立的一章，开了中国恢复社会工作教育的先声。

1982 年 4 月，北京大学社会学系成立，先后开设了"老年人社会问题"、"社会福利"、"个案工作"、"民政概论"和"社会保障"等课程。上海大学、北京大学、南开大学、中山大学、中国人民大学、山东大学等相继建立起社会学系，在相关的教学计划中，也开设了社会工作的课程。

1985 年 5 月，为了探讨民政工作的改革与发展，民政部在北京隆重召开了第一届全国民政理论研讨会。在这次会议上，雷洁琼提出了"民政工作就是具有中国特色的社会工作"的著名论断，科学地回答了民政工作与社会工作的关系问题，为民政工作的学科定位指明了方向。同时，这为民政工作的改革与发展奠定了理论基础。从此，这一论断就一直被全国民政系统人员所认同，被全国社会学与社会工作界所认同，成为认识与研究民政工作、认识与研究中国社会工作的基本的理论支撑（王青山，2004）。

1985 年 12 月初，国家教委在广州中山大学召开了全国高校系统的社会学专业建设与发展工作会议。雷洁琼先生在会上发言，呼吁应尽快恢复社会工作的学科地位。雷洁琼说，社会学恢复与重建工作已开展六年，可是社会工作尽管有民政工作在社会实践中支撑，但作为一门学科，还没有得到真正的恢复，更谈不上重建。她希望教育部门应认真研究，应有前瞻性，应看到伴随改革开放和社会主义现代化事业的不断深入发展，必将会出现的对社会工作的新需求，呼吁应当同样重视社会工作教育的发展（王青山，2004）。

1986～1989年，中山大学社会学系和香港大学社会工作与社会行政学系开展了一项为期三年的社会工作教育与研究合作计划，这一计划是当时全国最早的社会工作课程之一。社会工作与社会福利概论、社会政策与社会规划、人类行为与社会环境、社会工作理论与实务（个案工作与团体工作、社区工作）、社会服务机构管理等社会工作专业的核心课程都被列入这一计划的教学中。听过课程的中山大学社会学系师生普遍认为，在三大社会工作方法中，社区工作最为重要，个案工作与团体工作在当时的中国甚少直接应用。他们还认为社会政策与社会规划、社会服务机构管理等科目因引入了新的知识和理论而为中国的现代化所需要。他们也认识到社会工作中所隐含的西方价值观念从根本上与"中国特色的社会工作"理念不同（张勇，2017：73）。

1987～1988年，《中国民政》编辑部邀请老一辈社会工作学者吴桢撰写"社会工作讲座"系列文章，介绍和推广社会工作专业知识，这些文章与陈社英的"社区服务讲座"以及泥安儒的"社会调查研究讲座"系列文章一起合编为《社会工作民政干部培训丛书》一书，该书系中国社会工作教育恢复重建之后的第一部社会工作教材，于1991年由中国社会出版社出版（民政部人事教育司、《中国民政》编辑部，1991）。

吴桢在撰写的"社会工作讲座"系列文章中，有专门的一篇介绍"群体工作"（Group Work，当时译为"群体工作"、"社团工作"或"集体工作"等，译法不统一，以下采用"团体"的表述），并主要从以下几个方面分析了这一时期团体社会工作的发展状况（吴桢，1987）。

首先，团体不是一群互不相关，偶然聚集起来的乌合之众，而是一个具有一定组织形式的整体。当时的"团体"大体可分为两类：一类是属于社会工作、社会福利性质的团体组织，如老人院、幼儿园、伤残收容中心、精神病疗养院、聋哑学校、盲人协会、救济院、劳改所、工读学校等单位及所属的团体；另一类是属于一般性的团体组织，如工厂及其工会和车间，工、青、妇等社会团体及其所属的团体，以及各种文艺班/队和体育班/队等。

社会工作中所谓团体是指第一类团体，其成员是有特殊问题，如经济上匮乏，生理或心理上不健全，不能自谋生路，以及有越轨行为，违法乱纪或危害社会秩序的人。他们需要社会工作者的帮助、教育、照顾和救助，社会工作者在帮助、教育、救助类团体中所采老师用的方法除了个案社会工作，即以个人为对象进行工作的方法外，还需要用团体社会工作方法，即通过在团体中开展各种形式的、健康的、富有教育意义的团体活动，使他们因经济生活困难、社会环境失调而陷于困境的状况得到修复和改善，使他们能够获得适应社会需要的能力，从而改变遭受社会歧视、排斥和摒弃的状况。

团体社会工作方法也适用于第二类团体组织，如，工厂、学校，工会共青团、妇联等群团组织，正常的儿童、青少年、老人等各年龄组的团体。它可以应用于教育、文艺、医疗卫生、科技等许多领域的团体，有其极为广泛的外延。

其次，团体社会工作和个案社会工作两者的关系是互为补充、互相为用的。团体社会工作是个案社会工作的补充和发展；个案社会工作是团体社会工作的基础。服务对象能否恢复、重建正常的社会交往，愉快地和他人相处，处理好人际关系，受到社会的接纳、欢迎和尊重；他们的社会行为、社会活动是否符合社会行为准则、道德规范等，往往被个案工作者所忽略。这就需要团体社会工作来补其不足，以开展团体活动的方式把他们置于团体中受锻炼，接受考验。团体社会工作不是若干个案社会工作的简单相加，而是有其特有的工作方法和活动的方式，以团体的整体利益、整体的福利为重，以团体的共同需要和爱好为依据开展活动。个案社会工作和团体社会工作两种方法都有其独到之处和各自的局限，但它们之间的配合与合作，可以起到全面地、完整地帮助个案服务对象和团体成员实现社会化、重新社会化、再社会化的重要作用。

最后，20 世纪 80 年代末，与个案社会工作的发展相比，团体社会工作则远不及个案社会工作发达和受重视。这有以下三方面的原因。第一，只是在社会工作有了较大发展、社会工作机构下有了比较稳定的团体组织后，人们才开始意识到、注意到团体社会工作的重要性。所以团体社会工作只是个案社会工作的补充与完善。第二，团体社会工作的重要性在于通过开展团体活动进行"群育"教育，教育人们合群，重视团体的配合与合作，发挥团体的智慧和力量，促进儿童和青少年的"社会化"、中老年人的"继续社会化"以及有行为问题、心理、生理不健康的人的"再社会化"。它的重要性首先被儿童福利工作者，中小学教师，工青妇群团干部，医护人员，救济、救灾工作的民政干部所重视。他们为了适应需要，来不及等社会工作专业培训出团体工作者，就自己走上讲台，走到现场，经过实践成为有经验的团体工作者。第三，一般地，社会工作者虽学过团体社会工作，但长于此道的并不多。许多需要团体工作的单位和场合，不少由个案工作者代劳了。

四 1990 年至今的发展阶段

我国自 1978 年改革开放以后，社会处于转型期，社会的剧烈变迁产生了大量的社会问题，另外，城市化、工业化导致了人们的疏离感、无助感、缺乏公民责任感等，这就为团体社会工作的发展提供了广阔的发展空间。随着社区建设的蓬勃发展，团体社会工作的方法也被广泛运用。居民们按照各自的特长和兴趣爱好组织起来，成立书法、绘画、舞蹈小组，街坊邻里之间照顾老人的"包护小组"等，通过彼此的协调互动、经验分享，达致共同的预设目标（杨荣，2003）。

中国团体社会工作，基本上是随着 20 世纪 90 年代高校社工专业重建而被列为社会工作专业核心课程的。此后，团体社会工作方法被高校教师运用到了不同的社会服务领域。团体社会工作基本定位于帮助服务对象发挥自我潜能、学习解决问题的能力、提升适应能力、促进人与社会的和谐发展（戴香智、侯国凤，2007）。专业的团体社会工作理论与传统的团体社会工作组织相互结合，共同致力于实现"从西方引进"的团体社会工作理论的本土化和本土团体社会工作的现代化（杨荣，2003）。

刘梦、朱凯在 2013 年对团体社会工作的发展进行了回顾与梳理：将近300 所大学开设了团体社会工作的课程，多元化的教材、教参和教辅资料（包括音像资料）陆续出版，初步统计，至 2013 年，国内共出版了相关的团体社会工作教材 21 部，翻译教材 2 部，影像教材 2 部，港台教材 3 部，为团体社会工作教学提供了很好的支撑；专业人士开展的服务项目数量迅速增加，涉及的服务领域也不断扩展，受益人群不断增加；从研究的内容和主题来看，团体社会工作研究者们从思辨式的论道走向了实践行动，关注实务过程的论文越来越多，涉及的服务人群有妇女、儿童、老人、青少年、残疾人士等，这个趋势推动了实务研究朝着系统化、专业化方向发展（刘梦、朱凯，2013）。

自 2000 年以来，团体社会工作实务的发展是非常迅速的，已经覆盖了全生命周期的人群——儿童服务①、老人服务②、青少年服务③、妇女服务④等；也发展到了更多的社会工作服务领域，例如高校服务⑤、医务社会工作服务⑥、家庭社会工作服务⑦、灾后重建服务⑧、残疾人服务⑨、企业社会工作服务⑩、社区治理⑪、司法矫正服务⑫、禁毒社会工作服务⑬、流动人口服务⑭、社会工作督导⑮等；在实务开展中形成了很多常规和创新的团体，以实现不同的团体目标，这些团体有学龄儿童人际交往团体、农村妇女自我意识提升团体、网瘾青少年干预团体、青少年偏差行为矫正团体、灾区儿童和青少年心理辅导团体、单亲家庭子女教育团体、成功父母训练团体、残障人士康复团体、大龄孤残儿童社会适应团体、癌症患者自助支持团体、禁毒教育团体、自愿戒毒者陪护团体、同性恋匿名团体、社区居民议事团体、留学生社会适应团体、志愿者培训团体等。

团体社会工作研究取得的主要成绩有以下几个方面。第一，研究队伍不断扩大。特别是自 2006 年以来，关注团体社会工作研究的学者人数猛增，发表的论文数量也大幅度增加，这为团体社会工作研究深入发展奠定了很好的基础。第二，研究领域越来越广泛涵盖了团体社会工作实务的大部分领域，这从另一个侧面反映了中国社会工作实务发展的状况。第三，教学研究引起了人们的关注，例如实验教学、实践教学、体验式教学、分组教学、互动教学、任务驱动教学、自主教学等，人们从简单的教学开始走向对理论和方法的思考（刘梦、朱凯，2013）。

---

① 李飞虎、黎柏伶，2016；毛艳青，2013；王才章、王艺达，2019；张文华、孔屏，2011。
② 罗忆源、李佩琪，2019；曹迪、杜青云，2018；陈晓东、毛传俊，2018；尹士安，2016；郑玲玲、蒋秋红，2017。
③ 范茹、谢宇，2018；韩辉，2008；徐芳、张晓溪，2016；徐选国、陈琼，2010。
④ 李应华，2009；彭善民、顾晓丹，2012；张孟群，2014。
⑤ 常雅慧，2011；魏爽，2003；温欣，2018；肖萍，2010；杨欢、常进锋、陆卫群，2014；杨婉秋、张河川，2007。
⑥ 晋长华，2009；刘斌志，2015；刘雅敏、张翼，2019；沈黎、刘晴暄、蔡维维，2012。
⑦ 葛新静，2017；柯露露，2016。
⑧ 蔡屹，2008。
⑨ 冯聪聪、张策，2019；利爱娟、白萧娟，2015；杨晶，2007。
⑩ 张惠，2014。
⑪ 彭佳慧，2016；秦和，2019；孙江涛、刘阳，2013。
⑫ 上海政法学院社区矫正研究中心课题组，2019；杨彩云、高梅书、张昱，2014。
⑬ 黄耀明，2007；彭善民，2010；彭少峰、罗玲，2014。
⑭ 郭金龙，2011；洪姗姗，2009；李晓静，2015。
⑮ 彭迪，2012；张威，2016

第三章 团体社会工作的目标、
功能与要素

社会工作的目标在于促进社会功能，使个人、团体、家庭和社区能更有效地在所处的环境中发挥功能。作为社会工作专业方法之一的团体社会工作，也有其独特的目标和功能。在达成团体社会工作的目标和功能的过程中，团体社会工作的要素及要素之间的运作机制，是非常关键的。

第一节 团体社会工作的目标

许多团体社会工作学者试图确定团体社会工作的目标。墨菲认为，团体社会工作旨在通过有目的的团体经验来增强成员的社会功能（Murphy，1959：34 - 35）；施瓦茨认为团体社会工作中的团体是一个互助事业（an enterprise in mutual aid），即一个在不同程度上需要彼此解决某些共同问题的个人联盟（Schwartz，1961）；哈特福德认为团体社会工作是一种社会工作方法，在这种方法中，团体工作者将团体经验作为主要的实践媒介，目的是影响团体成员的社会功能、成长或改变（Hartford，1964）；道格拉斯认为，团体社会工作的目标既包括协助个人成长、改变与发展，也包括促进社会行动与社会变革（Douglas，1979）。下面对团体社会工作发展历程中比较有代表性的学者的观点做一介绍，然后从目标层次的角度探讨团体社会工作的目标。

一 麦克莱纳汉的观点

麦克莱纳汉认为，团体社会工作的目标被界定在各种社会价值之中，例如品格教育、个人适应、士气的鼓舞与情绪的平衡、休闲娱乐与美好时光、犯罪预防、通过友谊取得的成就和获得具有一定情感与社会保障的地位、在业余爱好和职业选择方面的帮助、以社会可接受的价值标准作为个人立身处世的法则、以具有社会意识的态度来对待同伴。根据麦克莱纳汉的分析（McClenahan, 1936），团体社会工作的目标表现在以下六个方面。

第一，帮助个人从整个社会的观点来认识自己。团体社会工作的目标在于帮助个人超越经济团体或任何特殊利益的狭隘界限，找到那些超越任何自我为中心的基本价值观，帮助个人从整个社会的观点来看自己的问题。

第二，在积极的基础上建立更大的忠诚，朝着共同的目标发展，而不是各自分离与各行其是。任何团体社会工作机构在相互之间开展的体育、学术或社交活动，都有着同样的目标，即寻求一种超越当前团体组织较低忠诚度的更广泛的、更大的忠诚。

第三，团体领导也经常被看作团体社会工作的目标之一。对于团体工作者而言，领导并不意味着像雕像一样站在顶端，而是意味着洞察认知能力，激发表达能力，给不同的成员受到关注的机会，按照特定的团体决定和团体接纳的方式开展团体活动。

第四，协助人们更加明智地利用和增加闲暇时间。闲暇时间的利用，如果有适当的安排与计划，确实可以增进个人的幸福，但是，我们是否需要一种方法去理解闲暇和获得休息？我们必须把我们特有的紧张节奏带到我们的闲暇中去吗？团体社会工作帮助人们获得享受生活的艺术，为个人提供可以填补闲暇时间和保持幸福的资源。团体社会工作能培养人们的创造能力。团体社会工作使人们了解社区在礼仪、传统习俗、艺术、文学、建筑和哲学等方面所能提供的最好的服务。团体社会工作有可能帮助人们为自己安排快乐的业余休闲活动，从而消解那种找寻"人群"、明亮的灯光和花哨的消遣的疯狂冲动。

第五，帮助每个成员获得作为独立个体的尊严。每个成员不仅仅是家庭成员、俱乐部成员或社区成员，更是他/她自己，都是有价值的。这种态度形成了人际关系中的尊严、对一般障碍的尊重和人们的相互认识。

第六，鼓励成员采取行动。在专业领导下有组织的团体活动使成员有机会去发现人生哲学及其原则，并按照这些自己发现的原则和价值，以实际和即时的方式采取行动，而不止于仅仅是有兴趣谈论这些原则和价值。

二　蒋旨昂的观点

我国社会工作学者蒋旨昂通过分析团体社会工作与个案社会工作、社区社会工作三者之间的区别和联系，对团体社会工作的目标进行了阐释。

人们结合成为团体，其作用有两个方面：一是人格之培育，二是社区力量之发挥（蒋旨昂，1946：33）。

蒋旨昂将 social group work 翻译成"社会集团工作"，也就是我们现在所说的团体社会工作。他用图 3－1 来比较说明团体社会工作与个案社会工作、社区社会工作的不同。每个图上注重的都以粗线条来表示。图 3－1 中的（1）表示个案工作：小圆代表个人；向心的箭头表示那些个人应接受的社会标准和力量，以培育其人格；离心的箭头表示个人对于环境（大圆表示，包括若干团体和整个社区）所做的各种适应。图 3－1 中的（2）表示团体社会工作：中间的圆代表团体，团体根据其中成员都能承认的社会标准，采取各种活动方式，包围成员（以小圆为代表，图上只画了一个，以资醒目而看出个人在团体社会工作中的重要地位），使之实现社会化；同时，团体将成员组成单一的整体而发生合力，贡献给社区（大圆），来谋取社区建设的成功。在团体影响个人时，个人是团体的一分子，而个人对于团体（其他的成员）也有相应的反应。同时，团体与社区（其他的多个团体）也是互动的，所以图上的箭头全是往复的。图 3－1 中的（3）表示社区组织工作：和前两个一样，大圆代表社区，中圆代表团体，小圆代表个人；个人是团体成员，当然也是社区成员，还可能是若干不同团体里的成员；社区组织工作最关心的是就整个社区的需要来安排团体，使之分工合作，产生合力，但要务必使其作用不互相抵消。

蒋旨昂指出，团体社会工作是个案社会工作和社区社会工作之间的枢纽。"中国现代所需的社团工作（团体社会工作），必须是兼有发展社会化人格、锻炼民权运用和谋求民生福利三重任务的。"（蒋旨昂，1946：36）个人社会化、社区建设以及社会福利这三重任务也就是团体社会工作的目标。

三　克莱恩的观点

一般而言，所有社会工作方法要达到的目标都大致相似，各种社会工

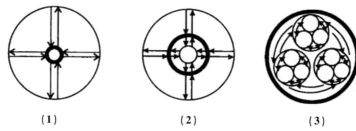

（1）　　　　　　（2）　　　　　　（3）

图 3 - 1　社会集团工作（团体社会工作）示意

资料来源：蒋旨昂，1946：33 ~ 35。

作方法构成社会工作的整体。

克莱恩观察到团体社会工作有 8 种明确的具体目标，这些目标符合社会工作者的历史使命，即协助个人处理人际关系与适应环境（Klein，1972：31）。

（1）复健（rehabilitation）：包括对原有能力的复原，对情绪、心理或行为困扰及态度或价值取向的复建；

（2）适应（habilitation）：发展面对问题与解决问题的能力，也就是学习适应危机情境的能力；

（3）矫治（correction）：协助那些在社会法律或习俗方面有困难的人、违法者或违规者矫正行为与解决问题；

（4）社会化（socialization）：协助人们满足社会的期待，以及学习与他人相处，其中包括对部分特殊的服务对象的再社会化（resocialization）；

（5）预防（prevention）：预测问题的发生，提供有利的环境以满足个人的需求，并协助个人培养危机处理的能力；

（6）社会行动（social action）：帮助人们学习如何应对、适应和改变环境，在积极参与团体的过程中，使个人学会领导、追随、参与决策、为自己以及更大的社区承担责任；

（7）解决问题（problem-solving）：协助人们运用团体力量达成任务目标，形成决策，以及解决问题；

（8）社会价值（social values）：协助个人发展与生活相关的、适应环境的和现实可行的社会价值体系。

这八项目标涵盖相当广泛，从个人到社会，从行为改变到社会行动，对于团体社会工作的目标来说，可以说是无所不包了。

四　团体社会工作目标的层次

团体社会工作的目标在于达成个人行为的改变、团体民主化和社区的发展、社会的行动。具体而言，我们从三个层次来详细阐述。

（一）个人层次的目标

团体工作者相信个人人格的发展源于团体经验的相互满足，为了达到这一目标，团体被视为一个基本单位。在机构中，或与社区的其他团体的互动中，发展良好的、参与的人际关系，可以培养成员的社会适应力与发展团体的社会意识。

人的自我意识与个性是在团体生活中形成的，人的价值观念与理想是在团体生活中获得的，人的基本的生活知识、习惯与生活技能及专业技能也是在团体生活中习得的。人因此有与他人密切相处、共同活动、分享感情的需要。

柯义尔在1959年指出，团体社会工作实务显然是建立在这样一个假设上，即在公共或私人机构主持下的各种团体经验对其参与者具有潜在价值：面对面的小团体的经验为亲密关系提供了机会，在人们走向成熟的过程中起着至关重要的作用；团体经验可以作为其他关系的补充，团体社会工作方法可以提供某些类型的团体经验，为那些其他基本关系不能完全令人满意的人（例如由于某些原因生活贫乏或缺乏亲密社会关系的人）提供支持（Coyle，1959）。

哈特福德认为，团体社会工作在个人层次上有参与的目标：个人通过团体参与而实现社会化与再社会化；自我概念的转变或确立；身份、动机、态度的形成与改变；价值的建构与行为的修正；归属感与支持的获得；教育学习的机会（Hartford，1971）。

特雷克认为，从个人层次的目标来看，各种不同年龄阶段的个人可以通过团体来协助自己（Trecker，1972）：追求兴趣与获得技能；在同辈团体中获得接纳与地位；成为大团体与较有影响力团体的成员；脱离父母或其他监护人而学习独立与成长；适应与学习和异性相处；从参与过程中成为社区的一分子；拥有乐趣、休闲与社交；获得友谊与同伴。

迈克尔·普雷斯顿－舒特指出，团体社会工作在个人层次上的目标可以表现为：获得洞察力，即探索情感，理解自己和他人行为背后的动机，以及处理问题时使用的自我挫败（self-defeating）的方式；个人发展，可能是发展新的行为方式，以克服社会发展和成长的障碍，并提供机会演练这些障碍；功能完善，提供缺少的生活经验或使成员能够扮演新的角色以完善他们的社会功能。无论是旨在增强自尊、提高与他人相处的能力，还是提高使用个人技能和资源的能力，目标都是行为、情感和态度的人格改变（Preston-Shoot，1987：21－22）。

（二）团体和社区层次的目标

哈特福德认为团体社会工作会达成共同思考、合作计划与增进团体的生产力，以团体行动来解决问题的目标（Hartford，1971）。当个人有足够满意的团体人际关系时，就会与其他团体成员共同思考、一同作业，在合作过程中增进团体的力量，在集体行动中解决问题，推进团体的发展，个人将变得能与人互助，并学习如何在现代社会中与人团结合作。

团体利用团体成员和团体工作者的资源来实现团体层次的目标。团体层次的目标，可以是共同行动，利用其集体的智力和情感资源来实现社会变革目标，也可以是证明其他人如何能够对成员采取有益的行动，丰富成员的生活或改善与同伴的关系。

团体社会工作提供给个人的团体经验，在社区层次上有其目标。团体社会工作教导个人如何为其行为负责，如何参与社会，就是间接地丰富社区的生命。

团体社会工作利用团体经验作为团体成员负责任参与的准备，这方面的目标主要表现在三个方面：小型面对面的自治团体，特别是俱乐部的经验，提供了发展和追求共同目标的经验，控制冲动行为以实现延迟的共同目标，在学习领导技能方面创造和接受自我强加的权威，即在民主进程中的经验；在团体活动程序中引入讨论各种不同的社会问题；利用有计划的团体经验来处理社区紧张关系（Coyle，1959）。

（三）社会层次的目标

单凭个人的力量很难解决社会生活中的许多问题，为了有效地达到某一目标，人们往往需要借助团体行动的方式。团体提供了个人进行社会行动的途径。在以实现社会目标为主的团体中，个人可以学习如何在团体中活动，发挥自己的作用，学习如何借助团体的力量来实现社会目标的能力。这种团体往往会形成社会行动并实现社会问题的解决与社区环境的改变。团体经验可以对社会本身做出各种贡献，既可以为个人提供一个更健康的社会环境，鼓励作为负责任的公民参与，还抵消环境中经常出现的反社会影响（Coyle，1959）。

团体社会工作促进社会变迁，表现在：修正制度或团体的外在体系；团体通过压力、资讯传播或团体组织力及影响力，使社会发生变迁，尤其是使社区组织或社会制度发生改变（Hartford，1971）。

团体社会工作鼓励社区中的社会行动，以实现社会变革目标。团体成员生活和运作的系统对团体成员的问题产生了相当大的，往往是消极的影响。如果团体工作者忽视了这些特征，就会忽略团体成员生活中一个重要的、有影响力的部分，并会限制他们变革努力的范围和影响。以社会行动为目的的团体旨在挑战人们对强者和弱者的假设。他们将改善环境和生活条件定义为团体成员的权利和希望。社会变革的总体目标中的一个具体目标是改善成员之间以及他们与团体外部系统之间的沟通和互动，另一个辅助目标是改变其他系统感知团体成员的方式。如果实现了这一目标，成员对自己的看法可能会随之发生变化。具有社会变革目标的团体工作者有几个任务。一是确保这些目标是现实的，并贡献他们的知识和经验来帮助团体制定和实现其目标。二是让团体成员对自己的决策、行动和支持承担责任，从而增强对自己能力和努力的信心（Preston-Shoot，1987：20－21）。

要明确的是，在社会中发生严重病态和重大冲突时，团体社会工作并不是唯一给予他们治疗的机构。所以团体社会工作在社会层次上的目标是辅助性的。

第二节　团体社会工作的功能

由社会工作者带领的团体，已经成为一种被广泛接受的协助方法。这种由一个有能力的专业领导者所带领的团体，集合两个以上的个人，共同为减轻个人所遭受的痛苦，或是为增进个人幸福的目标而努力的服务方式，已逐渐被人们认为是具有功能的。

从理想类型来看，团体社会工作的功能体现在四种不同的工作焦点上（McCaughan，1977）。一是个人内在的功能：团体社会工作协助个人达成内在人格的改变或调适，以便增强其在各种社会角色（如双亲、配偶、朋友等）下的社会生活功能。二是人际关系的功能：团体社会工作协助个人扮演新的社会角色，如在进入新的环境，或参与新的社会活动时。三是环境的功能：团体社会工作提供一种物理的与情绪的资源，以提供个人未经历的生活经验，如学习参与社区、学校、工厂等，由团体提供经验学习的情境。四是团体间的功能：团体社会工作增进不同体系间的沟通与交流，如医疗团队与病人团体间、学校与家长间、社区内的团体间的沟通与交流。

一 提供一种归属感

通过与其他有相似兴趣或情况的人组建一个团体，成员可能会感到不那么孤独。实现归属感和相互认同感可以促进社会关系的改变，并使成员能够利用在团体中获得的支持、知识、想法和经验来获得帮助或处理各种情况或解决各种问题（Preston-Shoot，1987：19）。

首先，抒发成员的情感，当成员能被其他成员全然接受时，他/她便可以很自由公开地发表和表达他/她的情绪、经验、感受和想法，这对成员焦虑的减轻与目标的达成，有很大的帮助。

其次，团体凝聚力的形成，由于成员之间相互接纳、尊重与协助，会形成一股强大的团体吸引力，进而衍生出对团体的归属感与认同感，并为能成为团体的一员而引以为荣。

最后，团体约束力的呈现，团体中，通过团体规范和团体契约的规定，可以对成员形成一些约束力，例如减少成员对领导权威的反抗、抑制成员某些不适宜的行为举动、协助成员忍受某些挫折及接受某些必要的限制和履行某些承诺。

二 提供验证事实的机会

团体如同一个真实的社区，在某种程度上反映了团体外的真实世界。在这一模拟社区中，成员在将新行为和想法运用到真实情境前，有机会尝试改变行为和想法。紧接着，他们新行为和想法的尝试，会得到团体中其他成员的评价，从而了解这种新行为和想法是否会在团体外被接受。本质上，在团体中经过一段时间的互动后，成员会了解到其他人对自己行为和想法的真实感受和反应。

首先，可以了解问题的普遍性。通过团体成员经验的分享和讨论，成员会发现，其实大家所面临的问题或困难都很类似，甚至相同，有所谓的"普遍共同性"，因而不会再让自己有孤独无依的感觉。

其次，团体知识和技能的传授和演练。团体工作者通过团体活动的设计和运作，让成员在步入社会之前有机会能在一个安全性高且有支持性气氛的环境中去演练各种必备的生活技巧。

最后，现实社会的验证。成员在团体过程中，往往会体验到在一般社会中可能发生的各种状况，例如：与人交往、沟通、协调、合作等人际关系方面的状况；当面对负面情绪（如被误解、曲解等）时，该如何去应对和处理这些未尽如人意的关系状况。

三　提供互助合作的资源

团体社会工作提供给团体成员帮助他人和被帮助的机会。团体工作者并非扮演专家或权威者的角色，而是成员解决问题过程的合作者和同伴。

首先，利他主义的实现。成员在团体中能学会如何去关心照顾别人，这种无私的利他行为表现往往能帮助成员减少只顾自己利益的心理，进而提升成员的自尊。

其次，实现成员问题思考的多样性。团体在运作过程中，往往能激发成员的内在洞察力，而且更深入地探索可以用哪些方法来解决我们所碰到的问题和困难。

四　赋予成员能力

许多成员会参加团体，是因为他们对于要改变个人所处的情境有无力感和无助感。团体领导者使成员有能力在个人、人际关系和政治等层面采取行动，从而改善个人所处的情境状况。赋予成员能力是基于相信个人是有能力的，对于个人所处的情境和问题来说，团体成员个人是唯一的专家。因此，团体成员对于问题的定义和对于问题应该如何解决的想法，是问题能有效解决的关键因素（Reid，1997：4 - 5）。

首先，彼此提高，相互成长。通过成员之间的支持和再保证，成员不会有无法抵抗或害怕的感觉，反而更有信心去接受新的思想的挑战，并彻底尝试和冒险做一些新的行为改变，以全新的面貌迎接新的生活。

其次，乐观进取，常怀抱希望。团体成员在团体过程中，通过彼此鼓励，常充满希望，保持信心，朝既定的目标勇往直前。

最后，从成员的回馈中，做更深入的自我了解。在团体过程中，从别人身上所得到的观察，加上自己的反省，以及别人给的回馈中，成员对自己的思想、观念和行为有更深入的了解和觉知，可作为自我改进的参考依据。

五　团体有治疗功能

针对有问题的个人，团体还有治疗的功能。团体治疗的目的是帮助成员增强适应能力及实现更高功能水平。团体通过表现出类似社会事实的小型社会，使成员有机会了解并改善自己的人际关系、扭曲的观念以及偏差的沟通方式。这些学习过程可通过团体中的自我观察及团体中其他成员的回馈来实现，也可以通过成员在团体中和团体外尝试新行为的过程而获得。团体工作者营造一个温暖的氛围，促进团体的凝聚力和团体规范，挑战成员并且使成员能以更真实的方式来看待个人周遭的环境。基本上，这时团体工作者的焦点在于关注此时此地、提供成员回馈、增强成员负责任的行为，以及鼓励冒险（Reid，1997：12 - 13）。

第三节　团体社会工作的要素

团体社会工作包括许多要素，诸如团体（group）、工作者（group worker）、机构（agency）、团体成员（group member）及活动方案（activity program）等。这些要素有什么样的原则？这些要素各自都有哪些责任和义务？这些要素之间的关系又是如何的呢？

一　团体社会工作的要素

（一）团体

团体本身是团体社会工作的主要工具。在团体社会工作中，团体要建立某种形式的组织、决定吸收团体成员的方式、发展活动方案、解决成员的纷争冲突，还要配合社会工作机构，协调其他团体。团体社会工作的对象，一般是较小的团体。小团体中的成员能够发生密切与直接的相互联系，有利于团体社会工作的开展。

1. 团体的界定

团体是一种个人的组合，但并非任何个人的组合都可称得上是团体。一般团体是指，两个或两个以上的人组成的由互动产生相互影响的团体。而所谓的"小团体"则特指 2 ~ 20 人的团体。

团体社会工作对团体的界定更注重实施和运作。哈特福德认为，"至少两人以上，为了共同目标或相近的兴趣所组成，经过一次或多次的会面，成员之间产生认识、情感和社会交流，为了实现目标而形成一系列规范，发展团体目标，形成凝聚力"（Hartford，1971）。这个定义涵盖了团体的大小、地点、会面频率、目标和互动。

2. 团体是社会工作实务的重要组成部分

将团体视为社会工作实务的重要组成部分，原因在于：团体成员的共同性；团体的创造性和解决问题的潜力；小团体的力量；便利性（Schopler and Galinsky，1995）。

（1）成员的共同性

与其他有着相似兴趣和目标的人共同拥有团体的经历是很有益的。团体成员可以在知道他人面临同样的困难时得到解脱，也可以在分享共同的经历和兴趣时获得满足感。许多人发现，与那些有相似生活经历的人谈论问题更容易，可通过听到别人的成功而获得希望。成员之间的纽带可以消除那些可能在个人关系中造成紧张和影响开放沟通的障碍的权力分歧。当成员组织起来倡导共同关注的议题时，也可以增强对环境的影响力。

（2）创造性和解决问题的潜力

在团体搭建的平台上，成员可以交流想法和意见，回顾他们面临的问题，参与到新的经历分享中去，并发展出新的方法。当成员之间建立起关系时，他们之间的不同视角使他们能够重新创造一个团体外的世界，并将团体作为测试新行为、态度和想法的试验场。团体可以制定出一些解决方案，这些方案可能永远不会从个别会议中发展出来，或单独由社会工作者提出。团体技术，例如角色扮演、结构化练习、游戏、艺术和戏剧，可以与讨论结合使用，产出观点和行动，促进成员的成长和社会变革，以及解决问题。

（3）小团体的力量

团体自然地出现在许多日常活动中，对个人的思维、感觉和行为方式产生巨大的影响。小团体可以成为实现个人和社会改变的强大力量，因为成员往往更容易倾向于遵循那些他们协助制定出来的团体规则和目标，而不倾向于从其他人那里接收指令。虽然可能有必要对小团体的效力进行磨炼，以确保它们是加强而不是限制成员的体验，但是团体过程本身让团体成为实现团体和个别成员目标的有力手段。团体由于成员之间形成的纽带和关系而显得特别有益。在一个团体中发展起来的互助和关怀，以及成员之间相互提供的挑战，有助于激励成员和创造增权与自我实现的氛围。

（4）便利性

团体往往是提供服务或做出涉及许多人的决定时的最方便的方式。个人对信息或支持有着相似的需求，可能有共同的关注点和相似的兴趣，或者已经在一个自然的社区或工作团队中，在一个团队中会面可能是传达信息、激发问题、提供支持和制定解决方案的最有效方式。虽然有效的团体服务需要在团体会面之外进行规划、跟进和召开会议，但是团体的成本效益这一特点在一项比较个人和团体治疗的相对效率的研究结果中得到了支持（Toseland and Siporin，1986）。

3. 团体本身对团体社会工作的影响

不同的团体对团体工作有着不同的影响，来自团体本身的因素包括以下几个方面（李建兴，1980：84~85）。

（1）团体氛围是一个重要的因素

团体氛围是团体本身所创造的，又影响着团体的存在。如果我们特别注重团体氛围的营造，那么，团体成员就能合作而积极地工作；当个人获得真正的接受、了解与关怀时，他们就有接纳与合作的反应。

（2）团体内的凝聚力影响着团体成员的行为

团体的凝聚力越强，团体对个人行为的影响力也就越大。如果团体成员之间没有充分的凝聚力，那么，团体工作也就缺乏重点，对成员的影响力也就越小。

（3）民主领导的存在影响着团体的效力

当个体参与团体工作计划和活动时，其个性会在这个过程中得以发展。当团体的领导提供一种刺激情境，使个人自由而自然地参与问题的解决时，这个团体本身也获得动力并富有活力。

（4）团体的功能及制度也影响着团体的效力

当这些制度一成不变时，它们便阻碍了团体交互作用的沟通过程。

（5）团体成员是否参与团体目标的制定，影响着他们为这种目标所付

出的精力的多少

团体成员所了解的目标是他们自己参与制定的目标，是他们追求的目标，也是他们决定的认为重要的目标。

（6）参与决策的过程是团体过程中的最重要因素

如果团体成员没有这种发言权，他们与团体之间的关系就会减弱，团体对个人行为的影响力也会减弱。

（二）团体工作者

团体工作者的行为是团体社会工作的中心。在团体社会工作中，团体工作者的行为被称为协助（help）。团体工作者是一个协助者（helping person），其工作在于协助发现和运用个人、团体、机构的力量，以促进全体的福利。团体工作者和团体成员及团体之间应建立起有目标的专业关系，彼此接纳，了解成员的要求和团体的目标，了解团体工作者的职责和工作方式方法，在思想上进行双向交流。

在团体社会工作中，团体工作者协助个人和团体达致某些目标。团体工作者是协助者或引导者（enabler），不是团体领导者（group leader）。团体社会工作是研究团体工作者做什么、如何做、为何如此做的学科。简言之，团体工作者是团体社会工作成败的关键（李建兴，1980：7）。团体工作者自身的素质和素养是非常重要的。

1. 团体工作者的特征

有效带领团体的团体工作者呈现八个显著的特征：勇气、诚实、创造力、自我了解、同理心、行动取向、热心、人性化（Reid，1997：98）。在团体社会工作过程中，成功的团体工作者具有一些共同表现。

（1）自我肯定与接纳

当一位团体工作者能自信自爱时，其才有能力去信任其成员和爱护他们。作为团体工作者，要知道自己是谁，也清楚并欣赏自己的价值观、人生信念和生活方式，认识和接纳自己。团体工作者不是道德的典范，也不是心理健康的典范。他们愿意自我检讨，以开放的态度认识自己的坚强和软弱。他们将自己视为一个生活的、成长的、挣扎的个人，也处在改变的过程中。

（2）敏锐的直觉

团体工作者应该有敏锐的直觉，每时每刻都能觉知到自己的情况，包括身体、心理、情绪、精神与心灵各方面的情况。由于团体工作者有清晰的自觉，因此有能力对外在的环境做比较正确和客观的观察、评估与回馈，而且可以及时意识到自己是否进入到不良状态之中，及时客观地并且以局外人的角度来看问题，保持专业的特色与修养。这些都保证了对团体进程和状态的正确认知，为及时良好地控制与把握团体进程奠定了基础。

（3）参与并愿意做典范

成功的团体工作者不应该着意于个人的表现如何，而应该关心成员的福利。因此，团体工作者会努力地完全投入，身体力行，以身作则。同时，一位投入的团体工作者，往往已经成为团体中的一分子，不会因自己是团体工作者而隐藏自己，会乐意和大家充分地分享自己，诉说自己的经历。但是，这并不等于团体工作者一定要将个人的隐私在每次团体活动中透露，而只是有些经历的自然流露。此外，团体工作者的积极参与，可以使其更好地扮演民主型领导的角色，使成员更平等、更具个性地表达自己。

其实，在团体中，无论团体工作者愿意与否，他/她都是成员的典范。团体工作者的示范是重要的，因为成员通常会模仿。尤其是在团体的初期，团体工作者的言行往往成为团体的楷模。此时，团体工作者更应当以身作则，建立团体的规范。

当团体工作者的经验对团体的发展有益时，他们不会害怕分享。团体工作者愿意以他们鼓励成员生活的方式来生活，也愿意朝着成为一个完整的人而努力。

（4）愿意接触和面对个人的需要，并了解个人的价值观

团体工作者其实与其他人一样，都有个人独特的需要。成功的团体工作者往往是愿意内省的，当其在团体社会工作中发现自己的需要时，是愿意承认其存在及其影响的，也因此会致力于做出改进，否则就会容易出现枯竭的现象，而无法有效地帮助别人。如果团体工作者没有正视自己的需要，就会在团体中不知不觉地设法满足自己的需要，而将成员的需要放到次要位置，甚至有时会因为团体工作者太过专注于个人的需要，以至于成员的需要完全被忽略。

一位成功的团体工作者要很清楚自己的价值观，而且在团体的运作中不会故意将自己的价值观强加于成员。团体工作者应该协助成员明白为何要放弃自己原有的价值观而做出新的抉择。在此过程中，成员往往需要团体工作者协助自己明白各种价值观所包含的意义与重要性。因此，团体工作者对个人的价值取向，绝对不可含糊。

团体工作者能够从成员的角度来看世界。他们会基于事实，将心比心，不评价他人，分享他人在痛苦、生气、快乐中的感受。他们完全投入其中，力图理解团体成员的感受。

团体工作者是真实的，并且对团体成员做出诚实的回馈，他们基于成员的利益，愿意将心中的想法和感受说出来。当他们错的时候，他们也愿意承认；当受到挑战时，他们不会摆出防卫的姿态。

（5）信任团体过程的功能

团体工作者在带领团体的过程中，往往会出现困境和挑战，有时甚至在无限的沮丧中经历一而再的挫折，仿佛没有出路。在这种时刻，团体工作者对团体过程功能的坚定信念可以帮助团体工作者度过枯竭的时期，这也是团体工作者抗衡挫折的最强大的力量。团体工作者应该对团体的活动有信心，对团体成员有信心，对于团体过程的价值有信心，他们相信团体过程，并且将这种观点清楚地传达给团体成员。团体工作者鼓励团体成员为自己设定目标，并努力去达成目标。他们了解团体真正的成功在于团体成员能够在团体外的生活中有建设性的改变。

（6）个人力量与勇敢

团体工作者能够坚持自己的信念，并且不被暂时的事件所动摇。当团体出现玩弄游戏、障碍、面具和防卫时，他们愿意向个别成员和整个团体当面提出。

2. 团体工作者的技能

技能是团体工作者应用知识、经验及了解实际情况的能力。团体工作者的技能包括：与一个团体建立关系的能力；对某一特定团体可能感兴趣的项目活动的必要知识，如对团体过程的了解、关于个人行为和社区的知识体系、社会服务的一般背景知识与专业价值观和伦理；处理可能遇到的价值观冲突的能力。此外，团体工作者还需要一些对所有社会工作者都通用的知识和技能。团体工作者必须知道如何与团体中需要更多帮助的个人建立联系，这需要识别症状行为的能力，并与个体建立关系（Coyle，1959）。

每个团体工作者都必须有能力从机构及社区一分子的立场去工作，他/她必须了解机构及社区，同时了解自己和团体。团体工作者在限定的情况下，与个人或团体共同工作，以审慎的态度，应用他/她的知识、经验以及各种原则，启发和引导个人及团体的发展。所以，团体工作者的技能是多方面的，是长期积累的结果。在团体社会工作实务过程中，团体工作者要掌握以下技能（Trecker, 1972：86-87）。

（1）建立目标性关系的技能

善于获得团体的接受，并与团体建立积极的专业关系；善于帮助团体中的个人，彼此接受对方，共同参与团体活动。

（2）分析团体情况的技能

善于判断团体的发展阶段、团体的需要及团体的可能发展速度，这需要对团体进行直接观察；善于帮助团体表达意见、决定方针，实现近期目标，并认同团体的潜力及限制。

（3）参与团体的技能

善于决定、解释与修正其在团体中的角色；善于帮助团体成员参与活动，决定领导地位，并为团体活动负责。

（4）处理团体情感的技能

善于控制自己对团体的情感，并用最客观的态度研究每种新情况；善于帮助团体表示积极或消极的情感，善于帮助团体分析情况，以解除团体内或团体与团体之间的冲突。

（5）发展活动方案的技能

善于引导团体的思想，发现并了解其兴趣与需要；善于帮助团体发展活动方案，以作为满足其需要的工具。

（6）应用机构及社区资源的技能

善于发现可供利用的资源，并使团体熟悉这些资源，以应发展节目之需；善于转介工作，将团体中有特殊需要的个人转至其他社会工作机构。

（7）评价的技能

善于记录团体的发展程序；善于应用记录，帮助团体检讨经验，作为改进工作的参考。

3. 团体工作者与团体的关系

在团体中，团体工作者是一个对团体与团体工作来说有知识、有经验和有技能的人。他/她要根据这种知识、经验、技能改善团体状况，他/她与团体共同工作，要求团体成员发展自己的能力，共同努力，获得所需的东西。他/她努力了解团体，知道成员的需要和要求。他/她从工作中获得满足，而不是利用团体满足个人需要。

团体工作者帮助个人发现、创造、维持与他人的关系。团体工作者在帮助个人建立这种社会化关系之前，必须先与团体建立一种积极性的关系。团体工作者与团体之间的关系要随时培养。

团体工作初期，团体工作者要能够倾听并接受团体早期的愿望及意见，接受团体的感觉，包括对他们自己的、对团体成员的、对机构的。团体工作者要能接受团体，团体也要能接受团体工作者及其代表的机构所给予的帮助。

在团体工作开始的时候，团体工作者必须重视温暖与友善，团体工作者必须熟悉团体成员，鼓励团体成员表达其兴趣，增进自己与团体成员的相互了解。

在几次聚会之后，团体工作者会体会到一种积极工作关系的发展。团体开始接受机构及团体工作者的规则或限制，就是一种良好的团体工作者与团体关系的征兆。

（三）团体成员

在团体社会工作过程中，个人参与团体成为团体成员，由团体工作者有效地协助他们。团体社会工作为团体成员提供参与团体的经验，提供自由的气氛和环境，了解和接纳相互之间的感情，赋予个人接受他人的机会，提供一种积极的服务，使人们生活、工作、娱乐在一起，以满足他们的需要。团体成员参与团体的目标各有不同，团体经验会有不同。

（四）机构

大部分的团体工作者，实际上隶属于专业的社会服务机构，因此，团体工作者是社会服务机构的一部分。他们代表机构，接受机构的设备、经费、人员的支持，甚至工作目标也以机构的功能与目标为依据来确定（李建兴，1980：8）。

机构对团体社会工作过程有着相当的影响，主要表现在：机构采用团体社会工作方法的原因；机构对成员资格的认定；团体工作者在机构中的地位和角色；机构提供的团体社会工作的资源；机构对团体目标的决定和修正；机构对团体的社会物理环境的影响；机构与团体的内在领导者的互动；机构影响团体服务的意识形态与技术；机构内组织关系对团体的影响（Garvin，1987：35－43）。

（五）活动方案

团体必须从事某些积极的活动，但是活动方案是一种过程，而非过程中的事件，在整个团体社会工作领域中发展活动方案，"过程"最为重要。团体工作者的主要职责便是帮助团体发展他们自己的活动方案，注意在工作发展过程中，要不断总结经验，逐步提高工作质量，推动工作进程。对于社会工作的程序、阶段应进行评价，以保证每个程序、每个阶段的预期效果，同时总结经验，使工作获得改善与进步（李建兴，1980：8）。

活动方案是一种工具。适当地运用活动方案有助于团体成员达到团体社会工作的目标。在带领团体活动过程中，重要的并非活动的内容或活动的结果，而是活动开展的过程。无论活动多么精彩、多么丰富，如果成员不投入，或不能在过程中有所得，都仍然是失败的。反之，尽管活动从表面上看没有成果，但如果成员能从中有所得或获得成长，活动就已经很有价值。团体工作者应多让成员在活动中投入和参与。随着团体日益成熟，及成员能力的增强，团体工作者更应鼓励成员参与策划和推动程序。在活动过程中要尊重成员，不应该强迫成员，同时要让成员有所准备。活动过程中要明确清晰地说明活动的内容以及活动中成员的角色分工，应该让所有成员都有参与的机会，同时应该容许成员能够决定他们的参与程度。

二　团体社会工作各要素之间的关系

团体社会工作必须具备上述要素，因此要了解团体社会工作的意义，必须深入了解上述团体、团体工作者、团体成员、机构和活动方案等要素之间的关系（李建兴，1980：8）。

团体社会工作虽然可以分为前面的五种要素，但是团体社会工作是一种工作方法，它构成一种不可缺少的整体性。第一，团体工作者是团体的外来者，具备某些技术，了解个人，服务个人；第二，团体具有相似性（显露的或隐藏的），诸如年龄、兴趣、职业或工作等；第三，团体要相当小，必须使每个团体成员有参与活动的机会，并享受团体活动的成果；第四，发展活动方案，诸如社会性的、娱乐性的或教育性的，并在活动的过程中，获得某些技术。不过，技术的获得，不是团体社会工作的唯一功能，团体社会工作的基本目标是团体中每个成员都有更为良好的社会适应。

团体社会工作以团体工作者最为重要。团体工作者具有知识、经验，还有稳定的人格。团体工作者协助个人和团体，选择和做出决定，实现目标。团体工作者使团体能"自导"（self-directing）、"自治"（self-governing），甚至有时由团体成员控制自己的团体。团体工作者也协助团体成为整体机构和社区的一部分。团体社会工作的最后目标，是发展个人和团体，在社区生活重要事务中，采取积极的行动（李建兴，1980：10）。

第二部分

团体社会工作理论

第四章　团体社会工作的价值观与伦理

价值观是一个社会中人们持有的关于如何区分好与坏、违背意愿与符合意愿的观念，是人们对于人和事的是与非、好与坏、该与不该的判断标准。把这些观念和标准整合起来，就形成了人们特有的价值体系。价值观是价值的系统化，与价值判断有关。价值观是社会工作专业的根基。社会工作专业本质上是一个充满判断的专业，一直都十分强调专业价值观的指导性地位。

价值观是伦理的来源，也是人们伦理行为判断的基础。伦理是指导人类行为的规范和准则，包括处理人与人、人与社会和人与自然之间关系的行为准则。专业伦理是指某一专业领域的从业人员通过其团体的磋商达成的共识，以集体自律的方式订立的专业守则或会员公约，要求全体成员共同遵守的行为规范。专业团体由国家立法赋予相当的自主性、认证权及对会员的制裁权（赵芳，2016：12）。

社会工作专业价值体系是社会工作专业所持有的一套对人、对社会、对专业的成熟的看法和偏好，它不但决定了社会工作的性质和目标，而且决定了社会工作的方法和技巧、专业关系、实务领域和伦理原则。团体社会工作的价值观与伦理就是在社会工作专业价值体系与伦理原则的基础上形成的。团体社会工作伦理原则的使用很复杂，因为涉及的人数较多，而且他们之间的关系和交流的性质与质量也很高（Northen，2004）。

第一节　社会工作伦理

社会工作专业价值观代表整个专业团体和社区对社会正义、服务、个人价值与尊严、人际关系重要性、社会团结等的一般看法与专业活动的标准，专业价值观的建立和践行是社会工作专业化的重要前提（林霞，2012：15）。

社会工作伦理起源于社会工作专业服务中助人关系的特殊性质。1957年，格林伍德在《专业的属性》一文中提出，一门专业应具备五个衡量标准：有一个理论体系；专业的权威；共同信守的伦理守则；社会或社区的认可；专业的文化（Greenwood，1957）。社会工作伦理对社会工作专业的形成意义重大。社会工作伦理是由社会工作价值观派生出来的、指导社会工作者实务的具体的道德规范和准则。社会工作是助人自助的专业工作，社会工作伦理主要涉及社会工作者如何帮助服务对象自助的具体规范和准则。

《全球社会工作伦理原则声明》于2018年7月在爱尔兰都柏林举行的国际社会工作者联合会大会（International Federation of Social Workers，IF-SW）和国际社会工作教育联盟（The International Association of Schools of Social Work，IASSW）大会上获得批准。《全球社会工作伦理原则声明》是社会工作者致力于达至专业操守最高标准的框架，包括九个原则：承认人类固有的尊严；促进人权；促进社会正义；促进自决权；促进参与权；尊重保密性和隐私；把人视为全人；合乎道德地使用科技和社交媒体；专业诚信（IASSW，2018）。

一　美国的社会工作伦理守则

1960年10月13日，美国社会工作者协会（NASW）批准了第一版的社会工作伦理守则，此后伦理守则就成为界定在所有实务领域中指导社会工作者行为的价值观和原则的标准载体。其后，美国社工界又于1979年和1996年对其进行了大范围的修订和完善，随着2017年8月通过的对1996年《美国社会工作者协会伦理守则》的最新修订，美国社会工作者协会的社会工作伦理守则成为美国和全球范围内社会工作实务的指导典范。

1960年的第一版美国社会工作伦理守则界定了社会工作专业和社会工作者的14项责任。1967年的修订版增加了一条保证非歧视的原则。

1977年，基于伦理专业性和实用性的日益关注，美国社会工作者协会成立了修订委员会以修订伦理守则。1979年，美国社会工作者协会对伦理守则进行了重大修订，并颁布了新的伦理守则，这个伦理守则比1960年通过的伦理守则更加完善，包括6个主要部分，由82条伦理原则和1个序言组成，提出了与社会工作者对服务对象、同事、雇主和雇佣组织，社会工作专业和社会的道德责任有关的原则，介绍了将使用伦理守则作为社会工作者日常行为的基础和标准来增强社会工作者的伦理实践的具体准则。美国社会工作者协会伦理守则在 1990 年和 1993 年又进行了修订。1990 年的修订着重于服务对象的请求、费用设定和接受转介的补偿。1993 年的修订增加了五项新原则，包括与社会工作者的损伤和双重关系有关的原则。

随着社会工作专业的发展及其对于伦理相关议题的更加广泛的理解，伦理守则需要有更加全面的内容。在大量调查研究和广泛征求意见的基础上，1996 年修订的伦理守则更加全面。1996 年的伦理守则包括四个部分：序言，总结了社会工作职业的使命和核心价值观；制定伦理守则的目的，概述了该规范的主要功能，并对处理社会工作实践中的道德问题或困境进行了简要介绍；伦理原则，提出了基于社会工作的核心价值观，及指导社会工作实践的广泛的伦理原则；伦理标准，概括了指导社会工作者行为和提供裁决依据的具体伦理标准，包括社会工作者对服务对象的伦理责任、社会工作者对同事的伦理责任、社会工作者对实务机构的伦理责任、社会工作者作为专业人员的伦理责任、社会工作者对社会工作专业的伦理责任以及社会工作者对广大社会的伦理责任。

1996 年的美国社会工作者协会伦理守则指出，社会工作专业的首要使命在于促进人类的福祉、协助人类满足其基本人性需求，尤其关注弱势群体、受压迫者及贫穷者的需求满足和能力的提升；社会工作的历史传统和形象定位皆着重于促进社会中的个人的福祉和社会福祉；社会工作的基础就是关注那些产生、影响和引发生活问题的环境力量。1996 年的美国社会工作者协会伦理守则的重要特色是澄清了社会工作的六大核心价值观：服务、社会公正、个人尊严与价值、人际关系的重要性、正直、能力，指出社会工作专业的使命立足于一整套核心价值。这些贯穿于社会工作专业历史的、为社会工作者所信奉的核心价值，是社会工作独特的目标与视角。这些核心价值反映了社会工作专业的独特性，核心价值和由此衍生出的原则必须由不同的人类社会环境及其复杂性而定。

立足于对社会工作的核心价值——服务、社会正义、个人的尊严与价值、人际关系的重要性、正直和能力，1996 年的美国社会工作者协会伦理守则设定了下列伦理原则。

（1）基于服务的价值观，伦理原则体现为：社会工作者最首要的目标就是帮助有需要的人们，并致力于社会问题的解决。

（2）基于社会公正的价值观，伦理原则体现为：社会工作者要挑战社会的不公正。

（3）基于个人的尊严与价值的价值观，伦理原则体现为：社会工作者尊重个人与生俱来的尊严与价值。

（4）基于人际关系的重要性的价值观，伦理原则体现为：社会工作者应认识到人际关系的重要性。

（5）基于正直的价值观，伦理原则体现为：社会工作者的行为应是值得信赖的。

（6）基于能力的价值观，伦理原则体现为：社会工作者应在自己专业能力的范围内从事业务，并提升自己的专业技能。

美国社会工作者协会分别于 1999 年、2008 年和 2017 年对伦理守则进行了修订。1999 年的修订澄清了社会工作者可能需要未经服务对象同意而披露机密信息的情形。2008 年的修订将性取向、性别认同和移民身份纳入了现有的非歧视标准。随着技术的突飞猛进，专业人士不能忽视有必要通过技术建立新的沟通并理解其带来的关系的复杂意义。2017 年的修订主要侧重于技术的使用及其对伦理实践的影响，确认了在实务的各个方面可能会用到科技，提醒社会工作者无论是否使用科技都要遵循伦理标准，如"知情同意"、"避免利益冲突"和"维持服务对象的保密性"（Barsky，2017）。

二　中国的社会工作伦理

我国正式成文的最早版本的社会工作伦理守则是由中国社会工作者协会（1991 年成立，1998 年更名为中国社会工作协会，2015 年更名为中国社会工作联合会）于 1994 年制定的《中国社会工作者守则》，该版本有四大版块（总则、职业道德、专业修养和工作规范），共 17 条。

《中国社会工作者守则》由于制定时间较早，且当时鲜有专业社会工作的岗位，故该守则更多是表达方向的引领，内容非常抽象、不具体且缺乏可操作性，无法具体指导后来的实际工作。《中国社会工作者守则》是当时少有的本土社会工作伦理规范，是中国最早的社会工作伦理守则，虽然该守则内容从今日的角度考量有诸多不足，但其开华人社会工作伦理守则制定之先河的历史意义不容小觑（沈黎、吕静淑，2014；易松国，2017）。

我国大陆地区的社会工作伦理守则的第二个版本，即现在的版本，是《社会工作者职业道德指引》，该版本于 2012 年 12 月 28 日由民政部发布。该版守则是以十八部委出台的《关于加强社会工作专业人才队伍建设的意见》的跨部门政策作为设立基础的。《社会工作者职业道德指引》旨在推动社会工作者职业道德建设，保证社会工作者正确履行专业社会工作服务职责。《社会工作者职业道德指引》的内容包括 7 章 24 条。第一章为总则，其中第四条指出，社会工作者应践行社会主义核心价值观，遵循以人为本、助人自助专业理念，热爱本职工作，以高度的责任心，正确处理与服务对象、同事、机构、专业及社会的关系。第二章至第六章则分别就"尊重服务对象　全心全意服务"、"信任支持同事　促进共同成长"、"践行专业使命　促进机构发展"、"提升专业能力　维护专业形象"和"勇担社会责任　增进社会福祉"，即对如何正确处理与服务对象、同事、机构、专业及社会的关系做出了具体的规定。第七章为附则。

《社会工作者职业道德指引》是以文件形式颁布的，是相关政府机关、事业单位、民间机构与专业团体的工作指南，虽有一定的政策性，但约束性较弱（沈黎、吕静淑，2014）。《社会工作者职业道德指引》在推动社会工作者职业道德建设方面发挥了重要的作用，但其内容较抽象，在专业价值特征、伦理标准和结构方面仍存在不足，对当下的社会工作伦理情境难以发挥实际的指导作用。由于全国社会工作发展状况不一，故《社会工作者职业道德指引》意在起引领作用，将伦理守则的完善留给了各地的社会工作专业团体，这种做法也符合我国当下的国情（易松国，2017）。

自 2004 年起，一些地方社会工作者协会制定了地方性的伦理守则和职业标准，这些地方性标准，可以为全国性的伦理守则的完善提供参考。

第二节　团体社会工作的价值观

团体社会工作实务受到一套系统的个人与专业价值观的影响，这些价值观会影响团体工作者的干预方式与技巧运用。团体工作者在团体中的行为受到情境价值观、服务对象的价值观系统和团体工作者的个人价值观系统的影响。团体运作的背景影响着团体中呈现的各种价值观。情境价值观的来源包括社会价值观、团体的赞助机构的价值观和社会工作专业价值观。社会价值观一般是指社会的主流价值观。团体的赞助机构和社区也是背景价值观的重要组成部分，会影响团体工作者对团体的态度和立场。工作者和团体还会受到专业价值观的影响，这里的专业价值观除了专业的社会工作实务工作者拥有的价值观，团体工作者还需要具备一套特别用于团体社会工作实务过程的价值观（Toseland and Rivas，2017：21 - 22）。

一 克那普卡的观点

对团体社会工作价值观的讨论必须建立在理解社会工作的总体概念的基础上。克那普卡认为，社会工作是人际关系专业之一；社会工作关注社会关系和社会制度中广泛的人权和责任；社会工作是问题导向的，这些问题与个人、团体、机构或系统相关；社会工作是在一个以个人尊严和共同责任为前提的伦理价值体系内运作；社会工作实务必须考虑到对团体和系统内个人的理解，以及对伦理价值体系的理解（Konopka，1978）。

克那普卡认为，社会工作最关心的是人际关系，所以它的主要价值观是伦理性的，即正义、责任及精神健康。所谓"正义"是指不考虑个体的任何特质，例如种族、性别、社会经济地位、知性能力、特殊技能等，而完全接纳每一个体的尊严，给予所有人同等的关心、接纳、爱及机会。所谓"责任"是指人类是相互依赖的，承认自己的权力，也承认他人的权力。所谓"精神健康"是指每个人必须有一种内在满足感和内在力量才能给予他人帮助（Konopka，1963：70）。在此基础上，专业的团体工作者接纳并具体化了以下价值观（Konopka，1963：72 - 73）：

人类应以积极的关系相处，应排除族裔、种族、年龄、国家、性别或社会阶层等的歧视。通过由衷地接纳不同背景的人，去改变各种歧视是使用团体社会工作的基本责任之一，这正是尊重每个人的尊严的社会工作价值观的具体化。

所有的团体工作者都重视合作的价值，有意识地让人们学习相互合作的正向经验，减少个人因过分追求个人荣誉而忽略其对社会的责任和社会整体的利益。

在团体工作者的价值体系中，个人的主观能动性是重要的，团体工作者必须在创造性合作的架构下，强化个人的主观能动性，发挥个人的潜能。

个人应有参与的自由，包括自由表达自己的观点和感受，具有参与团体决策过程的权利。在团体社会工作中，团体工作者容许成员按照自我意志决定参与团体，协助处于不同发展阶段的个体，使根据自己具有的能力参加团体。

团体工作者重视团体成员的高度个别化，确保团体成员独特的问题和需要得到关注。

二　特斯兰和理瓦斯的观点

特斯兰和理瓦斯确定了团体社会工作的一些其他关键价值观（Toseland and Rivas，2005：8），包括以下内容。

（1）尊重和尊严，不管社会上有人如何贬低团体中的某些成员，应同样尊重这些成员的价值和尊严，这意味着要重视每个成员对团体的忠诚和贡献。

（2）团结互助，这涉及承认关系的力量和希望，坚信团体中的良好关系能够帮助成员成长和发展，帮助他们愈合创伤，满足他们对人际接触和联系的需求，增强他们的团结意识和社区意识。

（3）增能，鼓励成员利用团体的力量来提高他们的自尊心，协助成员运用自己的能力来实现自助，为自己的生活带来新的改变。

（4）增进不同背景的人之间的理解、尊重和友谊，重视团体的力量，帮助成员与来自不同背景的人建立关系。成员之间的尊重和欣赏会随着团体关系的加深而不断增强。因此，团体的优势就是能够帮助减少不同背景的人之间的冷漠、误解和偏见。

三　国际团体社会工作协会的《团体社会工作实务标准》

国际团体社会工作协会前身为1979年成立的团体社会工作促进委员会，1985年，该委员会成为团体社会工作推广协会（AASWG），2012年该组织已经发展成为一个国际专业组织，更名为国际团体社会工作协会（IASWG），该组织一直以在团体社会工作理论、实务、研究和教育方面的开创性贡献而闻名，采用了多方面的方法来实现其宗旨，即"促进团体工作在实务、教育、实地指导、研究和出版方面的卓越发展"（Cohen and Olshever，2013）。

《团体社会工作实务标准》最初由当时的团体社会工作推广协会（AASWG）的实务委员会制定并负责定期审查，第一版于1998年10月7日通过

（1999 年 10 月 21 日修订），第二版于 2005 年 6 月 12 日通过（2010 年 7 月 15 日和 2015 年 10 月 1 日修订）。国际团体社会工作协会的标准代表了其对团体社会工作价值、知识和技巧基础的观点，旨在将其作为社会工作团体实务的指南，这对于进行专业健全和有效的社会工作实务操作来说是至关重要的。标准的制定者是国际团体社会工作协会的成员，他们是来自不同国家的杰出的团体社会工作学者和经验丰富的实务工作者（Lee，2018）。

1998 年第一版标准的发布是一项重要的成果，旨在使 AASWG 的成员对团体社会工作实务"应该是什么"形成系统的统一想法。该标准提出了团体社会工作实务的中心概念——"互助"，以及如何通过互助框架维持团体社会工作的模式，作为团体工作者可接受的指南（Abels，2013）。促进成员之间的互助是主要原则之一，这与 NASW 的价值观一致，即关系对于产生变化的重要性。该标准侧重于团体社会工作实务的"显著特征"，突出了团体工作者在帮助"成员共同努力实现他们为自己确定的目标"方面的主要作用。这些标准为处于不同环境中的人群和干预模式中的实务，在团体发展不同阶段中团体工作者的任务和技能提供了"一般的而非具体的"指导。

2005 年的第二版标准在导言中详细阐述了价值观和民主进程，增加了关于技术在实务中的影响的新内容，并包括了对国际伦理守则和实务标准的认可，还提出了"团体工作者有责任增加团体工作实务的知识和为研究打下基础"（Cohen and Olshever，2013）。

2005 年的第二版标准分别于 2010 年和 2015 年进行了两次修订。2015 年修订后的《团体社会工作实务标准》由六节组成。第一节讨论了与团体社会工作实务相关的价值观和各种知识。第二节至第五节确定了从计划到结束，团体社会工作实务的每个阶段所需的知识以及团体工作者主要的任务和技巧。第六节探讨了团体社会工作实务中的伦理考量。该标准提出了对团体社会工作实务至关重要的核心价值观（IASWG，2016）。

1. 尊重个人及其自主权

从人人平等的观点来看，人们应受到尊重和有尊严的对待。在团体讨论中，任何人（团体工作者、团体成员或机构主任）在一个团体中都不应比另一个人享有更大的特权。团体工作者协助每个成员欣赏其他成员的贡献，以便每个人的想法都被倾听和考虑。在陈述这一原则的同时，要认识到团体工作者由于自己在机构中的地位和专业知识，很可能具有很大的影响力。这就要求团体工作者需谨慎地运用自己的影响力。这一原则的主要含义是尊重和高度重视各个方面的多样性，例如文化、种族、性别、性取向、身心能力和年龄等。

2. 创造一个公平公正的社会

团体提供了一个在平等和自治的民主原则下生活和实践的机会。团体工作者应该利用自己的知识和技巧来促进这一点。团体工作者应注意对公正和民主的社会的追求，这个社会应确保其所有成员的基本需要得到满足。这一价值观要在适当时呈现给团体，并在成员明确表达时强化。

第三节　团体社会工作的伦理原则

伦理问题与团体社会工作中的活动是不可以分开的，伦理的本质必须渗透到每项活动中，才能产生人格价值（Busch，1934：3）。

1998 年，国际团体工作者协会通过并发布了第一版《团体社会工作实务标准》，这不是为团体工作制定标准的第一次努力（Abels，2013）。1936年，埃默里·S. 博加杜斯（Emory S. Bogardus）写了一篇名为《团体工作的十大标准》的文章。该文章的第一句话强调了他试图让我们理解团体社会工作的重要性："团体工作者从事的活动比他梦想的更具战略性。"自此开始，团体社会工作进入了专业化推动发展的阶段，团体工作者们也努力探寻团体社会工作的实务原则，其中包含了许多关于团体社会工作哲学和伦理方面的内容。

本节将分别介绍国际团体社会工作者协会对团体社会工作伦理的考量和我国团体社会工作行业标准中的伦理原则，并在此基础上结合团体社会工作实务原则，总结团体社会工作的伦理原则。

一　国际团体社会工作协会对团体社会工作伦理的考量

国际团体社会工作协会（IASWG）的伦理守则和标准都与美国社会工作者协会的伦理守则一致，国际团体社会工作协会的《团体社会工作实务标准》对团体工作者的期望更为详细，在第六节"伦理考量"中提出了团体社会工作的伦理实务要素（IASWG，2016），包括：

（1）了解和使用那些反映出与团体社会工作相关的艺术、知识和研究证据的最佳实务；

（2）与具有知情同意的潜在成员进行基本讨论，并说明团体社会工作可以为团体成员和团体整体提供什么及其对他们的要求；

（3）最大限度地增加团体成员的选择，并尽可能减少团体成员或团体工作者的强制过程，强调成员的自我决定和团体的赋权；

（4）与团体成员讨论隐私及保密的重要性、限制及影响；

（5）帮助团体维持其成立时的宗旨，并允许在达成共识的情况下进行更改；

（6）在团体目标范围内（包括在适当的情况下举行个人会面），为每个成员提供所需的帮助；

（7）明确决策过程；

（8）阐明如何选择成员加入或排除成员；

（9）维持团体记录并将其存储在安全位置。

此外，《团体社会工作实务标准》还对新技术使用中的伦理议题做出了一般性说明（IASWG，2016）。

越来越多的团体通过利用诸如计算机和电话设施之类的技术来开展实务，专业协会正在评估有效性和伦理议题。团体成员互动、决策、团体结构、互助，尤其是保密性等是至关重要的问题。团体工作者的工作能力可能包括新的技巧和知识，不仅涉及技术使用，而且涉及沟通技术方面。显然，这些技术对于所有寻求资源的人来说都是有价值的，而且对于专业人士分享实务信息（包括新兴方法）的能力也是很有价值的。同时，考虑使用这类技术的团体工作者应考虑以适当的伦理守则为指导，并记录与这类工作有关的程序。

二 我国团体社会工作行业标准中的伦理原则

2017年，民政部发布的民政行业标准《社会工作方法 小组工作》给出了小组工作（团体社会工作）的伦理与原则、理论与模式、技巧和过程要求。该标准明确指出团体社会工作的伦理应遵守社会主义核心价值观和《社会工作者职业道德指引》，提出了以下五条伦理原则。

（一）民主原则

应创造有利于团体成员参与和投入的团体氛围，鼓励和引导成员自由充分地参与团体决策和活动，据此培养团体成员的民主意识和能力。

（二）互助原则

应促使成员彼此关注，加强互动，建立互助、合作的关系，共同实现团体目标。

（三）增能原则

帮助成员建立自信，协助成员运用自己的能力来实现自助，改变自己的生活，并从个人层面的改变，促进群体和社会层面的变化。

（四）个别化原则

在团体中，了解每位团体成员的独特性和特别的需求，有针对性地设计干预方案，具体的目标要因人而异。

（五）差别化原则

在团体设计中，应差别化地对待每个团体，相信每个团体都是独特的，在服务设计中，要根据每个团体的特定要求来设计需要的服务。

三　团体社会工作的伦理原则

团体社会工作是社会工作的一种重要工作方法，必须依照社会工作价值和专业伦理来提供服务。因此，运用团体社会工作方法提供服务必须要注意一些伦理上的问题。团体社会工作伦理守则的功能在于促使专业人员的言行有所规范，用以评判专业的实施有无瑕疵，提供专业人员在遭遇到专业矛盾问题时进行决策的参考，用来规范专业的范围、专业的品质、专业的行为等，保障接受专业服务的人的权利。综合前述内容，结合我国社会文化实际状况和团体社会工作实务发展状况，团体社会工作的伦理原则体现在以下方面。

（一）要能让成员自决

团体工作者必须在事前让成员了解整个团体和团体过程，提供足够的资料给成员考虑，而不是有所保留，以诱使成员参与。如果成员在团体中明确表达个人退出理由时，不得强迫成员参与。通过筛选程序，选择成员，保证团体能够满足他们的需要。团体过程中要使成员选择实现最大化，尽可能减少成员或团体工作者的强制过程。

团体工作重视合作和共同决策，重视参与式的民主的原则。重视成员个人具有的参与的自由，包括自由表达自己的观点和感受，以及个人具有参与团体决策过程的权利。

团体工作者不仅要发掘成员自己的潜能，促进其成长，更重要的是强调通过团体工作者的介入协助成员自己积极参与，从而获得成长，因此，特别强调成员的自我参与、自决权和团体的权利，团体工作者主要是起到协助的作用。除了重视服务对象的权利，团体工作者还需要了解服务对象的能力、团体发展的阶段以及法律和环境所造成的限制，使团体能够尽快为自己承担责任（Northen，2004）。

（二）要保护团体成员在团体过程中不受伤害

设计和运用团体活动时，应考虑团体成员的文化背景、年龄因素，要注意活动的安全性，避免对团体成员造成伤害。团体成员互动难免会有冲突，团体工作者应严守中立，并坚持对事不对人。在团体中提供回馈时，应避免强迫性回馈带给人的伤害。有时，团体工作者应注意使用可能会引发激化情绪的活动，要估量自己能否掌握和处理成员情绪表达后的心理，以及对团体动力的影响。团体工作者要保护成员不受到人身威胁、伤害，不要将自己的价值观强加给成员，要避免成员受到任何的强制和同伴的压力等不利于治疗的因素的影响。要公平、平等地对待每个成员。当团体不能满足某个成员的特殊需要时，需要进行必要的转介。团体工作者要不断对成员进行进度评价、评估和跟进，从而保证团体能够满足成员的需要。

（三）坚持互助互惠

团体社会工作的基本价值是处理人际关系。团体工作者认识到人际关系的中心重要性，正如克那普卡所说，"所有生命都与其他生命相连接"（Konopka，1991；1997）。团体社会工作的核心是人与人之间至关重要的相互关系。团体社会工作建立在成员与成员之间相互依存、相互影响的基础上，所有成员都参与的人际影响网络有助于增强心理社会功能，是团体能够成为发展和改变力量的主要原因。团体工作者也是一个重要的影响因素，负责帮助成员发展交流模式和行为规范，以促进互助（Northen，2004）。

团体社会工作坚信团体中的良好关系能够帮助个人成长，帮助他们愈合创伤，满足他们与他人交往和互动的需要，增强团结的意识和集体意识。

一是团体成员之间的互助互惠，团体工作者必须认识到互助式的人际关系在团体社会工作过程中是导致团体成员发生改变的主要促进因素。团体工作者在开展工作中，往往寄希望于通过帮助团体成员建立团结合作的关系，以共同实现其订立的目标。

二是团体工作者与成员之间的互惠。团体工作者运用自己的专业知识、技巧，协助团体成员建立良好的互动关系，从而促进其获得某些方面的改变或成长。同时，成员丰富经验的分享，对团体工作者本身而言也是一个学习的过程，因此，他们之间也是一种互惠关系（戴香智、侯国凤，2007）。

（四）尊重团体成员的权利和能力

团体社会工作的核心理念与基本信念是，要重视和相信成员的能力和潜能，尊重其参与的权利与自由，促进成员及团体本身的自治，实现成员成长、权利提升及一定程度的社会变革等目标（戴香智、侯国凤，2007）。

在团体社会工作中，成员具有自我指导的能力，并对自己的学习和变革努力的方向负责。这包括一种信念，即成员应该对自己的生活有一些发言权，他们有能力诊断自己的需要，并从一系列可能性中做出决定。团体成员有权利了解他们的权利以及如何获得这些权利、了解团体可以实现的目标和选择的范围，并能够确定他们在团体中的需求。团体社会工作者也不应低估成员的能力或低估他们的权利，并应设法使他们能够表达关切并采取行动（Preston-Shoot，1987：25－26）。

团体中赋权的力量能够帮助成员建立自信，协助成员运用自己的能力来实现自助，为自己的生活带来新的改变，并促进群体和社会层面的变化。

（五）个别化原则

团体社会工作要求团体工作者必须了解每位团体成员的独特性和特别的需求，有针对性地制订团体干预计划，因人而异地设立具体工作目标；关注团体中的个人创造性；重视团体中的高度个别化，确保成员独特的问题得到关注。

（六）保密原则

团体工作者应提醒团体成员对团体活动与讨论的内容要保密。对于团体过程的录音或录像，要将用途告知成员，征得成员同意，并且不得转作他用。

保密性是指人们对自己信息发布的控制程度。团体的目的、结构和组成各不相同，因此，严格保密的必要性各不相同。例如，在结构和计划稳定的教育团体中，保密性很少是一个问题。但在治疗团体中，这一点至关重要，因为治疗团体的成员都有敏感的问题，并且团体社会工作希望他们能够公开自己的感受、想法和问题。团体工作者可以通过言行证明，他们可以被信任，他们会对他们所了解的成员的信息保密，但某些例外情况需要向成员解释并由成员讨论。在团体中，保密性不仅限于团体工作者的行为，因为成员之间会获得彼此的信息。团体工作者不能保证成员会保护彼此的隐私。尊重隐私和维护保密性取决于团体内部制定保密规范的程度。这种规范应当规定保密的性质、范围和限度。一个问题是，团体工作者的干预如何帮助成员维护保密性，而不过度限制自决权（Northen，2004）。

（七）专业能力

服务对象有权得到由称职的团体工作者提出的帮助。缺乏专业能力是一个道德问题。团体工作者在其能力范围内从事工作，并发展和增加他们的专业知识。团体工作者应该确定他们是否具备充分利用有利于团体的具体方法的技能。任何实务方法的使用都必须与潜在成员的文化、特点、问题和优势相适应。有能力的团体工作者了解自己的个人和文化价值观，以及这些价值观与服务对象的价值观、机构所支持的价值观以及社区中占主导地位的群体所表达的价值观相似或不同的方面。团体工作者根据职业道德评估自己的行为，需要能够尊重不同种族、宗教、性取向和社会经济地位的人，以承认和肯定其价值的方式做出回应（Northen，2004）。

机构要选用合格的人担任团体工作者，并选派适当人员担任督导，否则对团体工作者和成员都是不负责任的。

（八）新技术使用中的伦理议题

随着新技术（如线上咨询、电话咨询、视频会议、线上团体等）的使用，团体社会工作基于电子化社会网络、手机应用软件、自动化教学、电子邮件、微信、QQ、微博、AI等一系列其他的电子技术手段，开展了多种多样的团体活动，获得、搜集和管理与服务对象相关的信息和档案，进行团体社会工作的在线教育、研讨、资料传输、远程督导、培训和咨询等。在这些新技术的急剧发展中，新技术使用的伦理议题包括：向公众披露信息；设计活动和提供服务；对服务对象信息的搜集、管理和存储；社会工作教育和督导；等等。团体工作者在服务中使用技术的同时也关注伦理责任，尤其是保密原则、评估效率和伦理问题。

新技术使用带来的变革加剧了社会工作者的伦理困境。这类团体有助于满足各种难以参加团体会议的服务对象的需求，但也有问题，包括：保密性和隐私性方面的问题；缺乏平等使用技术的机会；当一个人的理解仅基于口头或书面文字时，对个人和团体进行适当的持续评估的程度受到限制（Schopler et al.，1998）；团体工作者和团体成员都需要在使用新技术方面拥有足够的知识和技能；他们需要了解并适应使用新技术的团体的组成和结构的差异、沟通和解决问题的差异、成员频繁退出以及评估结果的手段（Smokowski et al.，1999）。

第五章 团体社会工作的团体类型

团体社会工作的团体类型区别于非社会工作取向的团体，有其独特的性质：团体社会工作的焦点在于"个人与环境的交流"，不只是涉及个人内在行为的改变，而且关注个人社会功能的表现与环境对个人需求的满足；团体社会工作是服务取向的，团体的组成必须建立在机构对社会职责的承诺上，亦即团体的组成以有利于团体成员的权益为优先，而不是以获取机构或领导者的经验为优先；需要考虑到团体组成的成本效益，因为社会服务机构财力有限，人力普遍缺乏，团体成员来源庞杂，因此任何团体的组成必然以团体成员最迫切的需求为前提；团体社会工作既广泛地运用于医院、犯罪矫治、机场、学校、社区、工厂等场所的服务机构，也广泛运用于老人、儿童、青少年、残障人士等群体的服务机构，所以运用较广泛（林万亿，1998：21）。

第一节 团体社会工作的团体类型划分

团体工作者在实务工作过程中，需要主持不同类型的团体，因而需要首先了解社会工作团体的类型划分，这些划分的类型不是互斥的，通常一个类型的团体可以包含另一个类型团体的元素。

一 依据团体形成的来源进行划分

从团体形成的来源看，团体社会工作中的团体可以分成人为组成团体（formed group）和自然形成团体（natural group）。

人为组成团体是在外在的影响或干预下形成的，通常是为了特定的目的而聚集在一起，会有些赞助或机构隶属关系。团体工作者带领的大部分团体是人为组成团体。这些通过外力的影响建立，以达成某个特定的目标。自然形成团体一般是在自然发生的事件、人际吸引或者成员相互感知到的需要的基础上自发聚集在一起的。

然而，值得注意的是，自然形成团体一直是社会工作的传统领域，团体工作者也常常针对自然形成团体开展服务。自然形成团体通过团体工作者的服务，也有可能转化成人为组成团体，例如社区本来较为松散的癌症病友经常聚集在一起，是一个自然形成团体，后通过团体工作者的介入，发展成为社区癌友俱乐部，因而就转化成一个人为组成团体。同样的，人为组成团体也可能转化成自然形成团体，例如团体工作者在社区开展了退休老年适应团体，团体结束后，参加团体的退休老人自发形成了社区志愿者团体。

二　依据团体的不同目标进行划分

依据不同的目标，社会工作团体可以划分为社会情感导向的处遇团体（treatment group）和任务导向的任务团体（task group）。每种类型的团体又根据具体目标的不同，可以细分为不同形式。

在实务过程中，团体常常具有多样性的目标，只有一种类型的目标的团体很少。大多数团体既要满足成员的个人需求，又要完成一个或多个团体任务。例如，在处遇团体中，团体工作者也会使用一些解决问题的方法或以任务为中心的方法来满足个人需求。处遇是一系列需要完成的任务，完成这些任务会带来良好的结果，例如，一个社会化团体可能会计划并开展一系列结构化的角色扮演活动，以提高成员的社交技能；一个成长团体可能会参与一系列的练习来提高成员的自我意识。在这两种情况下，成员都通过参与团体任务来满足他们的个人需求。因此，处遇团体在完成任务的同时满足其成员的社会情感需求是很常见的。

（一）处遇团体

关于"treatment"一词在团体社会工作中的使用，克那普卡曾经这样解释："'treatment'和'diagnosis'这两个名词，都是社会工作者采自医学上的术语。玛丽·里士满（Mary Richmond）的著作 *Social Diagnosis* 标志着专业的个案社会工作的开端，她曾与巴尔的摩的医生密切合作，并从他们解决问题的系统方法中学习。随着精神病学对社会工作的影响，'treatment'一词越来越多地与治疗情绪性的人格问题联系在一起，而这并非玛丽·里士满的本意。由于这一层含义，团体工作者经常回避这一术语。但是，如果将'treatment'理解为'将任何事物作为原材料、物质或产品进行处理的行为、方式或过程'，则其是一个合适的术语，意味着它是一种有意识、有目的的行为方式。对于团体社会工作而言，至少在某些机构中，'treatment'还意味着'利用药品、食物及其他旨在减轻或治疗病痛的其他方法'，这里要特别把重点放在'其他方法'上。"（Konopka，1963：107-108）

"treatment"在这种意义上被翻译成"治疗"，不是很贴切，将其翻译成"处遇"，可能会比翻译成"治疗"更准确。"处遇"可引申为待遇、对待，指某人或某物受到对待的方式，代表了给予帮助、保护、支持的一种正面和积极引导的价值观，利用社会上的设备，并用友谊的劝导，改变人与人之间的态度及人对事的态度，帮助解决问题（关瑞梧、李槐春，1947：5），着重于协助过程（廖荣利，1987：42），这也就符合了处遇团体是社会情感导向的团体的界定。

处遇团体是以满足成员的社会情感需求为主要焦点的团体，组建处遇团体的目的包括满足成员对支持、教育、治疗、成长或社会化的需求。在每个团体中都有一个假设，即团体中的个体成员将直接从团体的存在中受益，个体的变化通常发生在团体成员内部，而这种变化往往是团体存在的原因。

在处遇团体中，互助给团体成员提供了分享经验知识的机会。如果成员有能力在团体中与其他成员沟通，成员的问题能够在团体中讨论，就能从处遇团体中获得有效和有益的帮助。

（二）任务团体

在团体社会工作发展过程中，任务团体比较容易被人忽视，得不到人们的重视。但实际上，很多社会工作者要花很多时间来参加各种类型的团体会议，很多社会工作者还需要在这些不同类型的团体会议中扮演领导者的角色。将团体工作运用到有效的宏观社会工作实务中是非常重要的。

一般而言，任务团体的目的在于完成管理单位所分派的特定目标，或是"工作"任务团体一般用于发现解决组织问题的方案、产生新观点以及进行决策。任务团体的目的就是完成某个目标，而这个目标与成员的需求之间没有内在的关联。虽然任务团体的目标可能也会影响成员，但是任务团体的最初目标就是影响某个广义的人群，不一定就是团体的成员。

任务团体的优点体现在团体的民主参与方面，通过团体的互动参与，成员有机会参与团体讨论和决策，在团体讨论过程中会出现大量信息，能够帮助团体开展一些替代性的问题解决方案。

（三）处遇团体和任务团体的不同

特斯兰和里瓦斯从联结、角色、沟通模式、程序、构成、自我表露、保密和评估八个方面，对处遇团体和任务团体的特征进行了比较（见表5-1）。

表5-1　处遇团体与任务团体的比较

特征	处遇团体	任务团体
联结	成员的个人需求	完成任务
角色	通过互动发展角色	通过互动或者分配任务来发展角色
沟通模式	基于成员需求，进行开放的来回互动	专注于要完成的任务
程序	灵活的或正式的程序，这取决于团体本身	正式的活动日程和规则
构成	基于共同的关注点、问题或特征	基于所需的专业特长、才能或劳动分工
自我表露	期望较多的自我表露	期望较少的自我表露
保密	程序通常是保密的，保留在团体情境内	程序可能是保密的，但有时会向公众公开
评估	成功与否取决于成员处遇目标的实现程度	成功与否取决于成员任务的完成程度或产出情况

资料来源：Toseland and Rivas，2017：30。

在处遇团体中，成员是基于共同的需求和问题而走到一起的；团体角色的设定在团体形成之前就已经决定了，但是，需要通过成员之间的互动来进一步发展这些角色；沟通模式是开放性的，团体工作者经常鼓励成员与他人充分互动；聚会程序比较灵活，它包括热身阶段、处理成员问题的阶段、总结团体工作的阶段；成员基本上有共同的关注点、问题和能力；处遇团体期望成员能够表露自己的关注点和问题，自我表露可能会带出情感性的、个人性的问题；处遇团体的聚会都需要保密；评估处遇团体成功的标志就是它们能够满足成员的个人治疗目标。

以针对第一次做父母的成年人开设的育儿团体为例，团体的目标就是提供一个平台以让成员来讨论如何扮演父母角色。作为处遇团体，它关注的是满足个体成员的需求。团体成员是通过新父母关于育儿的共同目标、共同需求和问题而联结在一起。成员在适应父母角色过程中，会互相支持，可能会发展出成员间的友谊，成员会自我表露自己的私人问题，不断探索适应父母角色过程中的感受和问题，沟通的模式应聚焦在成员的需求上，例如适应父母的身份，成为优秀的父母，在相互帮助的过程中发展出团体角色，因此，团体需要保密。团体工作者在评估团体成效时，应注重成员对团体这个经历的满意程度以及团体是否满足了他们的需要。

在任务团体中，成员走到一起是因为要完成某个任务，执行一个命令，或者是制造一个产品；成员通过互动的程序来扮演自己的角色，但是，成员的角色更多地会受到成员在某个机构中的地位的影响，同时，角色常常还会受到团体需要完成的任务的限制或由团体指派，指派的角色包括团体领导者、秘书和干事等；成员通常会与自己的领导沟通，从而保证自己的沟通能够聚焦在需要完成的任务上，在某些任务团体中，成员花在某个环节沟通上的时间会受到团体工作者的限制，在另一些团体中，成员会自己限制沟通时间和内容，因为他们相信自己不会很好地得到团体的回应；任务团体可能会有一个正式的规则，好像议会程序一样，能够指导成员来完成团体工作，做出决策；成员通常具备完成团体使命所必需的资源和特长；在任务团体中，成员的自我袒露相对较少，成员会将自己的讨论焦点放在完成团体任务上，而不是分享深层的个人问题上；有些任务团体聚会中，例如治疗会议和商谈也需要保密，但是，其他任务团体中，例如委员会和代表大会通常会以纪要的方式记录下来，并在相关人群和机构内传阅；任务团体成功的标准就是完成了任务，例如提出问题解决的办法，有决策，发展出团体成果，例如一份报告、一系列规则，或就某个社区问题提出的系列建议。

针对社区内新父母的需求，团体工作者将几个社区代表聚集在一起，建立一个任务团体，研究日间照顾资源，给政府机构提供建议，推动政府支持日间照顾。这种目标超出了成员个人需求，是任务取向的，团体成员只需要发表与改善日间照顾服务这一任务相关的个人意见，个人感受基本上不会涉及，而提供事实数据、向公众公开、寻求外界的帮助、专家的意见对团体任务的完成有举足轻重的影响。强调保密的原则就很不实际，也没必要，团体工作者根据成员的特长来指派角色，角色的发展取决于成员对任务完成的贡献。团体工作者需要先制定日程安排，让成员有时间来准备具体的程序，促进成员的分工，鼓励提出不同的观点，沟通模式关注的是任务，而不是成员的个人问题。在评估团体的有效性时，需要检查团体的决策、行动、书面报告和建议等。

第二节　处遇团体

处遇团体有六个基本目的：教育、社会化、成长、治疗、支持、自助（Toseland and Rivas，2017：36）。根据这些基本目的，处遇团体相应地分成六种类型。值得注意的是，在实务背景中，一个只有单一目的的处遇团体基本上是很少的，常见的处遇团体是包含两个或多个目的的。这种类型学的分析只是为了更好地呈现不同目的类型的团体之间的差异，以展示团体在实务场景中的多种使用方式。例如，在一个为唐氏综合征患儿的父母开设的团体中，它的目的就是教育和成长（Toseland and Rivas，2017：36）；一个针对戒毒者的治疗团体中，综合了药物滥用治疗、儿童发展和家庭管理教育以及关于提高沟通技能的内容，就包括了治疗、成长、教育和社会化四个方面的目的（Plasse，1995）；团体社会工作方法现在常被用来治疗人格障碍患者，特别是那些抗拒传统治疗方法的患者，这类团体结合了治疗、教育和社会化的目的来提供服务，团体成本效益和效率高，适合在医疗护理机构中开展（Hurdle，2001）；2008 年 "5·12" 汶川地震后，中山大学－香港理工大学映秀社工站开展的妇女刺绣小组妇女疗伤与生计团体，利用手工刺绣的方式，团体的目的从转移震后妇女的注意力、缓解悲伤情绪、实现心灵重建的集体疗伤，到陪伴同行、生计补贴，再到培养妇女自主能力、可持续发展生计，持续三年的服务涵盖了治疗、支持、教育、成长、社会化、自助这六个目的（裴谕新，2008，2011；李敏兰，2009；向鑫，2009）。

一　教育团体

教育团体（Educational Group）的目的在于帮助人们获取更多的知识及学习更复杂的技术，帮助团体成员了解新信息，学习新技术。所有的教育团体都旨在增加成员的信息量和提升他们的技能，大部分的团体都会得到专家提供的信息和知识，通过团体讨论以推动成员的学习。教育团体和正式教育的不同在于，正式教育在重视既定题材教育之外，很少顾及个人临时的与特殊的需要，而教育团体常须随时顾及个人的兴趣及人格的相互关系（言心哲，1944：308）。

教育团体的成员之所以能够走在一起，是因为他们有共同的兴趣来学习某些知识和发展某些技能，有共同的特点，例如青少年、收养家庭成员、理事会成员等。在组成团体时，团体工作者要考虑每个成员对某个专题的知识的掌握程度以及知识和经验水平，从而确保所有的成员都能够从这个学习过程中获益。

教育团体的活动大多是结构性的，通常都是由社会工作者和嘉宾的讲座、成员的发言等组成的，由团体领导者或外请的演讲者用团体讨论或团体活动的方式开展。教育团体的领导者通常是以指导性为主，且通常由社会工作者担任。教育团体的活动往往有一个明确的探讨主题，包括：亲子教育训练、决断训练、称职家长技巧训练、外语学习、压力管理、志愿者培训等。来自各个不同的生活领域的成员，通过个人不同的教育背景和生活经验，互相切磋，相互学习，像班级一样，通过团体的互动和讨论来增强成员的能力，鼓励其练习。

教育团体较为普遍。一般来说，在教育团体中，自我表露的水平比较低，所以一些属于个人层次较深入的自我表露方面的技巧，在这种团体中不被重视，而给成员提供资料是比较重要的。在带领教育团体时，团体工作者既要关注个体成员，也要关注整个团体，并把团体当成成员学习、强化和讨论的载体。在带领教育团体时，重要的是要考虑人们是如何学习的。有效的学习不太可能来自以师生形式传递的知识。有效的学习更可能的是：成员们愿意参与共同学习以解决他们感觉到的真实存在的问题；成员们愿意参与一个发现和探究的过程并在其中贡献自己的经验，为共享的学习过程提供自己的想法，获得团体的支持，通过讨论或模拟练习考虑如何处理他们所面临的情况（Preston-Shoot，1987：14-15）。

二 社会化团体

社会化团体（Socialization Group）的目标是发展或改变团体成员的态度或行为，使他们变得更为社会接受（Euster，1980），如增加技巧、增强自信心和规划未来等，帮助成员获得社会化必需的技能。

社会化团体的服务对象很宽泛，从儿童到成人再到老人，服务内容也很丰富，例如青少年社会技巧训练、白领职场人际适应、养老机构中的老人自我意识等。社会化团体注重个人成长和改变，领导者角色经常由社会工作者担任。社会工作者是团体活动或行动的指挥者，帮助处于不利地位的年轻人预防犯罪，帮助怀孕、未婚的年轻女性为未来制订计划，动员养老院的老年居民参与各种活动，协助工读学校或惩教学校的青少年制订计划并回到社区，等等（Zastrow，2015：8）。

社会化团体的成员组成取决于团体的地点和目的，可以是多元性的，也可以是同质性的。成员之间常常通过活动或非言语行为来进行沟通，自我表露程度处于中低水平，常常是非言语的。社会化团体强调"干中学"，常常是通过程序活动而不仅仅是通过团体讨论，来增强他们的人际技巧。成员的参与是团体成功的关键。团体是行动、参与和全身心投入的媒介，成员通过团体活动、结构化的练习和角色扮演等，彼此联系，成为一个团体。社会化团体至少有三种常见形式：社会技能团体（Social Skills Group）、治理团体（Governance Group）、休闲团体（Recreational Group）（Toseland and Rivas，2017：41）。

（一）社会技能团体

社会技能团体常常用于提高成员的现有技能，如自信训练团体，这类团体不只是适合一般的成年人，尤其适合那些无法或不愿意有效沟通的个人或者那些难以参与满足社会关系的个人，例如儿童青少年、害羞的成年人、轻度智障成年人等。团体程序活动可以帮助这些类型的团体成员建立有意义的关系，学习社交技能，例如青少年的历奇辅导活动等。这些活动不需要直接的口头交流，可以通过非语言手段进行，例如角色扮演、心理剧和其他需要口头和非语言交流的形式，促进团体互动与沟通，进而提高成员的技能和促进社会化（Toseland and Rivas，2017：41）。

（二）治理团体

治理团体经常出现在院舍环境中，如疗养院、精神病院、教养院和住院治疗中心。这些团体的目的是让这些院舍机构中的成员通过团体的形式参与院舍的日常管理。虽然治理团体与任务团体密切相关，因为它们都是解决问题，但由于治理团体的主要目的依旧是关注成员的需要，因此被界定为处遇团体。通过参与治理过程，成员学习沟通和解决冲突的技能，学会与他人分享，对自己的行为负责，并参与决策过程，例如村舍会议、病房会议、住户委员会、"家庭"会议和患者权利会议（Toseland and Rivas，

2017：42）。有一些社区儿童图书馆，招募社区儿童担任图书馆管理员，目的在于提升儿童的自主意识、沟通能力和社区参与度，也是治理团体的一个例子。

（三）休闲团体

休闲团体（recreational group）是所有团体中最为单纯的，其目的在于满足成员个人的需要，由受训练者作为领导者，参与各种休闲游戏活动，活动的种类随个人的兴趣与智能等差异而转移，"有组织的团体娱乐，已被视为补助心理上的缺陷及公民教育的重要方法"（言心哲，1944：313）。休闲团体可分为非正式休闲团体（informal recreational group）或技能训练休闲团体（skill-building recreational group）（Zastrow，2015：4）。

非正式休闲团体的目标在于提供团体活动，以便成员能够享乐和活动。提供这样团体的机构（如基督教男青年会、基督教女青年会、社区活动中心、青少年空间、妇女儿童中心等）通常也会提供活动的空间和设备。例如运动场上的活动（田径赛）、非正式的比赛及开放式的游戏空间。机构提供这样的活动空间是为了提供休闲娱乐和互动的机会，借着这样的机会帮助培养健全人格，避免偏差行为的发生，尤其是对于青少年而言，这种团体中的休闲娱乐和与他人的互动有助于其塑造个性，并通过提供街头生活的替代品来防止青少年犯罪（Zastrow，2015：4）。在休闲团体中，团体活动纯粹是为了享受休闲的乐趣，通常是自发的，且一般不需要固定的领导者，由某一机构（例如社区活动中心、俱乐部、青年俱乐部、日间托养中心等）提供场地与设备，让团体成员自行使用。

技能训练休闲团体的目的也在于提供休闲娱乐的机会，但与非正式休闲团体不同的是，它需要通过导师、教练的指导，以任务取向为主。这样的活动包括手工艺、高尔夫、篮球、美术、游泳、艺术等，这些活动可能会发展成有联盟的团队竞技运动。这些团体通常由受过休闲娱乐训练而非社会工作训练的专业人士领导。提供这样团体的机构包括基督教男青年会、基督教女青年会、童子军、社区活动中心及学校社团等。

休闲团体一方面可以满足成员休闲娱乐的个人需要，另一方面可以使成员在与别人的交往过程中，学习一些待人处事、人际交往的技巧。这类团体在社区服务中很有价值（李郁文，2001：23）。

在休闲团体中，团体工作者可负责团体的活动，或者鼓励成员提供建议，并为其他成员贡献自己的资源和技能；也可以鼓励成员对团体的某一部分负责，让成员发展自己的兴趣和技能，可以增强他们的成就感和自我价值感（Preston-Shoot，1987：11–12）。

三　成长团体

成长团体（Growth Group）给成员提供机会以认识、改变自己与他人交往中的思想、感受和行为。这样团体就成为一个载体，可以充分发掘成员的潜能、意识和洞察力，一般强调的是自我改善，即通过改善人际关系使自己的生活更加充实和有意义。成长团体主要应用在学校、护理院、矫正机构和医院中。

成长团体中的工作者是促进者和角色示范者，营造一个支持性的气氛，使成员能够获得新的看法，学习新的行为，最后获得个人成长。成长团体的联结力来自成员目标一致，乐于帮助其他成员发展和最大限度地发挥个人潜能，利用团体来获得成长。成长团体的焦点在于促进人的正常发展，这是为达到行为改变与社会学习的目标而组成的团体，其中并不包括对发展障碍的处理。

成长团体的主题包括人际关系、价值观、问题解决、沟通、思考和感觉等。团体工作者提供安全的环境、领导成员做有目的的讨论，以及开发资源以满足成员自我发展的需求。例如，刚结婚的夫妻的沟通团体、大学生的马拉松会心团体、青年认知觉醒团体、儿童的价值澄清团体、教导如何带领团体的训练性团体等。另外，一些兼具俱乐部和活动性质的成长团体包括兴趣团体、讨论团体、表演团体，例如戏剧、艺术和其他创造性艺术的团体。这类团体所提供的经验，能协助成员增强个人的自信，以及提供给成员丰富的感受。

成长团体的工作者在组建团体、选择成员时，应考虑成员背景的多元性，以丰富、拓展成员的经验。但是，有些成长团体也希望成员的背景比较接近，这样可以提高成员之间的同理程度和相互的支持度。

在大部分成长团体中，沟通是以成员为中心开展的，成员常常会负责团体内的沟通，高度互动，自我表露在中高水平，随着成员互相之间交往程度的加深和参与团体活动的增加，要鼓励成员更多地进行自我表露（Toseland and Rivas，2017：39–40）。

四　治疗团体

治疗团体（Therapeutic Group）又称心理治疗团体，目的在于改变行为，通过行为改变的干预来实现矫正、康复、应对和解决问题。可分为三个类型：支持性的治疗、人际关系的成长和内心心灵的成长。基本上，支持性的治疗团体强调重建、增强和维持成员功能及解决问题的能力；以人际关系成长为目标的治疗团体，强调促进成员在人际关系中察觉、成长或改变的能力；以内心心灵成长为目标的治疗团体，则以培养能促进成员成长和改变的自我觉察能力为重点。

治疗团体是由有严重情绪、行为或个人问题的人组成。治疗团体的焦点是个体成员的问题、担心或目标。治疗团体的成员之间虽然总体目标一致，但具体到每个成员，他们的目标各异，因此需要关注成员与团体社会工作者或与其他成员之间的关系。治疗团体的成员组成可以是多元的，也可以是由具有相同问题或关注相同事项的成员组成。治疗团体中，领导者与成员、成员与成员之间充分沟通，自我表露程度处于中高水平。

根据不同的理论视角，治疗团体的领导者是专家、权威人物或促进者。领导者必须具备透视分析能力、人类行为和团体动力知识、高超的团体咨询能力和运用团体来改变行为的团体领导技能，能敏锐地觉察个人如何受到团体沟通的影响，能在团体中营造和维持建设性气氛。

治疗团体的形成是需要通过事先的接案面谈（intake interview）和治疗介入（therapeutic intervention）程序的。团体成员应先经过治疗专家仔细小心的评估诊断之后，团体工作者才根据成员参加团体的兴趣和意愿及个人相关问题的类型来决定成员适合接受怎样的团体治疗。

治疗团体需要专家的领导、专门的治疗技巧并执行治疗过程。治疗团体包括精神病患康复团体、社区残障人士康复团体、药物滥用者治疗团体、家庭暴力受害者团体、青少年矫治团体等。大多数治疗团体都是基于康复模式，强调服务对象可以从严重的精神疾病、发育和社会问题及行为健康问题中实现长期康复，强调通过获得自我康复和自我管理能力来提高成员的自我康复能力。这些团体通常被称为心理社会康复团体或社区支持团体，其重点是改变行为、培养技能和增加支持（Zastrow，2015：8）。

与一对一治疗一样，治疗团体的目标是让成员深入探讨他们的问题，并且发展一种或更多策略来解决或改变个人态度与行为。治疗团体与一对一治疗相比有几个优点（Zastrow，2015：8）：帮助者治疗原则通常是可行是有效的，团体成员有时会内部交换角色，成为他人的协助者，获得心理奖励，并在这个过程中正确看待自己的问题；治疗团体还允许有互动问题的成员在团体中尝试并检验新方法；在团体中改变一个人的态度通常比一对一更容易（Lewin，1947）；治疗团体允许社会工作者一次治疗多个人，节省了大量的专业时间。

五　支持团体

处遇团体中其他类型的团体也发挥为成员提供建议、情感支持、信息和其他帮助的支持功能，支持可以被视为许多不同类型团体的基本要素，是处遇团体成功的主要特征。与采用支持性干预策略的其他处遇团体不同，支持团体（Support Group）的主要目的是：培养互助，帮助成员处理压力性生活事件，激活和增强成员应付压力的能力，使他们能够有效适应和应付未来的压力事件（Toseland and Rivas，2017：36）。

支持团体的成员是基于共同的生活经验组成的，常常是多元化的。在支持团体中，成员了解其他人遭遇的问题，并且产生相似的感受或相同的想法。在团体中，成员分享个人的感受和经验，且常常是污名化的经验，形成成员间的一致性。成员会发现自己并不孤单，进而成为其他成员的一部分，使团体中的每个成员都好像面临相同的问题。成员之间可以更多地分享信息、经验和应对策略，经常有情感性很强、高水平的自我表露（Toseland and Rivas，2017：37）。

支持团体通过团体工作者的推动而自行组成，靠团体内部的力量而维持，有特定的团体目标支持团体有酗酒家属团体、家长会、病人家属团体、认知症老人照顾者团体、离婚者支持团体、社会工作者压力管理支持团体、自杀预防在线支持团体等。支持团体以成员共同的生命经验为基础，使成员达成共识，强调沟通和互助，由团体工作者协助成员共同解释所处的情境，协助成员处理生活中的压力事件，激活他们的应对能力，寻求解决方案，彼此支持和彼此学习。

例如，台湾病友团体这类支持团体在创始之初，多由医院内部医护人员与社会工作人员来推行。基于病友及家属的需求，有越来越多的病友组织成立并运作，为病友与家属提供心理关怀与社会资源。病友组织雇用的社会工作者，经常会通过团体活动来促成病友之间的联结，实现人际关系的支持与互动，因而有利于身心健康恢复与生活重建。支持团体及方案规划与执行的能力是病友组织社会工作者的核心能力之一（侯建州，2014）。因为工作属性，病友组织尤其重视病友之间的正向影响与学习，因此，社会工作者需要具有团体工作的能力。社会工作者通过运作病友互助团体，展开关怀、开展活动、营造互动，进而获得病友的认同而使他们有一种家与家人的感觉，如此才能凝聚病友团体或联谊会，才能达到病友组织的社会支持目的（温信学、侯建州，2019）。

在支持团体中，团体工作者是促进者的角色，具有同理的理解和互助作用。团体工作者帮助团体成员通过互助的方式，彼此分享经验和感受，消除孤寂、落寞、绝望、疏离及羞耻等负向的感觉，通过确认和肯定他们生命中的特殊经验，使他们获得新生，而能拥有一颗新的心去迎接未来，应对和处理那些会造成生活压力的事件，如失去爱人的痛苦、患绝症病人的无奈、受到天灾人祸打击的无助者或者战场上幸存士兵心理上的疏离与恐惧等，增强他们解决问题的能力。

六　自助团体

自助团体（Self-help Group）有时会与"支持团体"这个术语互换使用，因为两者都有一个共同的目标，即让成员互相支持、互相帮助，但这会产生某些混淆，一方面，自助团体不太可能有专业的领导者；另一方面，推动支持团体转变为以成员互助为主的自助团体，往往是由社会工作者推动的支持团体的成效之一。

自助团体又称互助团体（Mutual-aid Group），是相当普遍的社会工作团体类型，其成员是自愿性参与，且采用小团体结构，以便相互协助和达到特殊目的。团体通常由同辈成员组成，他们相互协助，以满足共同需求、克服共同的障碍或解决生活阻碍问题，从而带来社会或个人改变。自助团体主要针对一些特殊问题，例如酗酒、药物滥用、物质滥用、体重控制、艾滋病感染、抑郁症等。

（一）自助团体的发展

20 世纪 70 年代西方社会兴起自助运动。自助团体是工业化社会所产生的必然结果，参与自助团体的对象主要是那些不被主流社会接纳的弱势群体（Lieberman and Borman，1979）。他们以互相沟通交流、缓解情绪、减轻压力、共享信息咨询、获取社会支持为宗旨，建立了各式各样的小团体。80年代，社会工作专业人士对自助团体普遍持赞赏态度，但是又不十分了解这类组织（Kurtz，1997），普遍缺乏关于此类组织的概念，较为缺乏关于如何运作此类团体以及如何协调工作人员与团体的关系的知识。到了90年代，治疗不再作为自助团体的最终目的，开始注重吸引更多成员来加入自助团体，壮大团体的规模（Powell，1994）。到了21世纪，网络互助团体作为一种新的团体形式开始出现。网络自助团体的优点是参与方式灵活不受限，但最大的缺点是不稳定性（Sandaunet，2008），成员可以随意加入或退出，缺乏组织化管理，这些因素都极大增强了团体的不稳定性。此时，还出现了不少关于自助团体的行动研究，并尝试将自助团体运用至医学临床，这对于整个医疗体系甚至社会福利体系都会产生影响（Wong and Chow，2006）。自助团体出现一种分化的趋势，部分自助团体转变为机构化自助组织，与单纯的自助团体区分开来（Archibald，2007）。

（二）自助团体的类型

拉沃伊等将自助团体划分为三类，即全国性自助组织、地缘性自助团体和事源性自助团体，并且认为自助团体是人们自然而然的聚集模式（Lavoie，Borkman，and Gidron，1995）。戈特利布根据成员的适应程度将其研究的18个自助团体分为了三个类别：过渡型、适应型、支持型（Gottlieb，1982）。博克曼将"预期改变范畴"（成员的变化）和"预期参与时间"（成员参与团体的时间长短）作为自助团体的两个重要属性，将其分为四种类型：短期应对型、长期应对型、短期改变型、长期改变型（Borkman，1999），其中"预期改变范畴"指的是团体成员的心态、个人身份、生活方式等方面的变化，成员进入团体的时间少于2年的是短期，超过2年的是长期，例如，一个成员预期参与时间不满2年且变化较小的团体便是短期应对型团体。利维认为自助团体可以根据团体的不同作用分为行为控制类、处理压力类、悲剧受害者类、个人成长和发展类（Levy，1976；2000）。库尔茨（Linda Farris Kurtz）根据对专业人员的依赖和个人改变取向两个因素，将自助团体分为五类：同伴领导的个人改变取向的团体；同伴领导的社会改变取向的团体，以支持、教育和宣传为重点的团体；专业人士领导的非变革取向的团体，以支持、倡导为重点；医院、社会服务组织或其他社区组织中主办的较小规模的、当地专业人士领导的团体；同伴领导和专业人士参与相结合的个人改变取向的团体（Kurtz，1997：7-9；2004）。

（三）自助团体的功能

自助团体越来越受欢迎，往往能成功地帮助个人解决社会或个人问题。自助团体对于个人的功能表现在：发展社会关系，扩大交际圈，改善成员的心理压力状况等（Barlow et al.，2000）；信息支持、情绪疏导、提供参照群体、帮助他人、增强权利意识（Lipson，1982）。库尔茨对一些自助团体成效研究进行了总结：自助参与的有益结果包括减少精神症状、减少专业服务的使用、提高应对技巧、提高生活满意度和缩短住院时间（Kurtz，1997：13）。大多数自助团体是"直接服务"的，因为他们帮助成员解决个人问题。其他自助团体致力于社区范围内的问题，往往更注重社会行动。一些直接服务自助团体试图改变公共和私营机构的立法和政策，也会筹集资金和开展社区项目（Zastrow，2015：7）。概括起来，自助团体的功能表现在以下几个方面。

自助团体为成员提供了一个沟通交流的平台，成员能够借此建立与扩大自己的社会关系网络，发展新的行为模式。自助团体常提供物质协助和情绪支持，常常是诉求导向，通过成员表达价值或意识形态，来实现个人认同感的增强。例如，一个自闭症家长团体聚焦在教育家长对于自闭症症状的认识，以提高他们的分辨能力，同时，家长们也能在团体中了解到别人挣扎的心路历程而受益匪浅，随后可能会少一些自责和疏远感。另外，团体成员之间可以互相鼓励和支持，分享成功的育儿技巧和行为干预。

有着相同特质的人通过自助团体的形式组成了一个互助团体，那么个人的问题就变成了整个团体的问题，团体成员间通过分享资讯，互帮互助，增强了解决问题的能力，使自身的能力建设得到发展。并且，团体成员的角色也发生了改变，每个人都可以从被照顾者转为主动照顾者（Munn-Giddings and McVicar，2007），这样一种同辈支持的关系比社会工作者与服务对象之间的专业关系更加具有感情色彩。团体成员受益于帮助者治疗原则（helper-therapy principle），即帮助者通过帮助他人获得心理奖励（Riessman，1965），帮助他人使人感觉"良好"和有价值，并使帮助者能够正确看待自己的问题。

自助团体的成员亦能成为政策倡导者，有组织的活动或团体可以在某种程度上暴露出体制的问题，增加社会对该人群的认知和了解，提高大众对该社会问题的关注度，从而更有可能获得支持和帮助，使其利益得到保障，在一定程度上完善社会福利体制。自助团体的特征之一就是经验性知识的互相分享，若将其与专业化知识进行结合便可以促进政策的制定和完善，有助于社会服务的合理衔接（何欣、王晓慧，2013）。

当然，也有部分学者对自助团体的积极意义提出质疑，他们认为此类团体可能会增强成员的孤独感，加剧成员与外界的隔离，不利于成员的社会交往和社会融入（Adamsen and Rasmussen，2001），并且自助团体可能会强化组织成员的"负面标签化"。

（四）自助团体中团体工作者的角色

自助团体的特点是凝聚力特别强，而且成员必须绝对遵从团体规范和期待，成员们需逐步改变他们过去的生活。自助团体对专业人士的介入总是小心谨慎的。团体工作者通常是咨询者的角色，可以为解决组织问题、在特殊情况下为成员提供资源、筹款活动、制定或修改法规的努力及改变一个或多个机构的服务政策的社会宣传工作提供支持和咨询。

社会工作者需要了解社区中的自助团体，这样他们就可以充当经纪人或个案管理者，为服务对象提供适当的转介。社会工作者还需要了解自助团体是如何运作的，这样他们就可以与自助团体协同工作。社会工作者还可以帮助形成社区所需的自助团体（Zastrow，2015：280）。

第三节　任务团体

任务团体的存在都是为了实现一组特定的目标或任务。成员齐心协力完成任务，达成预期目标是非常重要的，任务团体的目标决定了团体的运作方式和成员在其中扮演的角色（Kirst-Ashman and Hull，2018：105）。

任务团体可以满足服务对象的需要、组织的需要及社区的需要。因此任务团体可以划分为针对服务对象需要的任务团体、针对组织需要的任务团体以和针对社区需要的任务团体（Toseland and Rivas，2017：44）。

一　满足服务对象需要的团体

针对服务对象需要的团体包括：团队（team）、处置会议（treatment conference）和员工发展团体（staff development group）（Toseland and Rivas，2017：44 - 50）。

（一）团队

团队工作被当作向有需要的人提供有效的、全面的社会服务和健康服务的方法。团队成员需要协调工作，代表某个特定的服务对象团体，共同努力。例如，在某个康复医院，专业人士联合起来为中风病人及其家庭提供服务；专业人士在医院中为病人提供临终照顾等。团队能够正常发挥功能，实际上是团队领导的主要责任。团队领导通常是由团队的赞助机构任命的，但是，在某些情境下，他们也可能是由团队成员选举或任命的。团队领导的角色是协助和协调团队，并且就团队的行动对机构负全部责任。团队领导还要负责主持团队会议，鼓励团队成员，协调方方面面，确保团队能够正常运作。

在很多情况下，机构代表某个特定的服务对象群体，来确保团队成员能够共同参与。团队的成员常常有不同的专业背景，例如社会工作、护理、物理治疗和职业治疗、医学、心理学等。团队中可能还会有半专业人士参与，例如精神健康治疗护工等。

一般来讲，我们特别关注的是团队成员怎样才能团结合作，这就是我们常说的团队建设的问题。理想的情况是，团队成员定期聚会，讨论自己的服务提供情况以及他们作为一个团队的运作情况。

（二）处置会议

处置会议的目的就是帮助某个服务对象或服务对象的系统来发展、监督和协调处置计划。成员们会考虑服务对象的处境，并决定如何为服务对象开展工作（Toseland, Ivanoff and Rose, 1987）。例如，在某个精神病院中，一组跨学科的专业人士讨论某个病人的出院问题；由儿童照顾工作者、社会工作者、护士和精神病学家组成的团体，讨论某个住院儿童的治疗计划；一组社区健康专业人士开会讨论一位年轻的抑郁症患者的治疗方法。

与团队不同的是，处置会议的成员可能并不会像团队成员那样一起工作，他们可能来自不同机构，来参加会议，是为了某服务对象，为的是讨论如何协调各自的工作，以便更好地服务；很多人在参加会议之前可能互不相识；成员聚会的次数没有团队那么频繁；处置会议的构成取决于大家讨论的服务对象的需要；行动计划一般是由某一个成员来执行的，这个成员通常负责服务对象这一个案，而团队的所有成员都会与服务对象有一定的接触。

（三）员工发展团体

员工发展团体的宗旨是，通过发展、更新和提升社会工作者的技能，来改进提供给服务对象的服务。员工发展团体给社会工作者提供了机会以便学习新的治疗技术、获取新的资源和社区服务，从而实践新的技能，回顾和反思过去与服务对象工作的经验。例如，专业人士参与地区精神病学中心举办的一系列药理学研讨会；给酗酒治疗机构的职员举办的关于互相依赖的在岗发展研讨会；由有经验的社会工作者为学校社会工作者提供的团体督导等。

最理想的情况是，员工发展团体的领导是某个领域的专家。通过专业培训、学习和对困难问题的反思，他们常常会获得非常丰富的经验和更多的知识。员工发展团体的重点是提高社会工作者的技能。

二　满足组织需要的团体

满足组织需要的任务团体包括：委员会（committee）、顾问团（cabinet）、理事会（board of directors）（Toseland and Rivas，2017：50 – 53）。

（一）委员会

一个机构或组织的委员会是为处理特定任务或事项而组成的团体。委员会的成员通常是由任命或选举产生的。委员会的工作需要大家的集体智慧，需要大家提供不同的观点、专长和能力。大部分委员会都会遵循标准的程序来讨论问题和如何决策。委员会常常处理一些复杂的问题，这需要将某个大任务分解成一系列小任务来逐步完成，在完成这些分解的任务时，委员会需要授权成立若干个分委员会，分委员会需要向总委员会汇报，总委员会的任务就是协调各分委员会的报告和活动，商议各个分委员会提出的建议。

委员会通常在特定领域工作，可以是常设委员会，也可以是临时委员会。常设委员会是一个持续存在的委员会。它可以在一个组织的内部规章制度（如执行委员会或财务委员会）中规定，也可以由机构行政人员（如发言人委员会）设立。特设委员会（AD Hoc Committee），就像一个特别工作组一样，是为了一个目标而设立的，一般在完成任务后将停止运作。修改组织章程的委员会是特设委员会的一个很好的例子，就像特别工作组的成员一样，委员会成员的选择可能是因为他们对委员会的任务特别感兴趣或是因为他们的专业知识（Kirst-Ashman and Hull，2018：106）。

委员会需要向一个管理者负责，或者向委员会发出指令的那个人或者集体负责。委员会拥有的权力，取决于委员会的权限和行动范围。一般来说，委员会的权力就是提供建议，而不是签发某个决定。

如果把委员会当作任务团体的类型，那么顾问团和处置会议就是委员会的特殊表现形式。

（二）顾问团

顾问团通常是为高层官员和高层管理者制定政策提供建议和专家观点的。顾问团可以促进机构内部高层管理者之间的沟通，帮助获取机构高中层管理者对某个政策和程序的支持。顾问团的重点放在管理和政策层面，主要是与机构内部的管理或者内部的督导有关的问题。顾问团的成员通常会就政策的发展和需要解决的问题，直接向高层领导者提出建议，而这些高层领导者常常会主持会议。

与委员会成员不同的是，顾问团成员常常都是由主管指定的。顾问团成员常常是督导、部门的负责人、高级经理等在机构内部有一定实权的人。有时候，也会邀请具有一定背景和知识专长的、机构外的顾问参加。权威和权力在顾问会议中是非常重要的。顾问团的程序通常是保密的。所有成员都会有策略地考虑用怎样的措辞会影响自己在顾问会议中的立场，怎样表达才能影响目前和未来的决策。

（三）理事会

理事会是负责制订政策管理机构计划的行政管理团体。理事会有两种基本形式——管理理事会和顾问理事会。管理理事会的成员都是公众信任的人士，要对批准机构章程的政府负责，对自己服务的公众负责。顾问理事会的成员只是负责对某个机构的管理提供咨询和指导。

理事会的主要功能就是进行政策制定，监督机构管理，确保财政透明，处理机构问题和建立公共关系。理事会决定机构的使命、制定长远目标和近期目标、制定人事政策和运作政策、给执行主任提供咨询和建议及检查机构的运作过程。理事会要制定财务政策、确定预算、建立和完善监督和审计机制，还要参与筹款、聘用执行主任、处理公共关系等。理事会并不参与日常的运作、雇用员工或者制定决策的某个细节等。

三 满足社区需要的团体

满足社区需要的任务团体包括：社会行动团体（social action group）、联盟（coalition）、代表委员会（delegate council）（Toseland and Rivas，2017：54 – 57）。

（一）社会行动团体

社会行动团体给成员赋权，使他们能够参与社区的集体行动，探讨变革，从而给自己的社会或地域环境带来变化。社会行动团体会使团体内外的人们都受益。

参与社会行动团体的工作者，要根据团体的需要和希望解决的问题的性质来决定自己领导团体的形式。将社会行动团体的成员联系在一起的，就是他们对有关不平等、不公正的共同看法以及希望改变现存社会结构的要求。

社会行动团体往往是为达到某一社会的或政治的目标而设立的团体，如反种族歧视、反性别歧视等团体。这些团体通过施加压力的方式来达到改变社会观念与社会制度的目标。社会行动团体直接以社会变迁为目标。这种团体大都并非以解决源自成员本身或成员与他人的人际关系的问题为主，而是要能够有效发挥团体本身的功能，以解决生活环境中的某些社会问题（Konopka，1963：80 – 81）。其改变目标可以针对家庭，如团体公开要求父母参加联合座谈会，也可以针对组织，如影响机构规则或学校规则。而在社会目标上，社会行动团体要与地方政府共同解决福利方面的问题。

（二）联盟

联盟或者结盟，就是各种机构形成的团体、社会行动团体或者个人，通过资源分享、优势互补方式，团结起来共同施加影响。通常的情况是，联盟的成员追求的是共同目标，因为他们相信，仅靠个人或者个别组织的力量是无法实现的。例如，非营利家庭照顾机构结盟游说政府，要求为患慢性病的老年人提供更多的社区照顾资源；社区机构结盟，要求公众关注建立一个社区青少年中心的需要等。

在联盟形成和发展的过程中，一个基本的任务就是，在各方之间达成共识，同时建立一种伙伴关系，能够确保大家集中精力完成任务，而不是把时间花在内耗上。具有个人魅力的领导者要在使各个联盟成员同心协力上下功夫，因为大家走到一起就是出于共同的理想和意识形态以及对某个问题的共同关注。联盟的形式有很多，一般都是很松散的，旨在分享资源，通过团结获得更大的力量。

（三）代表委员会

代表委员会的目的就是协助跨机构的沟通和合作，研究社区层面的社会问题，参与集体的社会行动，并且管理大规模的机构。代表委员会的成员通常由赞助方任命或选举产生。成员的基本功能是在会议过程中，代表自己的赞助方的利益。在代表委员会中，一个重要的问题就是代表性。

代表委员会关注的是能影响到机构、大量人群或者很大的地域范围内的宏观问题。代表委员会为不同群体的人提供了有效的沟通和联系方法，如果没有这个委员会，这些群体就无法正常沟通。代表委员会可以是讨论取向的，也可以是行动取向的。

第四节　虚拟团体

根据 2021 年 2 月发布的《第 47 次中国互联网络发展状况统计报告》，截至 2020 年 12 月，我国互联网普及率达 70.4%，网民规模为 9.89 亿人，网民使用手机上网的比例达 99.7%，使用电视上网的比例为 24.0%，使用台式电脑上网、笔记本电脑上网、平板电脑上网的比例分别为 32.8%、28.2% 和 22.9%；网民人均每周上网时长为 26.2 小时（中国互联网络信息中心，2021）。

新媒介技术正在以我们无法想象的方式进一步改变人们之间的互动，技术创新速度也极其迅速。电话、电脑、互联网、智能手机、自动翻译软件、BBS、电子邮件、微博、微信、QQ、视频会议等新媒介技术，都极大地增加了人们之间交流的次数和方式，拓展了人们的交流空间，增加了人们的交流时间。当新的技术媒介在人们生活中越来越常用的时候，社会工作者必须利用新兴技术接触那些无法通过传统方式接触到的团体和那些不愿意参加面对面交流的个人，还需要进行社会倡导，确保所有人都能适当获得电子服务（Hepworth et al.，2013：530；2017：508）。团体工作者可以并且应该探索如何将这些新媒介技术和面对面交流结合在一起，提高社会服务的可及性和扩展社会服务的覆盖面。

一　虚拟团体的类型

虚拟团体（Virtual Group）指的是成员并不需要面对面聚会的团体。这种团体以电话或者互联网技术手段为中介，进行聚会，也可称之为技术中介团体（Technology-Mediated Group）。这里介绍一些目前比较常见和常用的虚拟团体的类型：电话中介团体（Telephone-Mediated Group）、电脑协助团体（Computer-based Group）、在线团体（Online Group）等。

（一）电话中介团体

电话中介团体的许多优点，如增加的可访问性、便利性和匿名性，使其成为一种非常实用的团体工作形式。研究表明，在给那些有视力障碍的人及感染了艾滋病的人开设的电话中介团体中，有很多正面的功能，包括可接纳性和方便性，成员之间不会产生标签感，拥有更多的隐私性和凝聚力等（Toseland and Rivas，2017：204 - 207）。电话中介团体在大机构中用于召集任务团体成员之间的会议。

电话中介团体也有一些潜在的不足，例如费用太高，活动超过一个小时的电话中介团体容易引起成员的疲劳，每次聚会前后都不可能让成员有机会参加非正式聚会，很难保持人们的注意力集中，团体的规模由于缺乏通过非语言交流进行的沟通而需要受到限制（Stein，Rothman，and Nakanishi，1993）。由于在电话会议期间成员之间缺乏视觉暗示，工作者需要特别关注成员声调的改变、沉默或其他的暗示，例如成员对团体的回应比较少或者完全不参与讨论等（Shanley，2008）。尽管如此，电话中介团体对于那些老弱病残和孤独人士来讲，是一个非常有效的选择。

电话中介团体最突出的缺点，即看不见对方，也可以看作其最大的优势。见不到其他成员是否会妨碍交流或鼓励表达，可能与个人的性格、所涉及的人群和/或团体工作者的技能有关。敏锐的倾听对于在这类群体中做好工作是必不可少的，并且需要团体工作者保持积极的姿态。电话会议团体遇到的五个困难内容是：沟通、参与、成员规模、持续时间和工作人员的角色（Kaslyn，1999）。

（二）电脑协助团体

电脑协助团体给参与者提供了很多的便利。与电话团体一样，它们给那些老弱病残的成员，特别是那些有特别需要，但是又不是分布在同一个区域内方便参加团体的成员们，提供了多元的、极大的支持（Finn，1995）。与电话中介团体一样，电脑协助团体也可以让成员保持匿名性，这特别受到那些愿意进行书面沟通或者方便24小时上网的人士的欢迎。电脑协助团体在消除时间和空间障碍上，比电话中介团体更加有效。参加电脑协助团体的成员，会与面对面团体成员一样，感受到希望的灌注、具有凝聚力、获得普遍性感受和一般与面对面支持团体相关的其他治疗性因素（Weinberg et al.，1995）。

电脑协助团体常常会缺乏职责明确的、负责任的团体领导者，这也可能会导致成员间出现破坏性的互动、肤浅的自我袒露以及社会隔离。除了缺乏专业人士和社会工作者的协助之外，电脑协助团体也可能缺乏专业标准来指导团体领导者如何主持这类团体，以及这类服务如何付费。电脑协助团体可能会限制那些较低社会阶层的人士来参加团体，因为他们可能买不起电脑硬件和软件，现有的医疗照顾、医疗保险和公共医疗补助也不能支付这类服务的费用（Finn and Lavitt，1994）。

（三）在线团体

在线自助服务以列表服务、公告栏、聊天室、视频会议及相关电子通信的形式激增，创造了一个巨大的新的社会支持的来源。与社会服务专业人员使用的传统沟通方法相比，这些电子形式的支持使更多的人能够更快地获得信息、建议和情感保证，可以说，获得这些信息的障碍更少。例如，以微信为代表的新媒体技术和理念可推动团体社会工作的创新发展，将微信融入团体社会工作，可改良工作方式和团体活动，在宣传招募、通知公告、团体活动和记录总结环节充分展示其工具性价值，在很大程度上节约资源，方便成员和社会工作者，提高工作效率，并有效激活团体动力（黄逸弘，2017）。

当人们发现自己处于压力环境中，如有严重的健康状况时，由于互联网接入的增加和普及，加入在线支持团体的机会出现了。与面对面的支持团体相比，在线支持团体具有特定的优势，例如没有地理障碍、24小时可用性、合理的成本和匿名性（Finn，1999），以及越来越多的互联网用户，可以预见在网上分享他们的关注和经验的人数将会增加。一项研究表明，自从在线支持团体兴起以来，团体成员通过交换信息、情感支持、发现认同、分享经验、帮助他人和娱乐，获得了增权。增权的结果是：获得更多的信息；对与医生的关系、他们的治疗和他们的社会环境感到自信，更好地接受疾病，增强乐观和控制，增强自尊和社会福祉，以及采取集体行动（Uden-Kraan et al.，2008）。

有不少研究聚焦于不同服务领域中在线支持团体的应用，服务对象包括遭受性虐待的幸存者（Finn and Lavitt，1994）、癌症患者（Sandaunet，2008；Steadman and Pretorius，2014；Uden-Kraan et al.，2008）、慢性病患者（Zhu and Stephens，2019）、自杀预防（Gilat and Shahar，2009；Gilat，Tobin，and Shahar，2011）、饮食失调（Stommel，2009）、家庭照顾者（Quinney and Fowler，2013）、自闭症儿童家长（Alat，2017）、社会工作者压力管理（Meier，1998；2002）、残疾人士（Finn，1999）和脊柱裂患儿的父亲（Nicholas，2003：227 - 240；Waldron et al.，2000）。新冠肺炎疫情也催生了在线团体服务的运用，例如疫情期间的线上亲子团体、哀伤辅导在线团体、社会工作者能力提升团体等。在社区层面的任务团体中也出现了很多在线团体的形式，或者线上和线下相结合的团体工作形式。

二　虚拟团体的优点与不足

目前技术中介团体的研究和实践智慧的知识基础仍处于初级阶段，一线社会工作者很难获得有效的系统培训。如果社会工作者要代表服务对象利用这些新技术并促进职业发展，他们必须成为社会服务系统变革的倡导者，应该要求对虚拟团体进行进一步的研究，系统地制定新技术在团体社会工作中的干预措施和实务标准，对于新的传播媒介持开放态度，将其作为提供服务的潜在资源，并且推动服务的可及性，让服务对象更容易获得这些服务（Meier，2004）。

特斯兰和里瓦斯对虚拟团体的优点和不足进行了总结（Toseland and Rivas，2017：203 - 204）。

（一）虚拟团体的优点

1. 对"面对面聚会团体"的一种重要的补充和替代

在某些时候，人们无法参加社交团体来进行面对面的互动，例如得了重病，患绝症或年老体弱的人，他们通常无法参加团体聚会；得了疑难杂症的人，很难去参加一个团体，来找到与自己同病相怜的人，形成相互支持。

交通和距离等问题也可能阻碍人们参加面对面的聚会。在很多农村地区和郊区，公共交通不是很发达，要参加聚会是很不容易的事。还有一些人由于住得太远，很难获得机构服务。在某些情况下，一个合适的聚会场所及时间安排和交通费用等问题，会对参加面对面的聚会造成很大困难。

还有一种情况是，人们有参加面对面聚会的条件，但是他们不愿意参与这样的活动。例如，有些问题是社会性污点问题，成员们并不希望冒风险，在面对面团体中向他人暴露自己污点化的文化身份。还有一些人，由于时间的限制而无法参加面对面的聚会。对另外一些人来讲，社会性焦虑，高度的内向性都可能使他们很难参加面对面的团体。

2. 安全性

很多人认为虚拟团体非常安全，因为他们可以控制参与团体的时间、口头和书面互动的频率，不需要直接的身体接触等（McKenna and Bargh，2002）。以新技术开展工作的领导者必须更积极地引导过程并从交流媒介掩盖下的感受和语调中得到启示，这样的尝试需要表达情感的惯例或标志（Schopler，Abell，and Galinsky，1998）。

3. 更有凝聚力

研究表明，在某些情况下，虚拟团体比面对面团体更加具有凝聚力，因为成员互相之间是匿名的，相互看不见，不会导致成员偏离团体兴趣和价值观，成员们也不会将注意力放在某些个人特征上（McKenna and Bargh，2002），更加关注吸引大家走到一起的相同问题，成员会更加遵循团体的规范（Postmes et al.，2001）。一项对以电话形式开设的心理教育支持性团体对年老体衰者的照顾者所产生的影响的课题研究发现，照顾者主要是老人们的成年子女及其配偶，他们来自不同的社会经济背景，很容易沟通，他们之间的关系建立在大家都有共同的照顾经历、面临着相似的问题基础上，而不是因为他们个性相似，或者社会经济背景相似（Smith et al.，2005）。

（二）虚拟团体的不足

虚拟团体也有许多不足之处，团体工作者需要认真对待。

1. 匿名性问题

可能由于匿名性的缘故，成员之间容易出现敌对情绪和攻击性倾向；在互联网团体中，没有任何非言语暗示，没有口语中常出现的语调变化，也没有视觉上的暗示，这些都使团体成员担心在自己的信息传递过程中是否会加入负面信息。

2. 隐私问题

另外一个问题是隐私问题，特别是在向公众开放的在线沟通中。即使是在一个需要密码进入的团体中，偷窥者也可以登录，但是不能参加互动。有些成员会在电脑上留下信息，而这些信息公众都可以随意看到。虚拟团体的成员也可以掩盖自己的真实身份，这样就比较容易与那些处于弱势的、与自己有相似生活经历的人建立关系。

3. 服务和信息的质量问题

此外，在虚拟团体互动过程中，成员得到的服务和信息的质量问题，也是值得考虑的。网络上交流的信息和科学杂志上的信息标准是不同的，在线和电话咨询员可能是那些没有接受过专业培训的人，无法按照专业标准和职业伦理来提供服务。虚拟团体的领导者可能需要对没有任何背景和情境的文字信息及时做出反应。由于这种载体的开放性，既要防止有害性互动，抵消或防止错误信息，又要提供一些有效信息就变得非常困难。

第六章　团体社会工作的实施

团体工作者必须对团体社会工作实施的理论基础有较透彻的理解，才能更好地理解与把握团体社会工作的过程。

团体发展基本上受到两方面的影响：一是成员们模糊的共同性特征，二是成员间由共同目标所引起的联结关系。团体发展是由团体内部的互动关系展开的。团体在发展、成长或变迁的过程中，往往表现出不一样的团体社会工作实施的模式。

团体发展又被称为团体的生命周期。团体并不是总处于同一个发展阶段，团体中的个人不断发生变化，团体也随之变化，可以发现所有团体都有相同的发展方向可循，也形成了多种不同的阶段模型。

第一节　团体社会工作实施的理论基础

社会工作这一助人活动是立足于一定的理论基础的，其中包括：如何看待人与环境之间的关系、如何理解受助人或系统、如何理解助人者的角色、如何理解帮助的过程以及如何解读在这样的过程中更大的社会文化脉络是如何发挥作用的。在这个意义上，社会工作的知识体系具有很强的包容性（何雪松，2007：1）。团体社会工作也是如此，团体工作者需要具备很多不同学科领域的理论，在这里，更多地倾向于探讨与团体社会工作实施相关的理论，具体包括团体行为理论、团体互动理论、团体动力理论和团体过程理论。

一　团体行为理论

个人不能完全与外界隔离，常常要和他人发生相互作用，并改变他人或被他人改变。每个人都是社会的一分子，人的行为既有其独立发展的轨迹，也是社会发展的一部分。这表现在：人与人相互之间的关系是非常重要的，每个个体都要在一定的团体中发展。

对团体行为分析的著名理论有：社会交换论和社会学习理论。这些理论注重对团体中人的行为的分析，以及团体过程对于人的行为的影响。

（一）社会交换论

当代西方社会交换论的代表人物之一是霍曼斯，他的理论特色是行为交换论，重视人的行为分析，尤其是小团体中的人的行为分析（Homans，1950）。他使用了三个基本概念：活动（activities）、互动（interaction）、情绪（sentiments），认为这三种因素相互联系、相互影响，构成一个有机的整体。活动是指人们单独与人合作的事，例如行为、动作、运动等；互动是指与他人的交互行为，互动不只是朝向他人的行为，而且是反应与交互抑制的行为；情绪是指动机、情感、感觉与态度，情绪不像前两个概念那样可以观察，而通常是需要从活动与互动中来推论。

为了适应环境而发生的群体中的活动、互动与情绪，构成"外部系统"，代表了团体处理适应性问题的方式，这些适应性问题产生于团体与自己所处社会及地理环境的关系之中。不是由环境强加而发生的群体中的活动、互动与情绪，构成"内部系统"。"内部系统"是团体在试图实现自己的功能过程中，由团体的活动模式、互动和团体内部的规范等组成的。霍曼斯更重视"内部系统"，而把"外部系统"作为一种环境参数。霍曼斯强调个人之间直接的、面对面的互动与交换。他认为，人与人之间面对面的交往是人类行为的基本形式，互动是个人之间因报酬与代价而发生的相互行动。交换活动的代价和报酬，并不局限于物质的报酬与惩罚，更为经常的是"精神利润"。行动者为了追求精神利润而与他人发生交换，通过互动、影响、一致、竞争、尊重的授予、公正、等级、创新等过程，形成了群体。

霍曼斯论述了团体对于个人生活和社会的构造的重要性，还归纳了团体运作的一些原则。

社会交换理论关注个体成员的行为。社会交换理论家指出，当成员在团体中互动时，每个人都会以一种他们认为会给自己带来最大利益和最小损失的方式来交往。团体成员主动与他人交往，因为社会交换给他们提供了某种有价值的东西，例如认可等。社会交换理论家认为，一般来说，人们相信没有付出就没有收获，在人际交往过程中，一直存在一种交换关系。

社会交换理论通过观察团体中成员在处理社会互动时是如何追求报酬的来分析团体行为。对于团体中的成员来说，人们决定采取什么样的行为，取决于人们如何比较行为所带来的利弊。成员需要追求的是增加自己行为的积极结果，减少负面后果。社会交换理论还强调在社会互动过程中成员之间是如何互相影响的。社会交换的任何结果，都取决于在某个特定的社会互动中的各方所拥有的社会权利和社会依赖性（Toseland and Rivas，2017：79）。

（二）社会学习理论

社会学习理论是由美国心理学家阿尔伯特·班杜拉（Albert Bandura）于 1977 年提出的。它着眼于观察学习和自我调节在引发人的行为中的作用，重视人的行为和环境的相互作用。班杜拉进行了一系列实验，并在科学的实验基础上建立起了他的社会学习理论（Bandura，1977）。

1. 强调观察学习在人的行为习得中的作用

人的多数行为是通过观察别人的行为和行为的结果而习得的。依靠观察学习可以迅速掌握大量的行为模式。

2. 重视榜样的作用

人的行为可以通过观察学习过程习得。但是习得什么样的行为以及行为的表现如何，则有赖于榜样的作用。榜样是否具有魅力、是否拥有奖赏、榜样行为的复杂程度、榜样行为的结果和榜样与观察者的人际关系都将影响观察者的行为表现。

3. 强调自我调节的作用

人的行为不仅受外界行为结果的影响，更重要的是受自我引发的行为结果的影响，即自我调节的影响。自我调节主要是通过设立目标、自我评价从而引发动机功能来实现的。

4. 主张树立较强的自信心

一个人对自己应付各种情境能力的自信程度，在人的能动作用中起着重要作用。它将决定一个人是否愿意面临困难的情境、应付困难的程度以及个人面临困难情境的持久性。如果一个人对自己的能力有较高的预期，则其在面临困难时往往会勇往直前，愿意付出较多的努力，坚持较长的时间；如果一个人对自己的能力缺乏自信，则其往往会产生焦虑、不安和逃避行为。因此，改变人的逃避行为，树立较强的自信心是十分必要的。

社会学习理论重视榜样的作用，强调个人对行为的自我调节，主张树立较强的自信心。所有这些思想都是十分可取的，值得团体工作者借鉴和参考。

二　团体互动理论

人与人之间的互动的本质取决于内在因素，例如自我、社会情绪、内部体系等，也决定于环境参数，例如外部体系、工具、客体等。虽然团体社会工作承认环境因素的影响，但很少有人把环境因素纳入团体社会工作。例如，经常有人由于团体顺从的压力，发展出一种边缘的社会身份，专业的团体工作者试图去消除这种边缘的社会身份，却很少把环境因素考虑进去。

互动论提供了一个了解行为与团体过程的分析方法论。团体社会工作必须了解成员所属的团体和各种参照团体，以及加入这些团体的本质。另外，团体工作者还必须重视成员在各种团体中互动的意义。这种意义是通过团体的互动而产生的，个人行为的意义可以通过社会互动来理解。

互动论的主要概念是自我。自我是在团体中产生、变化的，很大程度上取决于他人的理解。团体过程应该重视如何引导这种"他人的理解"，从而更好地协助一些特殊的个人的自我实现。

互动论研究人们面对面的相互交往与作用，以及引起或改变这些活动与过程的主观反应。近百年来，互动论不断地被讨论，从库利（C. H. Cooley）到米德（G. H. Mead），再到布鲁默（H. G. Blumer）、贝尔斯（R. F. Bales），这一理论已经渐渐系统化了。

（一）库利的理论

查尔斯·霍顿·库利有两个学术创造：一是"初级团体"概念及相关理论；二是"镜中我"概念及相关理论（宋林飞，1997：247～253）。它们是当代西方社会学中互动理论的重要支柱。库利关于初级群体的概念清楚地表明，家庭、游戏群体或邻里等小的、有凝聚力的、亲密的、面对面的团体对个人社会化和个性发展具有最早和最根本的影响，并在准备参与更大的社会方面发挥重要作用。

库利首先提出了人格是通过社会互动而发展的社会学观点。他认为个人不能与社会分开，因为自我的意识要通过与他人的互动才能形成。同样，社会也不能与自我分开，因为它是个人精神的一部分。

自我是一种社会的产物。库利的社会化理论基于他的"镜中我"（looking-glass self）的概念（Cooley，1902：183 - 185），即一个人的自我形象是别人看他/她是什么样子的反应，或者是这个人认为别人看他/她是什么样子的反应。"镜中我"包含三种过程：表现，辨认，主观解释。首先，想象自己是如何出现在别人面前的；接着，辨认别人如何评价自己的出现；最后，为自我形象解释这些评判。我们逐渐把别人对我们的判断接过来作为我们自己的判断，把他们对我们的看法，作为我们对自我的认识。别人对我们的态度犹如一面镜子，我们可以通过想象来觉察别人的头脑对我们外表、体态、目的、性格等的想法，并且还多方面地受到这种想法的影响。通过大脑的印象与判断的不断交流，社会内化于自我之中。我们对自己的印象是从别人的评价里得来的，正像我们从镜子里才能看到自己的影像一样。

库利的这些观点很形象地说明了团体社会工作中团体的功能，也为团体社会工作提供了理论基础。

（二）米德的理论

米德的互动理论对于团体社会工作的贡献是其对自我观念的论述。米德认为，自我观念是人们主观意识的核心，但人们不是天生就具有自我观念的，而是在与他人的互动过程中逐渐获得的（宋林飞，1997：261）。根据米德的互动理论，所有的团体生活是合作的基本形式，团体对于个人自我观念的形成是至关重要的。米德的互动理论给团体社会工作提供了一个框架，将团体经历的影响与成员的自我发展和社会发展联系起来。

米德认为每个人在社会化过程中都是独特的行动者。他将自我区分为"主我"（I）和"客我"（me）两面。"主我"是有机体对他人态度的反应，"客我"是有机体自己采取的有组织的一组他人的态度。他人的态度构成了有组织的"客我"，然后有机体作为一个"主我"对此做出反应（Mead，1934：175）。作为"客我"，个体意识到自己是别人注意的对象。"客我"会这样说："如果我这样做，别人会说我。"作为"主我"会说："人家爱怎么想就怎么想，我不在乎。"

"概化他人"（generalized other）是米德最丰富的概念之一（Mead，1934：xxiv）。从行为主义的观点来看，思想和理性的普遍性和非个人化既是特定个体对自己采取的他人的态度的结果，也是个体将所有这些特定态度最终明确为一种可以称为"概化他人"的单一态度或立场的结果（Mead，1934：90）。有组织的社会团体通过"概化他人"的过程使参与其中的个人获得自我统一，概化他人的态度是整个团体的态度。正是以概化他人的形式，社会过程或团体作为决定因素进入个人的思维，影响成员的行为。例如，在一个像足球队这样的社会团体中，只要这支球队作为一个有组织的过程或社会活动进入其中任何一个个体成员的体验，就是"概化他人"（Mead，1934：154－155）。

米德指出，自我的全面发展有两个一般阶段（Mead，1934：158）。在第一阶段，个体的自我仅仅是一种对其他人特定态度的组织，这种态度包括其他人对自己的特定态度以及在共同参与的特定社会行为中对彼此的特定态度。但在第二阶段，自我不仅仅通过这些特定的个体态度的组织来构成，还通过概化他人或他所属的整个社会团体的社会态度的组织来构成。因此，完整的自我既是"主我"又是"客我"。所有他人的态度（无论是具体的还是概化的）被组织起来并被纳入一个人的自我，构成了"客我"，"主我"在行动中改变了社会结构（Mead，1934：xxv）。没有"客我"，就不可能产生有秩序的社会互动；没有"主我"，社会互动将变得呆板和单调。完整自我的结构反映了完整的社会过程（Mead，1934：144）。

（三）布鲁默的理论

布鲁默是米德的学生，他综合了米德等的思想，提出了"符号互动论"这一名称，认为"符号互动是发生于人群间互动的独特的性质，这种特殊性是由人们解释或界定他人的行动而非对他人的行动的反应所组成的"（Blumer，1978）。符号互动论的基本观点可以归纳为如下几点（宋林飞，1997：273~278）。

（1）符号是社会互动的中介。布鲁默认为，人不仅生活在自然环境中，而且生活在"符号环境"中，人类的互动是以符号的使用、解释、探知另外一个人的行动的意义作为中介，在人类行动中的刺激与反应之间插入一个解释过程。

（2）人们通过对符号的定义与理解进行互动。布鲁默指出，人类的交往是理解与定义的过程，定义就是对待客体的方式，理解就是确定客体的意义。

（3）符号互动是能动的与可变的过程。布鲁默认为，符号互动是无止境地进行反思、同自己进行对话的过程；"我"要求能动的活动，而不是简单地对环境做出反应；"我"不仅要认识外在的客体，还要把自己当作一个客体。

（4）符号互动创造、维持与变革社会组织、社会结构与社会制度。理解与定义的共同性，是社会组织存在的先决条件，社会是由处于符号互动过程中的人类构成的。

布鲁默力图将符号互动论发展为一套描述社会生活图景和团体发展的基本方法。

符号互动论认为，为人类及其团体而存在的"世界"是由"客体"组成的，这些客体是符号互动的产物。客体是可以指示、指向或提及的任何东西。任何一种客体，都是由对于视它为客体的人所具有的意义构成的。这个意义确定了这个人看待该客体的方式、准备对该客体采取行动的方式，以及准备谈论它的方式。一个客体对不同的人来说可能有不同的意义。从根本上说，客体对一个人所具有的意义，源于与其互动的他人向其定义该客体的方式。在一个相互指示的过程中，共同的客体（common objects）出现了，它们对于既定的一群人来说具有相同的意义，并由他们以相同的方式来看待（Blumer，1969：10－11）。

这种对客体的分析将人类团体生活带入了一个新的有趣的视角。人类生活在一个有意义的客体的世界之中，而不是生活在一个由刺激或自我构成的环境中。这个世界是由社会产生的，因为意义是通过社会互动的过程制造出来的（Blumer，1969：69－70）。从符号互动论的观点来看，人类团体生活就是这样一个宏大的过程：向他人定义该做什么，并解释他们的定义；通过这个过程，人们可以使自己的活动相互适应，形成自己的个人行为。通过符号互动，人类团体生活必然是一个形成的过程，而不仅仅是一个表达事先存在（pre-existing）的舞台（Blumer，1969：10），客体在这一过程中不断地被创造、确认、转化和抛弃。人们的生活和行动必然随他们的客体世界的变化而变化（Blumer，1969：12）。因此，不同的团体发展出不同的世界，这些世界随着构成它们的客体在意义上的变化而变化。既然人们是根据他们的客体的意义来行动的，那么一个团体的客体世界就在真正意义上代表了它的行动组织。为了辨认和理解一个团体的生活，有必要辨认其他的客体世界；这种辨认必须以客体对团体成员的意义为依据。最后，人们不会被束缚或锁定在他们的客体上；他们可能会检查对客体的行动，并制定出新的行为准则。这种状况给人类团体生活带来了一种本土的转变源泉（Blumer，1969：69－70）。

（四）　贝尔斯的理论

贝尔斯的研究集中在小团体中的人际互动。他关于互动过程分析的兴趣和想法在1942年就产生了，当时他与当地的戒酒者匿名会建立了联系，并获准观察他们的会面过程，该团体带给成员的动机转变给其留下了深刻印象。这时，他认为需要一些方法来研究团体的结构和发展，特别是个体之间的关系，以及他们的人格和他们的关系在治疗、再教育、行为和人格改变中的作用（Bales，1970：ix）。

贝尔斯最早的研究是观察实验室的任务型团体，1945～1955年，他专注于观察实验室里那种最初是无领导的问题解决团体，这种团体一般是四个类似的案例为一组分析问题。大约在1955年，他意识到早期实验阶段的所有研究基本上都是"观察"而不是"实验"，也认为需要通过直接观察来研究社会互动。因此，贝尔斯也就放弃了继续进行严格实验方法的打算，他在接下来的30年里，逐渐转向对更为自然的团体进行观察，如在一个教室实验室（classroom-laboratory）里参与他设计的非结构化的学术自我分析团体（academic self-analytic groups）并进行研究（Bales，2001：xvi）。

贝尔斯的出发点是假设任何小团体的"存在理由"就是完成某些任务，人们在团体内的行动都是与团体目标相关联的。他将团体行为分为两种类型：任务导向的（task-oriented）或工具性（instrumental）行为，即专注于实现团体目标的行为；社会情绪的（socio-emotional）或表意性（expressive）行为，即关注团体中其他人感受的行为。团体互动总是面临两种不同但又相关的问题，即任务问题（task problems）与社会情绪问题（socio-emotional problems）。贝尔斯基于功能主义的视角，认为任何行动都可能产生一种反应，例如问题会带来明确回答或尝试回答；工具性活动需要表意性活动加以平衡等。因此，解决这两个问题的基本原则就是保持均衡，即团体的均衡。当团体注意力集中在任务上时，团体成员的社会情绪关系就会产生紧张，注意力就会转向解决这些问题。然而，只要团体将其活动简单地投入到社会情绪活动中，任务就没有完成，注意力就会再次转向任务领域。适应外部环境的必要性导致了团体的工具性的任务导向活动，而这反过来又倾向于在现有的团体整合中造成压力。当这些压力变得足够严重时，活动就会转向社会情绪紧张的表达和团体的重新融合。然而，在重新融合的过程中，适应的需求在等待，活动最终再次转向适应的工具性任务（Bales，1950b：8－10）。

经过一系列的实证研究，贝尔斯率先开发了团体观察和测量互动过程的系统方法，并将这种针对面对面的小团体进行第一手研究的方法称为互动过程分析（Interaction Process Analysis，IPA）。IPA系统包括中性的任务工作、积极的社会情绪和消极的社会情绪三个类别。积极的社会情绪有显示团结、显示紧张消除和同意三个次类别；消极的社会情绪包括显示敌对、显示紧张和不同意三个次类别。中性的任务工作的次类别则有提出问题（寻求方向、寻求意见和寻求建议等）和试图回答（提供方向、提供意见和提供建议等）。互动过程分析试图从观察的原始材料中抽象出的十二种问题解决的行为类型，考察每个行为对整个团体持续过程的相关性。贝尔斯将团体成员间的所有互动区分为12个类型，这12类行为中有6类属于社会情绪范围（人际关系方面），有6类属于任务范围。这12类行为按作用又可分为积极、中性和消极三种，而且这12类行为按其内容来看，又可分成6对（见图6－1）。

图6－1　用于观察的类型系统及其主要关系

资料来源：Bales，1950b：9。

1970年，贝尔斯修改了他的互动过程分析，这一修改涉及类型的名称和内容（见图6－2）。

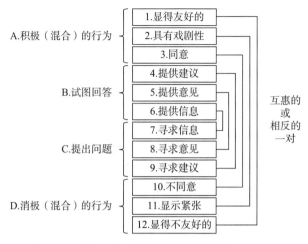

图 6 - 2 互动过程分析的类型

资料来源：Bales, 1970: 92。

之后，贝尔斯在同事和学生的帮助下，在互动过程分析的基础上，进一步开发了基于计算机的分析编码的系统多层次团体观察（Systematic Multiple Level Observation of Groups，SYMLOG）方法，可以分析每个参与者对彼此的行为互动，同时对每个成员所说的言语内容中隐含的价值陈述进行分类，能清晰展示团体凝聚力的程度、团体成员参与的程度和类型、团体的任务导向等方面（Bales and Cohen，1979）。

互动过程分析这种方法最容易在 2～20 人小团体中应用，这样每个成员都有可能考虑到其他成员的反应。互动过程分析适用于多种情形（游戏、讨论、服务、治疗等）下的不同类型的团体，主要包括：关注实质性问题的团体，如讨论团体、规划团体、政策制定和执行委员会、董事会和专门小组、临床工作诊断委员会、研讨会和课堂团体、团队和工作小组；实验社会心理学、社会学等学科中的某些特定的问题解决团体；以非个人的方式关注人际关系的团体，如为了培训基本人际关系技能而形成的团体、敏感训练团体等；以成员之间的互动或人际关系为主要焦点的团体，如家庭和家族团体、儿童游戏团体、青少年帮派、成人圈子、社交和娱乐俱乐部以及各种各样的小型协会（Bales，1950a）。

尽管贝尔斯一直努力对研究的理论和方法进行彻底的提炼，使理论适用于更大的社会系统，甚至涵盖所有的体系，但是互动过程分析对于大体系是较难进行实证检验的，事实上较适合于小团体的互动分析。

贝尔斯的互动过程分析对团体社会工作的启发是，团体工作者必须关注团体的过程和结果，即成员的社会情绪需要与团体期望完成的任务目标。团体过程提供成员之中与成员之间相互表达的机会，强调团体成员间的人际关系发展，并重视协调、意见的尊重、冲突的调停、紧张的化解、相互接纳，基本上是重视社会情绪导向的活动。团体结果在于如何达成团体目标，给予团体询问，并建议任何有关要解决问题的方法，或是引导团体社会工作的方向，基本上是重视任务导向的活动。如果只关注任务实现，则可能会导致团体内不出现不满意和冲突；如果只关注成员的社会情绪需要，则可能会导致团体无法实现自己的目标和任务。因为工具性需要和表意性需要常常是互相冲突的，所以很难同时关注这两类需要。因此，要让团体能够更好地发挥功能，团体工作者就必须决定关注任务还是关注社会情绪需要，团体需要在关注外部环境和关注内部整合之间寻求平衡（Toseland and Rivas，2017：73－74）。

三　团体动力理论

人类的行为经常受到所处环境的影响，个体与环境交互作用所产生的运作与结果，即"团体动力"（group dynamics）。团体动力是指社会团体形成的原因，以及维持团体功能的一种力量或一种方式。每个团体都有静态的一面，例如团体名称、目标、组织、属性等；每个团体也有动态的一面，例如团体气氛、物理环境、成员成长、交流沟通等。正是这种内在静态与外在动态的交互作用决定了团体的行动方向与发展结果。一个团体中，这些交互作用的影响构成了"团体动力"。团体动力自然地发生在团体中（Knowles and Knowles，1959：58）。

团体动力学是一门探讨团体结构及团体成员间相互动力关系的学科，着力于理解、改进团体及其成员的行为与互动，探索与团体有关的各种心理、社会力量，是一种关于团体行为的基本知识。社会工作者在很大程度上依赖于团体动力知识来计划他们的干预措施。他们认识到，团体气氛和发展过程对团体的成效具有重大影响。积极、有凝聚力的团体可以对成员产生强大的影响，能促进目标的实现，促进相互满意的关系。如果忽视团体力量，则可能会产生负面影响（Schopler and Galinsky，1995）。

（一）场域理论

20 世纪以来许多学者投入团体动力发展与社会环境的研究，团体动力学的理论基础为勒温的场域理论（Lewin，1939a）。场域理论的特殊贡献在于，它把团体视为一个经验整体，即它是一个不断演进的实体，以抵制那些制止成员朝着目标前进的力量，推动成员沿着既定方向，实现自己的目标（Toseland and Rivas，2017：77－78）。

借用物理学中"电场""磁场"的概念，勒温认为，人是一个场域（field），人的心理活动是在一种心理场或生活空间里发生的。他把人的行为看成个体特征和环境特征的函数，提出了著名的行为公式：$B = f(P, E) = f(LS)$。

这个公式说明：一个人的行为（B）取决于个人（P）与其所处环境（E）的相互作用，也就是说，行为取决于个体的生活空间（1ife space，LS），生活空间包括个人及其心理环境。也就是说，人的行为总是在心理、情绪的支配和影响下，在一定的环境中产生的，而周围的环境对人的行为产生重大影响。个人行为是由个人的内在与个人所存在的社会情境所决定的。个人的内在包括遗传、能力、人格、健康、信仰、价值等；社会情境则包括他人的存在或缺席、个人目标的阻力、社区态度等。

勒温把团体想象成一个空间，想象成一个生活的空间。团体就如同一个心理场域，这个心理场域是由一些力量或变量组成的，它们是影响团体内成员行为的重要变项。为了有效发展团体，必须了解团体内的影响变量与力量。场域理论的主要概念有以下几个。

1. 生活空间

生活空间概念是场域理论的基本结构。它是我们所体验的主观环境，是指在某一时刻影响行为的各种事实的总体，既包括人的信念、感情和目的等，即个人内在"心理场"，也包括被知觉到的外在环境，即外在"环境场"。所有的心理事件，包括思考、行动、梦，都是生活空间的变量。

2. 此时此地

任何心理事件都由现有生活空间的特质所决定，场域理论只承认过去的经验会对现在的时间产生间接影响，而不是直接导致现在的行为。

3. 紧张体系

场域是具有动力性和交互性的。动力性，即勒温所说的"心理紧张系统"，这是推动人类心理过程的动力系统，表明人的心理和行为并非一直静止不动，是一个动态变化的过程。他认为，一个人如果有内部需求，就会处于一种紧张状态，这种尚未被满足但已经升起的心理需求创造了一种未解决的"紧张体系"，这种紧张状态会给他的心理活动和行为提供动力和能量。一个人在朝向目标行动的过程中，未完成的任务使未解决的紧张体系一直存在。当任务完成后，相关的紧张体系随即消失。

（二）团体动力学的研究主题

勒温的场域理论，最初只用于研究个人的行为。1933 年他从德国移居美国后，把场域理论用于研究团体行为。1939 年，勒温在《社会空间实验》一文中首次使用"团体动力"这一概念（Lewin，1939b）。在提出"团体动力"概念之后，他还提出了"团体目标"、"社会空间"和"团体气氛"等重要概念。

团体动力学思想是勒温的另一大贡献。这一思想的出现和快速发展有一定的社会背景。20 世纪三四十年代，由于经济萧条、世界大战等因素的影响，美国当时面临着一系列的社会问题，如种族歧视问题、犯罪问题、儿童教育问题等。团体被看作解决这些问题的关键。勒温早期的研究主要集中在个体的心理和行为上，晚期他把自己的主要精力放到了研究团体行为和团体心理过程上。

1944 年，勒温及其同事在美国麻省理工学院创办了"团体动力学研究中心"，团体动力学进入迅猛发展的时期。1947 年夏天，在美国缅因州贝瑟尔建立了国家训练实验室（National Training Laboratories，NTL），罗纳德·利皮特（Ronald Lippitt）、肯尼斯·本恩（Kenneth Benne）和利兰·布拉德福德（Leland Bradford）三人共同主持的领导小组和当年 2 月刚去世的勒温一起成为国家训练实验室的联合创始人（Bradford，1976）。1948 年，国家训练实验室获得了纽约卡内基公司（Carnegie Corporation of New York）的一笔资助经费，由于经费资助需要一个组织环境，他们决定将国家训练实验室放在全国教育协会（The National Education Association）下，继续大规模且有系统地研究团体动力与发展过程。根据勒温的一些主要思想，团体动力学涵盖对小型团体的广泛研究，尽管这些研究并没有都参考勒温的概念和模式，但是所有的研究学派都或多或少地接受了团体动力学的一些内容。

团体动力学的研究主题包括：团体成员的人际关系、领袖及领导方式、团体的凝聚力、团体决策过程以及大团体中各小团体的形成与功能等。团体动力学的基本理论和基本研究可以归纳为以下几个方面（周晓虹，1990：103~107）。

1. 团体凝聚力

团体凝聚力的内在要素可以分成两大类：社会－情感要素和社会－操作要素。社会－情感要素主要包括共同目标的吸引力、集体活动的吸引力、隶属于团体的吸引力、人与人之间意气相投的作用、满足个人的某些需要。社会－操作要素涉及团体本身的组织，主要包括角色的分配和联系、团体行为和领导方式。

2. 团体压力与团体规范

团体为了使成员在行为和态度上具有一致性，总会施加某些压力。有三种行为是最明显的：遵守规范、反对越轨行为、对外部的潜在侵略性。"求同的压力"是团体影响成员的突出表现。一个成熟的团体应具有控制成员的能力，使成员都感受到一种适度的求同压力，但同时在许多问题上又会容忍成员们保持己见，承认成员之间的差异，只要团体目标能为大家所接受、团体规范能为大家所遵守即可。

3. 个人动机与团体目标

团体目标与成员的个人动机是密切相关的。在某种程度上说，团体目标本身就是一种动因，一种对团体成员施加影响的动力源泉。有研究表明，尽心接受团体目标的成员表现出最强烈的需求，并为使团体达到目标而努力；仅仅是默许团体目标的成员只能产生少量的需求紧张；而那些反对团体目标的成员则倾向于自行其是。

4. 领导与团体功能

在团体动力学中，把领导作为一种功能的研究涉及领导对团体获取目标的影响，以及团体生产力的高低。对领导方式的研究有助于解决如何调动团体成员的内在活力问题。

5. 团体的结构性

当一个团体在其成员之间的关系安排上获得一种稳定性时，它就拥有了结构。在这种意义上，有三种不同的因素影响着团体结构的产生：团体效率，团体内进行具体的工作分工或任务分配，并进而提高工作效率；个体的动机与能力，个体的差异导致了他们在团体中所扮演的角色的不同；团体环境，团体存在的地理环境及社会环境都对其结构有影响。

（三）团体动力因素及流程

团体动力是影响团体运作的力量，与团体社会工作实务息息相关。团体工作者必须了解并且掌握团体动力，辅之以团体社会工作技能，以发挥团体社会工作的功能，例如协调成员与团体、成员与成员之间的关系，形成团体凝聚力，解决团体冲突等。

　　徐西森以团体动力学理论为指导，提出了团体动力因素及流程（见图6-3），包括成员特征、团体情境、运作过程、成员改变和团体发展五大变项。前两者属于团体运作的输入变项，后两者属于团体运作的输出变项。其中，成员特征和成员改变为个人行为因素，团体情境和团体发展为团体行为因素（徐西森，1997：9~16）。

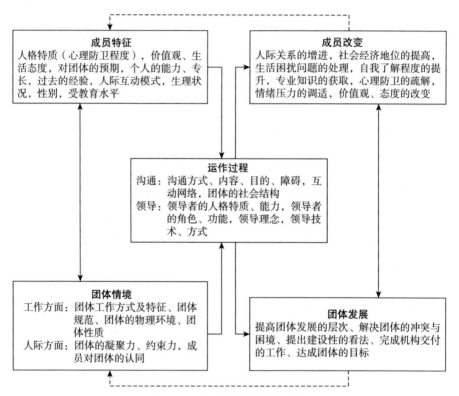

图6-3　团体动力因素及流程

资料来源：徐西林，1997：10。

1. 团体动力的输入变项

（1）成员特征

　　团体能否发挥功能、达成目标与团体对成员是否有吸引力有关。吸引力越强，成员的参与性自然越高，也较愿意自我开放，并接受他人的影响。同时，成员的个别差异也会影响团体本身的运作和运作的结果，包括正向促动和负向控制的影响。成员差异性大，一方面有助于彼此间广泛的交流和成长，另一方面可能导致彼此认知冲突和阻碍自我发展。一般而言，异质性团体在初期运作较为困难，动力较少，较难产生团体凝聚力，成员偶有观望、冷漠、抗拒或专断（少数成员垄断发言、操纵团体）等现象。这时就需要团体工作者较强的领导能力与成员对团体目标的高度认同，只有这样，才能减少这些团体现象的存在。

（2）团体情境

团体本身具备的特征，包括物理环境与社会环境都影响成员的行为反应，也正是团体动力输入的变项之一。

物理环境经常会直接影响成员参与团体的动力，适宜、舒适的环境有助于团体的运作，例如场地布置、空间大小、对于隐私权的环境考量、噪声干扰的处理、湿热度的控制、物品的摆设、地毯的铺设以及活动器材的准备、照明通风等。

在团体情境中，如果成员互动形成温暖的社会关系，则是一种良好的社会环境，往往容易激发成员的自我开放，成员和团体的成熟度也随着团体的环境变化而提升。这些环境变化如团体组成的方式、团体规范的拟定、团体目标的建立、成员的熟悉程度以及团体内次团体的运作等。

工作本身的因素也是团体情境的表现之一。团体社会工作因素有时会影响到成员的参与行为。这些因素如团体发展阶段、团体目标的明确度、活动的复杂性、工作的难度与危险性、团体规范的约束力等。

只有整合成员的个别期待与团体的目标，协助成员发现自我需求与肯定他人的需要，并训练成员具备达成团体目标的有效运作，才能真正掌握团体动力的输入变项，营造相互尊重、自由开放的团体气氛，形成良好的互动关系，进而发挥团体社会工作的功能。

2. 团体动力的运作过程

有效运作团体的关键在于，团体工作者如何整合团体的各个阶段。尤其是当团体进入工作阶段时，团体工作者就应从积极引导者退居为"幕后"的促动者、支持者或资料提供者。如果团体工作者能适当地运用工作技巧，则有利于形成良好的沟通情境，从而让成员自由表达感情、态度和观点，产生交互作用的动力及结果。

团体本质上是一个动态的有机体，而非静态的组织体，因此，团体内部的各个要素必须持续性、经常性地产生交互作用，包括成员与成员的沟通、团体工作者与成员的沟通、团体内外部的沟通、团体气氛的形成、团体领导的方式与方法、团体凝聚力等。团体运作过程越顺畅，成员的需求就越容易被满足，团体的目标就越容易达成。

3. 团体动力的输出变项

（1）成员改变

成员改变是团体运作后的输出变项之一，也是团体发展的结果，例如成员人际关系的改善、对社会经济地位的满足、生活困扰问题的解决、情绪压力的调适、自我的提升、专业知识的获取以及各层面态度与行为的改变等。

（2）团体发展

团体发展与目标达成是团体运作的另一输出变项，通常可通过自我评估与专家评价来考察。考察的程序是：确定要评估的团体总目标；选择评估的标准与工具；分析团体动力与运作过程；探讨成员改变的情形；检查机构所赋予的需求。

四　团体过程理论

团体是动态的组织，团体永远在变化，团体过程是在团体生活当中，一切团体的互动、发展和变迁的总和。团体工作者要善于运用团体过程，只有这样才能发挥团体社会工作的功能。

团体过程理论这样分析团体发展的整个过程：团体形成的一个最基本的方面是共同命运的体验；团体目标的实现取决于团体成员努力的相互协调；团体成员在某种程度上相互依存，彼此相似，并且在物理空间上彼此接近；成为团体成员之后更容易从团体资格角度来界定自我；团体在心理上被视为一个有边界的实体；团体凝聚力不仅仅是团体成员之间人际吸引力的总和，它涉及对团体理念和团体所代表的事物的吸引力（Brown and Pehrson，2020：42－43）。

团体过程理论认为，为了了解团体关系的状况，必须对团体变化过程进行分析（李建兴，1980：53～58）。

（一）次团体

次团体的存在是团体过程的自然结果。因为在一个团体中，很难有全部成员在性质上完全相同的情形出现。所以一个团体中的社会关系是多种多样的。即使是在初级团体，例如家庭中，也会有这种情况。家庭中的父母显然是一个次团体，弗洛伊德的恋母情结可以证明家庭中有次团体的存在。

（二）孤独者

孤独者是指一个团体成员为团体所忽略或拒绝。因此，团体中的孤独者有两种。

1. 被忽略的孤独者

他/她是寂寞的，他/她虽然已经被团体所接受，却被层层"玻璃围墙"所包围，他/她能看见别人，别人也能看见他/她，只是其中没有交往。这种孤独者存在于各种团体，原因则各有不同。因此，需要团体工作者注意观察并绘制团体活动中成员的位置图。

2. 被拒绝的孤独者

他/她是被团体成员严厉拒绝的人，他/她之所以被拒绝可能是因为：品质不良；与团体组织的形态及气氛不合；违反团体规范的人；团体中的"替罪羊"，即因团体其他成员的投射作用，成员由妒生恨而使其受到孤立的人。团体工作者需要注意到他们的存在，并着重解决他们的心理障碍问题，也劝说其他人接纳他/她。

（三）领导者

领导者依团体目标和情况不同而改变，同一团体中，领导者也可因活动的性质不同而改变。这里的领导者不是平常所说的那种具有某种特质的人。

团体社会工作中的领导者来自团体内部，因为从团体内部产生的领导者，能完成团体的目标，能协助团体成员解决困难，其拥有问题解决的能力。

团体工作者则是外来者，他/她协助团体和每个成员，包括领导者。有时他/她必须协助团体增强力量，以避免领导者的专制，有时他/她要协助领导者改变领导方式。

（四）角色

地位与角色是一对社会学概念。每个人都有自己的地位和角色。地位是我们在社会中占据的位置，角色是与我们的地位相一致的我们应该如何做的期望。我们每天都在扮演很多角色，当我们被期望同时去扮演两种相互冲突的角色时，就会产生角色冲突。即使是一个单一的角色也会包括相互冲突的期望，这样会产生角色紧张，例如团体工作者一方面被期望与成员打成一片，另一方面要与成员保持距离以便于工作。角色冲突或角色紧张通常是有压力的，经常带来焦虑和心理上的疲惫。

地位和角色形成了特定的个人之间的关系模式。角色概念对于团体工作者对个人和团体规范的了解是很有价值的。

（五）归属感或团体边界

应用外在力量来形成团体边界是团体工作者的职责。团体边界大小、强弱应该适当。太大、太强或太小、太弱都会影响个人的社会关系。团体工作者对于团体边界"适当"的理解应该是：赋予团体成员温暖的、安全的归属感，也允许成员有自由参与或离开团体的权利。当然，团体边界应该根据各种团体的性质和目标来确定。

（六）新来者

团体经常欢迎新来者的加入，一个新来者的加入可以改变团体的形态。新来者常会产生希望、焦虑、敌对等情感。他/她极力希望尽心表现，却很容易失望。他/她进入陌生环境常常容易不安与恐惧。因此，新来者特别需要团体工作者的协助。

（七）团体的冲突

团体不断改变成员的互动关系。团体成员对这种改变显得相当矛盾，他们一方面希望改变，一方面又拒绝改变，于是形成团体冲突产生与解决的双重过程。

一个没有冲突的团体可能死气沉沉，或者是成员间裂痕太大。事实上，团体往往因为问题没有得到解决，或成员不满意，或成员的不安与敌对而产生冲突。在团体过程中，冲突不可怕，可怕的是冲突不解决。

第二节　团体社会工作实施的实务模式

团体社会工作已从娱乐性和教育性发展到多功能性，从个人治疗发展到个人成长，以至于社会问题的解决和社会行动的促成。由于希望达到的目标不同、实施的领域不同以及建立的理论背景和价值体系不同，团体社会工作具体实施的原则与方法已发生较大的分化，由此形成了团体社会工作不同的实务模式。

从 20 世纪 50 年代末到 70 年代初，团体社会工作理论家们利用社会工作的专业价值观、多年来发展起来的实践智慧和日益增长的关于团体的社会科学知识体系，确定了社会工作者在团体社会工作中必须完成的共同任务（Schopler and Galinsky，1995）。

威廉·施瓦茨最早对团体社会工作的不同取向进行了比较。他在 1962 年指出，团体社会工作存在三种模式：医疗模式、科学模式和有机体系模式（Schwartz，1962）。1965 年，温特以历史性的观点提出民主分权、社会化和复健三种团体社会工作取向（Vinter，1965）。1966 年，帕波尔与罗思曼把团体社会工作模式分为三类，即社会目标模式、治疗模式和交互模式（Papell and Rothman，1966）。这些模式的建构受到团体社会工作历史发展的影响，因此各模式中团体功能与焦点有所不同。后来，以伯恩斯坦（Saul Bernstein）为代表的波士顿学派提出了发展模式，以此作为第四种模式。克莱恩在综合各模式的基础上提出了折中模式（Klein，1970；1972）。罗伯特·罗伯茨和海伦·诺森在《团体社会工作理论》（Roberts and Northen，1976）一书中，编辑了一个不少于十种的不同的理论取向的集合，包括通用取向、组织取向、心理－社会取向、功能取向、中介调节取向、发展取向、任务中心取向、社会化取向、危机干预取向和问题解决取向等。

团体社会工作模式的差别主要表现在对团体社会工作的目标、过程与团体形态的不同看法上，而这一切又归结为对团体工作者的作用的不同定位。团体工作者角色的定位不同，指导的方法与技巧也就不同。

一　社会目标模式

社会目标模式（social goal model）基于早期团体社会工作的传统，例如青年服务机构、社区中心、移民中心等，试图处理小团体中的社会秩序与社会价值，二战之后这个模式被广泛运用。不少早期的学者，如柯义尔、克那普卡、克莱恩、威尔逊等对社会目标模式做出了各自的贡献。

社会目标模式把团体社会工作的目标定为促成社会行动，从而实现社会的变迁。社会目标模式的团体社会工作也正是致力于捍卫人们的权利，中心概念是社会意识、社会责任、社会参与、社会行动、民主过程与学习。

这一模式关心民主的进程，关心如何增加个人和团体的社会权利。社会目标模式认为，团体社会工作的功能在于增加市民更广泛的知识与技巧。

社会目标模式假定社会行动与个人心理健康是一致的，个人有机会并且愿意参与到社会中，并在这个过程中把个人自我追求转化成社会贡献，而社会参与实际上隐含着对各种心理疾病的治疗。

社会目标模式认为，人类往往是通过团体力量来达成社会行动的，社会团体方案的发展有助于团体的增强，而个人的潜能来自团体行动。它强调发展团体本身的功能，强调成员在团体中学习团体活动的规则、培养团体活动能力以及通过团体达成社会行动的能力。

社会目标模式强调的是协助成员接受民主的社会价值观。它重视文化的多元性和团体行动的力量。在安置机构和青年工作机构，例如童子军、基督教男女青年会和犹太人社区中心等，这个模式从过去到现在一直被广泛运用。同时，在社区发展机构中，人们也采用这个模式来促进社会规范和结构的改变，改善市民的社会福利。

在这一模式中，团体工作者的角色是使能者，是一个能够影响他人并使他人积极行动起来的人，他/她凭着自身的社会意识和社会责任感积极鼓励每个团体成员都承担起公民的责任，进而建立更美好的社会。社会目标模式在团体中采用的方法有：讨论、参与、达成共识、制定和实施团体任务方案、运用社区组织以及其他服务计划和行动技巧来协助团体成员采取社会行动、社区生活的改变所需要的工具性技术。例如，团体工作者采用团体活动（如野营、讨论、讲解）来帮助成员实现社会化；团体工作者还通过帮助成员进行集体决策、运用集体力量促使社会能够回应自己的需要等来提升成员的能力。

这一模式偏重于社会事务，较多地依托社区开展工作，探索社区的发展，促成社会行动。这一模式的工作方式接近于社区组织工作，主要工作是设计程序和策划行动。这种模式多应用于任务团体。

社会目标模式的基本特征如表6－1所示。

表6－1 社会目标模式的基本特征

团体社会工作的功能	通过一系列原则和方法培养公民社会责任感、社会良知、社会意识和社会行动

续表

理论基础	系统论、生态系统论、教育理论和社会学观点
基本假设	假定社会行动与个人心理健康是一致的，个人有机会并且愿意参与到社会中，在这个过程中把个人自我追求转化成社会贡献，而社会参与实际上隐含着对各种心理疾病的治疗
团体过程	通过讨论、参与、达成共识、制定和实施团体任务方案、运用社区组织以及其他服务计划和行动技巧来协助团体成员获得社会行动、社区生活的改变所需要的工具性技术，以培养团体成员的社会责任感
团体工作者的角色	影响者、使能者、倡导者、资源提供者、榜样
工作原则	(1) 团体目标与社区目标一致 (2) 增加团体成员的社会行动力，激发其社会责任感 (3) 严格遵循民主原则，达成共识和形成集体行动；团体要促进社会变迁目标的实现

二 治疗模式

治疗模式（remedial model）的出现是在社会工作迈向复健模式的阶段中，其关注点在于对成员的治疗目标，而团体被视为达成这一目标的方法。从历史的角度来看，治疗模式促成团体社会工作被整合到社会工作专业体系之中，提供了团体社会工作与个案社会工作联结的机会。

治疗模式也被称为补救模式、临床模式、处遇模式或康复模式。治疗模式早期受雷德尔（Fritz Redl）的影响，之后很多学者都对这一模式有所贡献，后来温特进一步发展了它的理论和方法。由温特和他在密歇根大学的同事们发展的治疗模式，源于越轨行为的互动理论，以社会角色和自我心理的概念作为基础。社会工作者对个体成员、团体和社会系统的干预，旨在实现个人和社会目标（Vinter，1967）。多年来，这种模式作为一种预防和康复方法一直在发展（Sundel et al.，1985）。

治疗模式认为，团体社会工作的目标在于通过团体经验来解决个人心理、社会与文化的适应不良问题。治疗模式关注的中心是怎样运用团体社会工作来改变人的功能丧失与行为偏差状况，协助个人社会功能的恢复与行为的矫治。团体在这里是治疗环境，也是治疗工具。

治疗模式的重点在于通过改变个体的行为，来协助个人恢复或康复。团体工作者在促进团体成员改变的过程中扮演了积极的角色。在这一模式中，团体工作者以专家的身份出现，他/她的任务是研究、诊断与治疗，他/她必须有足够的能力去诊断个人的需要，安排治疗计划。

治疗模式的主要概念是治疗目标或处遇目标，治疗目标的选定要依据下列原则：特定的治疗目标必须成为团体中每个成员的目标；团体工作者通过每个人治疗目标的综合来界定团体目标；团体工作者依照治疗目标来协助团体产生规范与价值。团体工作者首先要对成员进行评估，之后才能把个人需求整合到需求满足系统中，然后组成团体。团体工作者在诊断服务对象的需求与形成治疗目标过程中，很少强调"与服务对象一起"工作，而是强调"为服务对象"工作。

这一模式被广泛地运用于精神病治疗、心理治疗、青少年不良行为矫正等临床领域。治疗模式在团体中采用的方法是结构化的联系、团体内外直接和间接的影响，以协助成员改变行为模式。

治疗模式的基本特征如表 6 - 2 所示。

表 6 - 2　治疗模式的基本特征

团体社会工作的功能	协助那些行为功能紊乱的成员恢复和康复，以治疗、解决个人问题作为团体社会工作的主要任务
理论基础	精神医学、心理治疗和咨询理论与技术，尤其以行为修正理论、社会化理论、学习理论为重
基本假设	个人的社会关系与适应方面的问题能够通过团体的方式得到治疗
团体过程	团体成员一般有较严重的情绪和行为问题，通过结构化的练习、团体内外直接和间接的影响，促进个人行为改变
团体工作者的角色	治疗者，改变的代理人，参与研究、诊断和治疗过程的人
工作原则	（1）设定每个成员的个别性治疗目标以及寻找共同的团体目标； （2）建立团体规范和价值系统； （3）预先设定团体聚会的内容； （4）强调"为服务对象"工作，而不是"与服务对象一起"工作

三　交互模式

交互模式（reciprocal model）又称居间模式或互惠模式，威廉·施瓦茨是这一模式的主要推动者。

在这一模式中，助人过程中的焦点是个人与社会。交互模式的团体社会工作的目标在于通过团体成员的交互影响，共同活动，分享情感，使所有人功能得到增强，且得到认同。

交互模式认为，个人具有互惠的动机与能力，个人具有社会性，社会网络是成员、团体与团体工作者的互动结果。因此，团体是这个模式的中心，团体是一个互助的体系，这个体系本身就是一个问题解决的情境。交互模式没有治疗目标，没有社会变迁的方案，交互模式的团体体系中方向与问题都由团体来决定。

这一模式强调人与人之间的交互反应关系，强调个人必须从团体生活中学习。团体互动有助于个人形成良好的自我与发展健康的人格，也有助于满足人类娱乐、交往与感情交流的需要，还有助于面临共同问题的人进行信息交流、获得心理支持、学习正确的态度与行为，从而解决个人的危机和问题。团体的发展是团体成员互动的结果，团体成员在团体中分享责任与团体经验。

交互模式也强调了成员之间、成员和社会之间存在着互惠的关系。成员既影响环境，也受到环境影响。团体工作者的角色是协调者，帮助成员在自己的需要和社会的需要之间寻找平衡。团体工作者还是资源的寻找者，他们需要协助团体发挥功能，帮助成员形成一个互助系统，寻找新的方式来应付和适应环境的要求。

团体工作者是成员与团体或团体与机构间的居间协调人，他们让成员建立互惠关系，并在团体内发展互助制度，以实现共同目标。团体工作者是整个体系的一部分，既被影响也影响他人，团体工作者既不是针对成员，也不是为了成员，而是与成员一起工作。团体工作者与成员的关系是深度的投入与情感的承诺。团体工作者不设计方案，不是控制团体的先知，他们的作用在于促进团体成员的互动及为团体寻求外部资源，例如协助成员寻求问题的解决方法、让成员了解团体对成员的需求，以便能在团体中生存、缓解机构给予团体的压力、传达机构的讯息给成员。

交互模式最适合那些支持性团体，用来帮助成员处理和应付生活中的压力事件，还适用于某些自助团体，因为自助团体关心的是成员之间互惠互利式地共同分享各自的问题和经历，互相支持。

交互模式在团体中采用的方法是共同认可的权威，成员可以通过讨论共同关心的问题来相互支持，形成一个有凝聚力的系统，以共同受益。

交互模式的基本特征如表6-3所示。

表 6 – 3　交互模式的基本特征

团体社会工作的功能	在团体成员间建立互助系统，关注团体中成员和社会环境间的关系，通过个人、团体和社会系统之间的开放和相互影响，实现最好的适应和社会化，达到增强个人和社会功能的目的
理论基础	发展心理学、社会关系和社会结构理论、团体动力学理论
基本假设	个人与社会系统之间存在着依赖关系，团体为个人的社会功能提供了有效场所
团体过程	通过讨论共同关心的问题，增进成员在团体中平等互惠的动机和能力以相互支持，促进团体成员产生社会归属感，形成一个有凝聚力的系统，以共同受益
团体工作者的角色	中介者、使能者
工作原则	（1）启发成员主动考虑问题，澄清成员的需求期待，寻找所有成员的共同需求，挖掘团体的正向动力，动员成员主动思考和解决问题并强化发展目标； （2）向成员说明自己在团体中的角色，说明团体的作用

四　发展模式

发展模式（developmental model）又称过程模式（Process Model）。美国波士顿大学社会工作学院的团体社会工作理论委员会在伯恩斯坦的领导下，首先形成了这个模式的雏形（Bernstein，1965），因此，这个模式也被称作波士顿模式（Boston Model）。到了 20 世纪 70 年代这个模式就已经相当成熟了。

发展模式把团体理解为具有其内在演化逻辑的生命有机体，团体的发展是团体生长、成熟、衰落的过程。团体的运动必定会经历一个又一个的阶段，每个阶段都前后关联。不同的阶段有不同的目标与任务。

团体工作者的职责是根据团体发展阶段的特点指导团体社会工作，他不断地根据新的情况修正团体的目标，理解团体成员与团体的关系，并及时提出各种意见和建议。

团体的发展是团体成熟的过程，在其中，成员既为团体发展提供力量，又随团体发展而成长。这个模式强调时间、过程和团体发展阶段，以及团体成员与团体发展的关系。

发展模式的基本特征如表 6 – 4 所示。

表 6 - 4　发展模式的基本特征

团体社会工作的功能	以关注人的社会功能的恢复、预防人的社会功能的缺失、发展人的社会功能为目标
理论基础	心理学、社会关系和社会结构理论、团体动力学
基本假设	人有潜能自我实现；能够意识到他人价值；能够意识到团体的情境，评估团体的情境，并在团体中采取行动
团体过程	团体成员通过互动、学习和经验分享，促进团体成员和团体的共同成长
团体工作者的角色	协调者、使能者
工作原则	(1) 发展成员的认知，达成团体共识； (2) 建立团体目标，形成团体动力； (3) 激发团体成员的潜能，增强团体成员的能力

五　折中模式

折中模式（eclectic position model）是克莱恩在综合前面的各种模式的基础上提出来的（Klein，1970；1972）。折中模式反对教条式地应用各种实施模式，认为任何团体社会工作的实施不可能只用单一的方法。它强调团体发展的动力在于团体本身而不是团体工作者，团体工作者只是安排者与引导者，而不能以权威者的角色出现，代替成员做决定，直接管理团体。

克莱恩认为，环境是工具，用来满足成员的需求，环境为人所用，而非人为环境而存在。团体是一个系统，在于影响环境与成长的变迁。团体工作者是一个促进者与使能者，激励团体达成目标。团体工作者不是一个技术专家，而只是一个协商者与居间协调者。

折中模式假定人人都可以通过团体经验而学习，每个工作者拥有相同的信念去反映不同的团体需求。

折中模式的基本特征如表 6 - 5 所示。

表 6 - 5　折中模式的基本特征

团体社会工作的功能	通过团体过程以实现自我、提升民主能力
理论基础	人本心理学、场域理论、存在主义理论
基本假设	人人都可以通过团体经验学习

团体过程	团体工作者只是团体的一分子，是一个安排与引导者，以实现团体成员所同意的目标
团体工作者的角色	媒介、促进者
工作原则	（1）团体过程是团体发展的工具； （2）团体过程才是发生改变的媒介

六　主流模式：团体社会工作模式的整合

朗（Norma C. Lang）在比较社会工作中团体使用的核心特征与其他专业的团体实践时，确定了团体社会工作的主流模式中团体的基本要素。这些基本要素包括：使用社会团体；利用已形成的团体；利用自然、非模拟、自发的互动过程；承认团体是真实的社会现实；团体经验是一种类比的、非线性的改变途径；与团体及其过程相关的实务方法论；团体工作者权力的约束、成员和团体自主性的激发；在团体过程中产生的多种增长和变化手段，而团体工作者的贡献是其中的一部分（Lang，1979a；1979b）。

艾利西（Albert S. Alissi）确定了主流模式中的五个共同要素：民主参与、追求共同目标、与项目内容相关的价值观、团体过程中内在的权力及团体工作者的影响力（Alissi，2001）。

帕波尔和罗思曼在 1980 年提出，团体社会工作的"主流模式"是从团体、团体中的成员、团体的活动和团体工作者四个组成部分之间的相互作用中产生的。在这个模式中，团体的特点就是"共同的目标、互相帮助和真实的经历（非模拟的体验）"；作为拥有"成员"地位的个人，具有影响团体的潜力，并通过运用这种影响来体验个人的成长和变化；团体经验的内容是基于当前的现实，出于团体成员自发的兴趣和愿望，在一个游戏和合作的过程中产生的；团体工作者的角色是多种多样的和具有灵活性和弹性的，以对应个人和团体的需要、互动发生的情形以及团体能自我管理的程度（Papell and Rothman，1980）。他们指出，成员之间培养的互助系统、团体发展以及随着团体发展为了增加成员的自主性而创建的团体结构，都是从团体社会工作实务的概念中带出来的共同要素。

米德曼与伍德也认为，在实务中会出现团体社会工作模式的整合趋势（Middleman and Wood，1990）。他们指出，团体社会工作的主流模式认为，团体社会工作有四个基础。

第一，团体工作者要帮助成员形成一个互助体系。对每个团体成员而言，团体内的其他成员是很关键的协助力量。团体工作者的主要任务是要让团体成员了解这一点，进而形成一个彼此相互协助的团体。

第二，团体工作者和成员要了解并善用团体过程。团体工作者要理解、重视和尊重团体过程，因为这是改变的重要动力。在团体中成员共同解决问题，彼此表达自身的感受，发展彼此间关系的模式及相互影响，团体过程对成员具有很大的影响力，却不一定帮助团体成员达到他们的目标，团体工作者的任务是选择有利的团体过程，剔除不适用的团体过程，以协助团体中的成员实现目标。

第三，团体工作者协助成员自动发挥团体功能，协助他们在团体内外获得能力的提升，从而可以自主发挥其社会功能。当团体持续以自助为基础时，在某些情况下，团体工作者要帮助成员在团体中形成自主性。

第四，团体工作者要协助成员在团体结束时重新体验团体的意义和力量。在工作结束时，再次回顾和评估整个团体社会工作。团体工作者要协助团体成员认识团体社会工作的各个阶段（开始、中间过程和结束阶段），帮助成员应对各个阶段。成员应该了解认识到，他们的团体社会工作经验也是他们处理团体之外的生活中所面临的问题和困境的方法。

在社会工作方法逐步融合的过程中，这些模式的发展趋势也是朝向逐渐整合的方向。这些模式都不是独立的，在团体社会工作实务过程中，很多团体都是多种模式的综合，我们需要从多种模式中，依团体性质及设立的目标，选择适合的策略。

第三节　团体社会工作实施的阶段模型

无论是在哪一种模式的团体社会工作实施过程中，团体社会工作都有开始、中间过程和结束阶段。当我们把团体看作一个具有发展性的有机体，而不是一成不变的组织时，不仅我们能完整地理解团体结构与过程，团体社会工作的方法也会呈现一种动态的发展方向。

团体发展的阶段模型有很多，也有很多学者进行过专门研究，而且大多都通过对团体发展的阶段的论述来建构阶段模型。团体在发展、成长或变迁的过程中，虽然不同的团体的具体发展是千变万化的，但从形式上往往可以分成几个阶段，这就是团体发展的阶段模型。阶段模型的建构有助于团体工作者或其他团体领导者把握不同阶段的特征，明确各阶段的工作重点，并采取相应的措施，预测团体未来可能的发展方向。

团体社会工作的过程和步骤与团体发展的阶段密切相关。团体社会工作每个阶段的工作内容、工作重点、工作原则与工作技巧是根据团体自身存在与发展的逻辑并结合社会工作的目标而设计的。所以团体工作者只有对团体发展的过程和一般原则有较透彻的理解，才能更好地理解与把握团体社会工作的过程。

从本质上讲，团体的发展是这样的：从开始作为一个团体联结起来的目标建立阶段，到一个可能在目标、活动和关系上发生冲突的阶段，再到一个更成熟的朝着目标的自我主导行动的阶段，直到成员们评估团体的工作和他们的共同经历的阶段。尽管团体发展是一个循序渐进的过程，但必须指出的是，这个过程往往是周期性的，团体可能返回到早期阶段，或者跳过某些阶段。团体发展因许多因素而呈现不同的发展阶段，这些因素包括成员资格是开放的还是封闭的、是自愿的还是非自愿的，成员的能力以及团体的目标和任务，等等（Schopler and Galinsky，1995）。

一 四阶段模型

（一）西伦与迪克曼的四阶段说

1948 年，时任芝加哥大学教育心理学副教授的赫伯特·西伦（Herbert Thelen）和加州大学伯克利分校教育学助理教授的沃森·迪克曼（Watson Dickerman）都是美国国家训练实验室关于团体发展的实验室工作人员。这个实验室产出了许多富有成效的关注团体过程的研究，其中一项成果就是1949 年西伦与迪克曼提出的四阶段模型（Thelen and Dickerman，1949）。

1. 第一阶段：团体聚集期

团体中的个人为了营造一个他们能够习惯而且觉得舒适的团体环境不断努力。此时，团体成员迫切地期待强有力的领导者出现，希望每个成员都能参与团体活动，能尽快融入团体并有所作为。他们期望尽快了解他人，但不会表露真情实感，而且每个成员都会把过去参与团体的经验带进来。

2. 第二阶段：团体冲突期

在这一阶段，团体内部尚未形成稳定的权力关系，可能出现对领导地位的期望与挑战，挫折与冲突也会随之出现。在这一时期，团体成员一方面期待领导者能够负起责任，另一方面希望自己能够取而代之，以便使团体按自己认为的理想方向发展。团体中存在一种既服从又敌视的双重情感。

3. 第三阶段：团体维持期

经过挫折与冲突后，团体转向稳定。这个阶段团体成员之间开始发展出认同的情感，并意识到团体团结与和谐的重要性，也努力去维持这种氛围而避免冲突的发生。为了满足个人及团体的需求，团体成员一味地追求稳定与和谐，团体将变成静态的，而缺乏团体冲突所产生的成长动力。

4. 第四阶段：团体成熟期

在这一阶段，团体成员能意识到团体中他人的权利及成员间的相互影响，维持以团体为中心的原则，较不强调以过程为中心，把完成任务放到了首要位置。在这个时期，团体注重个人自我评估团体过程的灵活性以及问题解决的效率。

（二）诺森与库兰的四阶段说

诺森和库兰指出，一个有用的团体发展模型，需要考虑两个方面：与社会情感问题和任务相关的主要行为模式；团体结构和过程的典型特征。每个阶段都有其自身的发展问题，在进入下一阶段之前，必须注意并至少部分解决这些问题。每个阶段发生的事情将影响下一个阶段的过程和内容（Northen and Kurland，2001：46 – 48）。

1. 第一阶段：包容 – 定向

在最初阶段，团体主要的社会情感问题是包容，成员在许多方面采取行动，以决定他们是否会成为团体中的一分子。让团体成员准备好进入团体的成员定向是占主导地位的任务。成员从团体工作者和其他成员那里寻求和接收信息，并寻找共同点和团体对他们的潜在意义。当他们适应新情境时，成员们就达成了一份暂定的团体契约或工作协议。

2. 第二阶段：不确定性 – 探索

在这一阶段中，成员对团体运作存在许多方面的不确定性，成员们特别关注和探讨的内容是：谁有权做什么以及他们是否能在团体中获得认可。在这一阶段中，主要的社会情感问题是冲突和差异，特别是与团体工作者的权威和成员之间的权力分配有关的冲突和差异；典型的行为模式是对相互接受和团体认同的不确定性和焦虑、对权力的争夺，以及在团体中令人满意的角色发展；主要任务是探索与其期望利益相关的情境、获得实际上的互相期待，以及形成基于相互信任和接受的人际关系。在这一阶段，团体成为一个互助体系。

3. 第三阶段：共同性－目标达成

在这一阶段，社会情感的主题是相互依赖，任务是努力实现目标。社会情绪行为模式的典型表现是强化个人参与、寻求或避免亲密关系、增强个人认同和团体认同。人际关系的特点是：相互接受、同理、自我表露和尊重差异；冲突往往以功能性的方式得到认可和处理；团体是一个合适的内聚群体，既允许分化，也允许融合。成员倾向于合作并积极参与团体的工作。这一阶段的主要任务是维持和加强团体在社会发展和解决问题方面的作用。在这一阶段，团体中的互助达到顶峰。

4. 第四阶段：分离－结束

在这一阶段中，主要的社会情感问题是分离，主要任务是结束团体。团体成员对与团体工作者、团体和其他成员的分离感到矛盾。他们准备离开团体，转向其他关系和活动。他们努力完成未完成的工作，回顾和评估经验，维持已取得的成果，并将这些成果转化到团体外的社区生活情境中。

二 五阶段模型

（一）加兰、琼斯和科洛尼的五阶段说

加兰、琼斯和科洛尼是以心理的联结（psychological connection）来区分团体的发展的，他们认为团体的发展并非线性的发展，而是一种矩阵式的或是螺旋式的发展（Garland, Jones, and Kolodny, 1965）。

1. 熟悉与亲近期

这是团体的初建时期，成员开始尝试与他人建立关系，成员的熟悉、亲密是团体社会工作的重要内容。团体成员刚刚走进团体，通常处于矛盾的心理状态，对他人既接近又保持戒备，相互接触和认识，但又保持距离。团体工作者的鼓励有助于团体成员尽快适应团体环境，此时，团体工作者可以通过组织一些活动来促进成员间的相互了解。

2. 权力与控制期

通过一段时间的接触，成员之间开始慢慢地熟悉。当发现团体可以满

足个人的需求时，团体成员开始积极地参与团体活动，并角逐在团体中的地位。在这个阶段，团体内部的冲突与妥协、对权力的竞争与控制、角色调整与关系重组时有发生。在这个过程中，成员间的相互影响加大，并形成初步的团体结构，团体中成员角色、地位、关系基本形成。另外，随着团体的发展，团体成员会考验团体工作者或者在成员之间相互试探，界定你、我、他的关系。

3. 亲密与凝聚期

这一阶段团体结构相对稳定，成员开始密切接触，相互了解、彼此依赖，相互之间关系也变得更加亲密，团体凝聚力有所提升，并出现家庭式、同胞式的情感。同时，他们开始意识到团体经验对个人成长的重要性，因而对团体更加关注，对团体活动也更加投入。这个阶段是团体整合成员的重要时期，团体成员间相互体会到团体经验的意义，并认识到个人在团体中的成长与改变，成员之间显得相当有能力设计与实现团体工作计划。

4. 差异与分辨期

这是形成良好团体功能的时期。团体成员彼此熟识和聚合，能接纳其他成员的个性，承认彼此的差异性，对团体也有了较高的认同。同时，家庭式的情感减弱，团体规范和标准成为成员行为的依据。成员间的权力争夺与冲突趋于减少，能够相互支持、自由沟通、充分合作，团体行动能力增强。

5. 分离与终止期

这是团体的最后阶段，团体目标已经实现。团体面临解散，成员们开始在团体外寻找新资源以满足自己在社会、生活及职业等方面的需要。面对分离，成员会产生焦虑的情绪，主要表现为否认、倒退、重演和逃避等。团体工作者在这个阶段的工作重点是处理好成员的离别情绪，帮助他们表达情感，鼓励他们把团体经验应用到新的社会环境中。同时，对于有需要的成员继续跟进或者转介。

（二）曼恩的团体功能分析

曼恩（Richard D. Mann）关注训练团体中的领导者与成员的关系的发展，在此基础上对于团体发展过程进行分析。1966 年，他对两个自我分析团体中的成员－培训者关系的发展进行了考察，尤其注重观察其中成员的感受变化，结果发现团体发展包括五个阶段：评价、对抗、重新评估、内化和分离（Mann，1966）。

1967年，曼恩采用社会学家帕森斯（T. Parsons）的结构功能主义对团体发展进行了更深入的解释，被称为团体功能分析（Mann，Gibbard，and Hartman，1967）。帕森斯的理论是用来分析社会系统中的行动模式的（Parsons，1951；1960：16－96）。帕森斯认为，功能是维持社会均衡的有用的适当活动，是控制体系内结构与过程的条件。相互关联的功能构成"功能体系"。帕森斯提出的功能体系又被称为 AGIL 模式，包括适应（adaptation）、目标达成（goal attainment）、整合（integration）、模式维持（latent pattern-maintenance）四个功能子系统。适应，是指从环境中获得足够的设备和工具，以及在整个系统中进行分配的活动。目标达成，是指确立目标的优先顺序，并调动系统的资源来实现这些目标。整合，是指协调系统各部分之间的关系。模式维持，是指确保系统内行动者呈现适当的特征，处理行动者内外部的紧张。这四种功能是整个社会系统生存的形式，也是其中每个子系统不可缺少的要素。帕森斯认为，它们代表着社会的四个基本的功能要求，也就是四个基本生存条件。一个社会能否生存与稳定，就在于是否实现这四种功能。

曼恩把帕森斯的理论用于对团体发展的分析，认为团体发展经历下列五个阶段。

（1）初期的抱怨阶段：发挥模式维持的功能，团体成员寻求对团体目标的界定以及对团体情境的理解。

（2）早期的触动阶段：发挥适应性功能，团体成员利用各种新的技巧来建构新的人际关系。

（3）中期的面对面阶段：发挥整合性功能，重新组织团体本身，团体成员找到新的技巧，不再依赖领导者。

（4）后期的内化阶段：发挥目标实现功能，团体成员把团体目标内化，为实现目标而努力。

（5）晚期的分离阶段：发挥模式维持功能，当团体解散时，成员再对成员与团体之间的关系进行界定。

（三）塔克曼的五阶段说

塔克曼通过对治疗团体的研究以及通过对实验团体和自然团体等的观察，1965年提出了团体社会工作的四阶段观点，包括形成阶段（forming）、风暴阶段（storming）、规范阶段（norming）和执行阶段（performing）

（Tuckman，1965）。1977 年，塔克曼和詹森修正了这一学说（Tuckman and Jensen，1977），将团体发展的四阶段观点发展为五阶段说，包括形成阶段、风暴阶段、规范阶段、成就阶段和终止阶段（adjourning）。

1. 形成阶段

这一阶段的特点是，团体目标不明确，结构不稳定，领导服从关系不清晰，互动关系模糊。成员各自摸索、彼此试探团体可以接受的行为规范。当成员开始把自己看作团体的一员时，这个阶段就结束了。

2. 风暴阶段

这是团体内部冲突阶段。成员一方面适应团体的一些新规定，另一方面也会抗拒一些团体对个人的约束。团体由谁来领导仍未明确，从属关系更是模糊，团体内部充满着正义。只要团体中的从属关系确定或建立，这个阶段就结束了。

3. 规范阶段

在这一阶段，团体内部成员之间开始形成亲密的关系，团体表现出一定的凝聚力。这时会产生强烈的团体身份感和友谊关系，在团体结构稳定下来，团体规范明确订立后，团体就会表现出有序的运作，这个阶段就结束了。

4. 成就阶段

在这一阶段，团体真正发挥它的运作功能，执行团体任务，又被称为"生产期"（productivity stage）。团体依据规范进行运作，成员之间不但建立稳定的关系，也开始酝酿出团体运作的动力。成员的注意力已经从试图相互认识和理解转移到完成手头的任务。

5. 终止阶段

又被称为解散期（dissolution stage）。当团体社会工作结束、任务达成，或者是成员已经觉得该团体无法满足其需求时，团体便进入终止阶段，准备解散。在此阶段，成员的反应差异很大，有的很乐观，沉浸于团体的成就中；有的则很悲观，惋惜在共同的团体中建立起的友谊关系不能再像以前那样继续下去。

三　六阶段模型

（一）特雷克的六阶段说

特雷克提出了团体发展的六阶段说（Trecker，1972）。

（1）开始阶段：成员初次聚会。

（2）确定方案期：成员产生团体意识，制定和确定团体社会工作方案。

（3）凝聚力形成期：成员在互动中形成联结，产生团体目标和团体凝聚力。

（4）团体归属感形成期：成员产生对团体的强烈认同，团体目标基本完成。

（5）兴趣衰退期：没有出现新的团体目标，成员对团体的兴趣和感受度下降。

（6）结束和分离期：考虑团体解散、是否继续的问题。

（二）亨利的六阶段说

亨利从团体社会工作实务出发，将团体发展划分为六个阶段（Henry，1992）。

（1）团体初期：在这一阶段，团体工作者决定组成团体，并进行相关准备。

（2）团体聚集期：召集成员进行第一次聚会。

（3）团体形成期：建立团体联结、形成角色分工、形成规范、发展共同的目标。

（4）团体冲突期：类似于塔克曼提出的风暴阶段和加兰等提出的权力与控制期的特征。

（5）团体维持期：团体归属感增强，稳定、有效地开展工作、治疗或完成任务。

（6）团体结束期：成员有效地运作自身的功能。

四　七阶段模型

沙瑞和葛林斯基比较注重团体对成员的治疗作用。他们倾向于把团体发展分成七个阶段（Sarri and Galinsky，1974）。

1. 初期

这是团体成立的前期，是以团体成员的个性及个人问题的分析过程为特点的。该模型强调成员的背景对团体发展的影响。团体初期，团体工作者要在对成员身份、参照团体的分析的基础上制定团体目标（尤其是可预见的目标）、策划团体活动、展望团体未来的发展。

2. 形成期

在这一阶段，成员互相探讨他们的共通点和共同兴趣，成员之间寻求相似性与交互性，初步关注团体目标并向团体投入感情和责任，团体结构初步形成。

3. 中前期

这期间团体开始出现团体凝聚力，对团体目标认识较清晰，成员表现出朝向团体目标的行动，团体活动也会朝着目标前进。

4. 重整期

这期间团体对团体初期形成的观念及结构产生怀疑，发出挑战，并对团体目标与运作程序进行再修正。

5. 中后期

经过了第四阶段，团体已经比以前更加成熟。在第三阶段出现的团体结构及团体目标在这一阶段更加鲜明，而且比中前期更有整合感和稳定性。

6. 成熟期

这期间团体结构、团体目标、团体运作与管制程序都已趋于稳定和完整，大家已经熟悉团体目标、团体规范、团体文化，并尝试扩展到团体外，成员对内在与外在的压力能做出更有效的反应。

7. 结束期

在最后阶段，团体可能由于目标已达成，或成员失调，或团体未完成使命，最终面临解散。

五 团体社会工作实施的三个阶段

团体社会工作实施的阶段模型归纳概括了团体各阶段的特点，例如团体结构、团体沟通、团体决策、团体冲突与平衡等方面的特点。实际上，这些模型对每个阶段的划分在某种程度上也只是方便学术讨论。事实上，团体是由人组成的，人的行为是有连续性的，是不能在某个时空上截然分开的。另外，团体的每个阶段在进入下一个阶段的时候都会有重叠的地方，并不是很明显地从一个阶段跳到下一个阶段，而且每个阶段之间都是互相贯通的。了解了各阶段的特点，团体工作者可以比较容易地利用团体过程来协助成员和团体实现目标。

上文介绍和讨论了不同学者总结的关于团体发展的阶段模型，无论是四阶段模型、五阶段模型、六阶段模型，还是七阶段模型，基本上都包括团体初期、团体中期和团体结束期这三个阶段。现在很多社会工作理论家和一线社会工作者在讨论、研究和实践中，也采用这种三段分法（吴梦珍，1994：69）。三阶段模型的基本原理是，一个团体在开始和结束时要处理的问题，比在中间阶段时有更大的一致性（Northen and Kurland，2001：45）。本书也使用团体初期、团体中期和团体结束期三阶段的分类描述。

表6-6参照惠特克（Whittaker，1970）、特斯兰和理瓦斯（Toseland and Rivas，2017：109）、扎斯特罗（Zastrow，2015：23）等对团体发展阶段模型的总结归纳，从团体社会工作实施的三个阶段与前述阶段模型的对应角度，总结了这三个阶段的特点。

（一）团体初期

这个阶段包括成员的组合、成员间的熟悉与探索，成员探索团体功能、共同兴趣及目标，互相吸引及逃避，互相试探，探讨大家容忍的限度以及可信任的程度。团体开始于成员对团体目标、团体工作者的角色和各个成员角色的探索。因此，团体工作者要给成员提供一个安全的、积极的环境，使成员可以全面发掘团体的目标及用于实现目标的资源。

在这一阶段的后期，团体的结构开始形成，团体中成员间开始出现不同的地位和角色，但未必一定能成为巩固的领导者。团体的凝聚力以及团体目标在这个阶段可以确立，部分团体规范也已形成。在团体的规范发展、角色试探和明确的过程中，成员和团体工作者之间可能会出现差异化的表达，团体工作者要协助成员明白这种差异化表达是团体发展的一个正常部分。团体结构能够帮助提升成员的满意度、安全感，减少团体早期的冲突，因此，团体工作者应该为团体互动提供足够的机会，尤其是在团体早期聚会中。

（二）团体中期

在这一阶段，成员开始注意自己在团体内的地位，探讨其他人能否接纳自己。同时，这阶段的团体也会产生权力斗争和意见不合的情况，会引起很大的不安全感，直至大家相互接纳并拥有安全感。这种张力或冲突通常来自成员之间的差异性，团体工作者要通过协助团体发展规范，强调成员之间的互相尊重和包容，以调节成员间的差异，帮助成员寻找共同点来实现团体目标，协助团体解决冲突。

这一阶段的后期会出现互相信任及形成很大的凝聚力。成员间可以坦白说出自己的心事，也可以让人向自己提意见，领导地位确定，团体规范明确并为成员所遵守。这时的团体也会有效地应付团体内外的突发或冲突事件。这时的团体工作者要协助成员坚持团体的目标，推动成员发展一种适合合作的文化，并帮助团体消除团体目标实现的障碍。

（三）团体结束期

在团体结束期，团体目标已达成，或者由于不能顺利进入成熟阶段而产生涣散。有些团体成员已经在团体中有所收获，成员间的感情也很融洽，大家相互之间也很了解，因而对团体活动开始有些倦意；有些团体成员意识到要分开，会产生恐惧感、矛盾心情。在这一阶段，成员通常会缅怀过去；有些成员会因为害怕分离而出现一些退行的迹象；有些成员则会刻意保持距离以避免分离的痛苦。当然，也有些成员到团体结束时，会发现新的需求，需要转介其他服务。团体工作者要协助成员一起回顾自己的成果，评估团体社会工作的成效，同时协助成员明确离别情绪，帮助成员为团体结束做准备。

表6-6　团体社会工作实施的三个阶段与团体发展的阶段模型

实施阶段	西伦和迪克曼（1949年）	诺森和库兰（2001年）	加兰、琼斯和科洛尼（1965年）	曼恩（1967年）	塔克曼和詹森（1977年）	特雷克（1972年）	亨利（1992年）	沙瑞和葛林斯基（1974年）
团体初期	团体聚集期	第一阶段：包容－定向 第二阶段：不确定性－探索	熟悉与亲近期 权力与控制期	初期的抱怨阶段 早期的触动阶段	形成阶段	开始阶段	团体初期 团体聚集期	初期 形成期 中前期
团体中期	团体冲突期 团体维持期	第三阶段：共同性－目标达成	亲密与凝聚期 差异与分辨期	中期的面对面阶段 后期的内化阶段	风暴阶段 规范阶段 成就阶段	确定方案期 凝聚力形成期 团体归属感形成期	团体形成期 团体冲突期 团体维持期	重整期 中后期 成熟期
团体结束期	团体成熟期	第四阶段：分离－结束	分离与终止期	晚期的分离阶段	终止阶段	兴趣衰退期 结束和分离期	团体结束期	结束期

第三部分

团体社会工作实务

第七章　计划团体

如何计划团体？团体活动开始前需要做些什么准备？团体前期的计划团体工作林林总总，相当琐碎繁杂，主要包括：明确设定团体的目标；决定团体的组成；团体前的准备；团体活动程序设计；拟定团体工作计划书。

第一节　明确设定团体的目标

一个团体的建立，开始于团体目标的设定。团体目标的设定对于一个团体的存在及团体工作计划书的撰写都是非常关键的过程。在确定团体目标的过程中，选择合适的理论基础是必要的环节。团体需要评估是设定团体目标的一种方法和基础。

一　团体目标的意义

团体目标是整个团体存在的理由和团体工作的方向。团体目标是指团体成立的特殊理由，通常是指团体要协助成员达成的目标类型。团体也可能由不同需要的个人所组成，因此，有时候团体也可以提供多种目标。

（一）团体目标的内涵

在团体社会工作中，团体目标应为下列四个目标的整合：服务目标、团体工作者的目标、个人目标、团体目标。

服务目标是一般性的，在团体成立之前就有的，由机构或制度赋予，所以又可以称为机构目标。机构有其功能的限制，足以影响团体目标的完成，因此必须考虑机构的目标，尽量使团体的目标与工作机构的目标相吻合。

团体工作者的目标是由团体工作者针对团体的整体，所赋予的期待，通常是其专业判断与经验的产物。

个人目标是指每个成员个别的目标，是成员们的期待、希望与目标。个别目标可以是明显暴露的，也可以是潜意识与未公开的。

团体目标是特殊化的，团体目标须由团体成员自行决定。

（二）团体目标是一种过程

团体工作者与成员对团体目标的看法经常会有差异。即使成员间也有明显的不同。团体工作者常把自己的目标与团体目标混淆，也可能把个人目标与团体工作者的目标当成团体目标的一部分。事实上，团体目标应该是协商而得的。因此，团体目标与其说是团体的最终状态，不如说是一种过程。初始目标可能是推动成员与团体工作者向前的源泉，而在团体发展过程中可能会改变。

（三）团体目标是有层次或有顺序的

通常在团体初期成员并不会有明显的目标陈述，而是一段时间后才会有目标的陈述，当团体形成时，目标才能被明确地界定。团体工作者应该在早期的团体互动中协助团体认定一个目标。团体工作者考虑几个目标顺序，但必须兼顾个人目标与团体目标。

团体目标大体可以分为过程目标、一般目标和个人目标。

1. 过程目标

过程目标，例如个人探索，让别人认识自己，挑战自己和挑战他人；给予和接受反馈，聆听别人的说话，正确而诚实地回应别人；学习适当的自我开放、与成员分享自己的感受，说出自己的看法；重视此时此刻，表达个人的反应，学习面对关怀与尊重；处理冲突和矛盾；等等。

2. 一般目标

团体的一般目标是用来营造一个合适的环境，使成员能够达成个人的目标。通常会包括：帮助成员认识和了解自己；帮助成员增加自我接纳和自信；学习社交技巧和发展人际关系的能力；帮助成员增强自己解决问题的能力和选择的能力；培养责任感；培养同感；帮助成员发现一些有利途径以解决冲突和矛盾；改变行为；澄清价值观；等等。

3. 个人目标

个人的成长和自我实现是最终目标。团体工作者在设计团体时，除了过程目标和一般目标之外，对于个别成员，事实上需要再界定个人的特别目标，而这些个人目标，往往更为细致具体。成员确定的个人目标越是精细，成员的进步似乎就越快、越大。

二　团体目标的设定

在团体前期，团体工作者要对团体目标进行概念化，思考团体将协助成员达到什么目标、机构的目标是什么、团体工作者自己的目标是什么、潜在成员对目标的理解是什么等。另外，团体工作者要对团体目标进行操作化，思考团体的长期目标是什么、每次聚会的短期阶段目标是什么、怎样了解成员的目标变化、如何修正目标等。

（一）要注重目标的一致性

团体工作者和成员对团体目标会有不同的看法。团体目标也会受团体的组成、活动、团体工作者的介入方式、聚会次数和团体工作者的选择等因素影响。由于团体目标对团体运作和团体成效有重要影响，一方面，团体工作者固然要让成员清楚其参与的团体的特定目标；另一方面，无论是通过口头还是通过文字方式，团体工作者都要设法清楚各个成员在团体前或团体过程中所要达到的个人目标。

区分团体工作者的目标、成员的个人目标、成员共识的目标、短期及长期目标等，都是为了使团体能顺利地朝向目标发展，这些情况有一种逻辑性的关系。每次聚会，就算没有一个为该次聚会制定的目标，也仍然是朝向团体的总目标进行的。至于每次是否订立独特的目标，那就要看团体的性质和团体工作者的风格和习惯了，而且需要进行灵活安排。

对于非志愿性团体，团体工作者往往对于团体的建立没有太大的影响力，团体工作者不太可能决定团体的目标，或在决定目标上有些困难。在这种情况下，团体工作者要考虑的不是"依据团体的目标，团体如何组成"这种问题，而是思考"依据团体的组成，我们可以达到什么目标"的问题。

对于那些特别性质的团体，团体工作者应该就团体不同的性质、重点、成员的经验、背景来制定出独特的目标。例如，针对药物滥用者，团体目标可以是协助成员对抗各种干扰，学习更有效的应付生活中压力的方法，为成员提供一个支持网络，帮助学习适当社交技巧等；针对老人，团体目标可以是协助成员回顾人生经验，表达感受，改进形象，发掘人生意义等。

（二）清楚的团体目标陈述

设定目标的时候，要注意目标应该具体、明确、实际、连贯、可以测量，而且是可以达成的，切忌含糊笼统、天马行空。如果是不可能的任务，那么团体目标的设定也就失去意义了。

团体目标是团体行为的指引，为团体指出了共同努力的方向。清楚的团体目标陈述可以帮助成员了解"他们聚在一起做什么"。团体目标的简要陈述一般包括：关于团体要解决的问题或事情的信息；需要达成的个人和团体目标的范围；如何让个别成员和团体能工作在一起（Toseland and Rivas，2005：156）。团体目标的陈述是宽泛的，要足以包含团体中不同的个人目标；团体目标的陈述又是特定具体的，要能够界定团体目标的一般本质。

团体的目标常常可以依据团体的来源不同进行划分。一般来说，建立团体的构想可能来自团体工作者、机构、潜在成员或者社区，不同来源的团体的目标表述也是不同的。团体工作者对团体目标的陈述要以自然、清楚以及概括性的方式呈现给成员，要让潜在成员了解团体能够为其带来一些什么益处。团体目标的文字表述尽量选择正面积极的表达方式，避免消极的表达方式。

在一个针对青少年父母开设的亲职训练团体中，具体目标设定为：协助父母体验青少年子女的感受并学会换位思考，学会倾听、解决冲突及与孩子探索问题解决的方法，促进亲子间的有效沟通；协助父母学习如何召开家庭会议，学习与青少年子女建立民主关系的有效方法，让青少年子女感受到被尊重和关爱；协助父母学习鼓励青少年子女，以及运用合理结果来改变青少年子女的偏差想法和行为；协助父母察觉自我挫败的情绪和信念，有效表达自我感受与需求，成为称职愉快的父母。

在一个受欺凌青少年身心健康园艺治疗团体中，团体目标可以表述为：协助成员了解彼此的经验和经历，了解到自己并不是孤独的，愿意互相分享；促进成员之间的互动交流，感受到相互的接纳、关怀和鼓励，在彼此身上获得支持力量；协助成员接纳自我，重建良好的自我形象；通过园艺治疗体验，协助成员养成照料植物的习惯，体会经由植株的生根、萌芽、长叶、开花、结果等不同的生命阶段，产生改变的"行动感"（黄丹、林少妆，2018）。

团体的主要目标是什么？有什么次要目标吗？这些广泛的目标是与潜在成员互动的起点。可以根据转介、与成员的讨论以及团体中实际可用的资源，对整个团体和个别成员的具体目标进行修改和细化。团体工作者越能确立明确的初步目标，就越能为成员提供一个明确的基础，让他们讨论对团体目标的看法，接受团体的提议和团体工作者的干预。他们将能更好地就目标提出替代性或补充性建议，并考虑团体是否能满足他们对自身需求和处境的看法（Preston-Shoot，1987：22）。

三　团体的理论基础或理念

在确定团体目标的过程中，团体工作者要选择认为合适的理论框架，这将影响其工作风格。确定理论框架的目的有三个。第一，缺乏清晰性会使领导者和成员对团体能够实现什么和不能实现什么产生困惑。第二，理论框架将决定团体工作者在团体中使用的方法。例如，一个以心理动力学为导向的团体工作者不太可能强调社会变革目标。第三，理论框架可以帮助理解团体动力（Preston-Shoot，1987：22 - 24）。

团体工作者可以采取心理动力学理论来理解和解释团体中个体成员的团体经验和行为，例如，在探索他们在团体中使用的防御机制时，这个理论基础可以提示，或者使用行为矫正技术，如家庭作业、角色排练和积极强化训练，或者强调情感和自我表露，运用游戏、角色扮演、练习、艺术和戏剧，以此来促进社会和个人的发展及有效的交流。团体工作者可以利用社会学的理论基础来指导他们的实践，强调对成员的困难或情况进行结构性分析，而不是将困难定位在成员本身。他们可能会强调权力问题和贴标签的过程，团体提供机会，以改变成员之间的及成员与外界的角色和互动。团体工作者可以运用系统视角，将团体视为一个系统，将每个成员视为其中的一个子系统，并将团体视为更广泛的网络或超级系统的一部分。在这里，团体工作者可以关注系统的输入和输出，或者关注外部环境对团体和个体成员的影响，以及团体内部个体和次团体之间的关系。每个团体工作者都有一个系统的目标或系统的观点（Preston-Shoot，1987：22 - 24）。

没有一个理论模型是优于其他的理论模型的。事实上，折中的参照理论框架提供了更大的灵活性，以应对成员困难的多重原因和对团体过程的许多影响。因此，团体工作者需要熟悉现有的理论模型，以及这些理论模型中的概念如何影响团体的工作和领导风格。团体工作者在确定一个团体的理论框架时可以思考如下问题：我在团体工作的方法中使用什么样的参照框架？我对"团体动力"这个词有何理解？我对团体行为的动力有何理解？哪些理论研究影响了我对团体工作的思考？我最喜欢的团体工作方式是什么（促进讨论、组织活动、评论等）？我认为团体工作者的任务和责任是什么？什么风格最适合我？这能使我实现团体的全部目标吗？这个团体的适当领导风格是什么（介绍主题、解释团队流程、使用自我表露）？团体目标的确定是否由自己决定，或者是与成员分享，还是让成员承担这项任务？（Hodge，1985）

四 团体需要预估

在团体社会工作中，团体目标必须清楚具体，并且与潜在成员的需要相适合。建立团体目标的方法之一就是评估团体服务的需要。团体服务需要的预估（Needs Assessment），让团体工作者了解到关于潜在成员的一些基本背景资料、潜在成员的问题，确定潜在成员通过团体能够得到有效的服务和协助。

在社会工作实务中，布拉德肖关于需要的四种类型是非常重要的。他认为社会需要可分为规范性需要、感觉到的需要、表达性需要和比较性需要四种类型（Bradshaw，1972）。规范性需要是指由专家或专业人员、行政者或社会科学家在某一特定情境时界定的需要，这是根据建立起来的标准与实际存在的状况进行比较而产生的需要，只要个人或群体的现状未能达到理想中的期望标准，那么需要就会产生。感觉到的需要是指个人感觉到的需要，直接反映了一个社会成员当前所需要的东西，这是个人根据感觉与经验所反映出的个人盼望或想要的一种需求。表达性需要是社会成员把自身感觉性需要用行动来展现，它是感觉性需要在行动中的进一步发展。比较性需要是指与具有相似特点的个人或群体比较后确定的需要，是以"区域公平"为原则的需要。

需要评估方法主要可以有三种。第一种是社会指标方法。社会指标方法在20世纪的后30年曾经是一个使用得比较广泛的方法，社会指标的设立和需要评估的结果有直接的关系。第二种方法是社会调查方法。社会调查方法在19世纪就已经开始用在需要的评估方面，社会调查方法可以识别出社区问题，分析发现社会成员的需要和需要满足情况。第三种方法是社区印象法。进行需要评估的人可以通过社区会议、名义团体技术或者某些可以提供重要信息的人来收集社区需要的信息。

团体工作者需要通过和潜在服务对象交谈，了解服务对象想要什么，他们关心什么，他们在与什么样的问题做斗争。团体工作者还需要与社区中的人以及相关的其他人（如教师、护士、家长等）交谈。团体工作者需要看看他们以前做过什么，看看目前存在哪些服务，以及缺少什么。团体工作者需要提出一些想法，然后再与潜在服务对象、社区人员、其他工作者、相关人员交谈，以测试他们的初步想法。如果不首先了解需求，团体工作者就不能开始制定目标（Kurland and Salmon，1998）。在团体前期，问卷法和名义团体法是常常用于进行团体服务需要评估的方法。

（一）问卷法

表7-1是为一个家庭机构拟定的需要评估项目。这些问题可以在会谈、问卷或专业人员转介到团体时使用。

表7-1　团体需要评估的问卷

我们计划运用团体来协助成员。成员在家庭、朋友或职场关系方面可能有不同的关注点。回答以下的问题将可了解对团体的兴趣（interest）。如果你对参加团体有兴趣，可以在空白处签名。

1. 请指出你对团体的兴趣：＿＿＿＿＿非常有兴趣　＿＿＿＿＿有一点兴趣　＿＿＿＿＿完全没有兴趣
2. 请选择任何你想在团体中讨论的主题：
＿＿＿＿＿＿＿＿＿与丈夫/太太的关系
＿＿＿＿＿＿＿＿＿与你同住者的关系（详细说明关系）＿＿＿＿＿＿＿
＿＿＿＿＿＿＿＿＿工作上关心的事
＿＿＿＿＿＿＿＿＿不舒服的感觉（悲伤、害怕、担心）
＿＿＿＿＿＿＿＿＿你的未来（工作、就学）
＿＿＿＿＿＿＿＿＿你要做的重要的决定（将住在哪里、上学、离校或离家）
3. 你是否曾在团体里讨论个人关心的事？
＿＿＿＿＿＿是　＿＿＿＿＿否
4. 如果第三题回答"是"，你对这种经验感觉如何？
＿＿＿＿＿＿＿＿＿＿＿＿＿＿＿＿＿＿＿＿＿＿＿＿＿＿＿＿＿＿＿＿＿＿＿＿
5. 以下哪项最能描写你在团体里的表现？请尽可能多选。
＿＿＿＿＿＿＿＿＿我说很多话
＿＿＿＿＿＿＿＿＿我很少说话
＿＿＿＿＿＿＿＿＿我很容易与人熟悉
＿＿＿＿＿＿＿＿＿我花很长的时间去认识别人
＿＿＿＿＿＿＿＿＿我很容易受伤害
＿＿＿＿＿＿＿＿＿我很容易谈论自己个人的事情
＿＿＿＿＿＿＿＿＿我很难谈论自己个人的事情
＿＿＿＿＿＿＿＿＿我知道别人如何看待我
＿＿＿＿＿＿＿＿＿我喜欢停留在一个主题上
＿＿＿＿＿＿＿＿＿我对别人没有什么影响力
＿＿＿＿＿＿＿＿＿我对别人影响很大

资料来源：Garvin，1987：56-57。

（二）名义团体技术

名义团体技术（Nominal Group Technique，NGT）中的团体只是名义上存在而已，因为名义团体的成员并不以团体表决方式来对解决方案进行投票，但是就像传统会议一样，团体成员必须都出席会议。名义团体技术是指在决策过程中对团体成员的讨论或对人际沟通加以限制，但团体成员是独立思考的。和召开传统会议一样，团体成员都出席会议，但团体成员首先进行个体决策。

名义团体技术的具体方法是，在问题提出之后，采取以下几个步骤。

（1）成员集合成一个团体，但在进行任何讨论之前，每个成员独立地写下自己对问题的看法。

（2）经过一段时间的沉默后，每个成员都将自己的想法提交给团体。然后一个接一个地向大家说明自己的想法，直到每个人的想法都表达完并被记录下来为止（通常记在一张活动挂图或黑板上）。所有的想法都记录下来之前不进行讨论。

（3）团体开始讨论，以便把每个想法都搞清楚，并做出评价。

（4）每个团体成员独立地把各种想法排出次序，最后的决策是综合排序最高的想法。

名义团体法的主要优点在于，团体成员正式开会但又不限制每个人的独立思考，也不像互动团体那样限制个体的思维，而传统的会议方式往往做不到这一点。

五　确定团体目标过程中的常见错误

目标是团体社会工作中的一个概念，但在实际工作中却常常被误解甚至被忽视。缺乏明确的目标是许多社会工作团体仓促终止的一个重要原因。一个团体的目标被定义为该团体集体追求的目标，描述了团体的目标和最终目的地。在共同的团体目标中，每个团体成员可能有特定的期望、个人的希望和他们希望通过参与团体来实现的目标。这些个人目标包含在团体的首要目标中。库兰和萨蒙梳理了团体工作者常犯的六种错误，这些错误反映了团体工作者对目标的概念化以及他们在实践中对团体目标干预过程中的错误（Kurland and Salmon，1998）。

（一）在没有充分考虑服务对象需求的情况下推动团体目标

服务对象的需要是建立一个有意义的团体的基础。团体目标是从成员和团体工作者都能感受到和理解的一种需要，以及满足这种需要的共同愿望演变而来的。

团体工作者们在试图组建新的团体时，一个常见的错误就是，他们通常会自行制定目标，而不让潜在的团体成员参与需求评估，忽视了潜在成员对他们所需要的东西的看法。而需求评估对团体目标的确定又是至关重要的。即使一个团体的目标可以明确地表达出来，如果这个目标与成员对他们想要什么和需要什么的看法没有完整地联系在一起，得不到成员的确认、理解和承认，那么这个团体也注定要失败。

当一个潜在的成员被招募到一个团体时，他/她可能会问并且应该问："我为什么要加入这个团体？它对我有什么好处？它会帮到我吗？"如果不能对这些问题做出回应，就没有必要确定需求，也就无法形成明确的目标。

（二）混淆团体目标和团体内容

团体工作者经常会将团体的内容，即团体将做什么作为目标。这时他们混淆了内容和目标，将团体的内容视为目标。例如：讨论单亲家庭的困难；让成员表达和探索他们对照顾认知症病患者的感受；帮助新的养父母了解寄养制度的规定和权利；帮助成员们谈论他们在交友方面的困难，以及在社交场合感到舒适；在新的社会环境中获得实践和经验，学会更好地应对孤独和寂寞。

在上述每个陈述中，"讨论""探索""了解"实际上是团体的内容。对于确定一个团体的目标来说，最重要的是要清楚地说明该团体将努力实现的目标。例如：增强单亲家庭的抗逆力；协助成员减少和自我调节照顾认知症患者的负面感受；协助新的养父母形成身份认同；提高成员的社交能力。

仅仅让团体成员知道他们要做什么是不够的。他们需要明白为什么要这么做。当成员们认为团体的工作和被要求做的事情是有特定目标的时候，他们全身心投入到团体工作中的意愿会显著增强。有一个明确的目标也为团体提供了一个有形的标准，可用以评估其工作成功与否。

（三）团体目标过于笼统

团体工作者的第三个容易犯的错误是，以过于概括化的语言来陈述团体目标，这种目标是模糊和无意义的，为团体提供的方向很少，对团体及其成员意义不大。

仅仅说一个团体的目标是社会化、教育、治疗、支持、咨询或自助是不够的，这种概括性并不能提供焦点，团体成员无法通过它们来找到方向，不足以让团体成员对工作进行评估。这时团体工作者需要问自己，在特定的团体中，对于团体成员来说，什么样的社会化、教育、治疗、支持、咨询或自助才是真正需要和有意义的。例如，在一个团体中，社会化可能意味着帮助成员能够更有效地倾听和与同伴互动，而在另一个团体中，这可能意味着帮助成员以更具建设性的方式表达愤怒和坚持自己的观点。这种对目标的明确表述，让团体工作者和团体成员都知道团体的目标何时实现，也可以起到激励成员实现其目标的作用。

（四）团体工作者不愿意与成员分享他们对团体目标的想法

团体工作者在目标方面经常犯的第四个错误是，不与团体成员分享他们对团体目标的想法。团体工作者通常会问一些开放式的问题，比如，"你认为这个团体的目标是什么"。这时成员们会静静地坐在那里，什么也不说，却在内心挣扎着，想弄清楚这个团体的目标。团体工作者在这方面缺乏对成员的帮助，通常会导致团体成员之间长时间的、非常不舒服的沉默，特别是在团体的开始阶段，或者是在讨论目标时可能演变成冗长的探索、讨价还价和困惑。因此，当团体成员需要团体工作者的帮助时，关于团体目标的方向和指南是必不可少的，尤其是在团体的开始阶段。团体工作者与团体成员分享这些想法和形成团体的想法，是让成员成为团体的一部分的方式，事实上，也可以帮助团体成员分享他们的想法，激发团体成员的思考。

（五）团体工作者隐藏了真正的目标

第五种情况是，团体工作者通过陈述他们认为会邀请到成员的团体目标，把这种目标作为一种"诱惑"来吸引成员加入团体。这些团体工作者可能会担心，如果成员知道团体工作者心中的真正目标，就不会来到这个团体。或者，团体工作者们发现很难直接说出一些痛苦和困难的词语或想法。团体工作者可能会认为，一旦团体开始运作，成员们"上钩了"，就能让成员们知道真正的目标是什么。例如，在社区的儿童团体中，有很多儿童从未被团体工作者直接告知，这些团体旨在改善他们在学校的行为或与同龄人的互动状况。相反，团体工作者强调，这些团体将去旅行或参加特殊活动。老年公寓的团体工作者设计缅怀团体，但很少直接和成员分享在生命最后阶段缅怀的目标。在这些团体中，孩子和老人可能遇到的困难已经被回避和未被提及。

当一个团体的既定目标和隐性目标之间存在差异时，尊重服务对象这一重要的社会工作价值观就会遭到公然侵犯。对于一个团体工作者来说，也就是，说一个目标，然后又去追求另一个目标，这是非常具有操纵性的。这里涉及一个原则：如果你不能对服务对象说，你就没有权利尝试这么做。

（六）认为团体目标是固定不变的

许多团体工作者认为有必要在一开始就明确确立一个团体的目标。但他们错误地认为，一个团体的目标一旦确定了，就不会改变。团体工作者没把目标理解为一个动态的、不断发展的概念，没有意识到团体目标会随着团体的生命周期而变化，可以随着团体的成熟而深化、发展和改变。

当一个团体成员问："这些讨论有什么好处？"或者说，"我不明白这一切有什么意义"，团体工作者们经常把这种评论视为对团体工作的威胁和干扰。他们没有意识到，这样的问题和评论为团体成员提供了对团体目标进行有价值的讨论的机会，使他们能够不断澄清自己的需要和愿望，以及他们持续参与团体的情况。

第二节　决定团体的组成

在团体前期，在已经决定好团体目标的情况下，下一个步骤就是决定团体的组成。团体工作者必须具备各种团体的知识，对每个其所工作的团体有特别的研究和分析，以获得对团体完整的认识和正确的概念。

一　团体的特征

团体社会工作中的团体一般具有下列共同特征。

1. 团体必须小到成员能够相互了解，能够影响团体的作用

团体必须小到使团体成员能够知道他人的个性。但是，具体小到什么程度，这要视其他因素而定。首先是团体成员的因素。有的人在四五个人的团体中无法参与活动，在15个或20个人的团体中却能建立良好的关系；

有的人觉得这种团体都太大，需要一些较小的团体。另一个因素是团体工作者的能力。具有专业训练及丰富经验的团体工作者能够在一个大团体中处理团体中个人的问题，其他的团体工作者就无法这样做。

2. 团体社会工作中的团体必须有相当程度的凝聚力

这种团体需要一种能把大家聚集在一起的关系。这种关系的形成，可能是从事某项活动的兴趣，可能是学习新奇事物的欲望，可能是与他人相处的个人愿望，也可能是解决社会问题的欲望或发现人类经验中的新鲜事物的欲望。无论是什么关系，这种团体都希望能维持这种关系到一段时间，以实现其目标。

3. 团体社会工作中的团体一定要有最低限度的正式或非正式的组织

团体成员有共同感受和实现团体目标的方法，也能积极参与团体的决策。如果成员希望并愿意担负团体的责任，则它便是一个团体社会工作的团体。

4. 团体社会工作中的团体必须要有选择及核准成员加入的方法

有选择及核准成员加入的方法就可以运用社会控制力量，并使团体为其行为负责，这种核准的程序要与机构共同决定，并且要遵循机构的章程。而且，团体的服务范围及领域应该为其成员所熟知。

5. 团体社会工作中的团体必须能够并且愿意接受机构及团体工作者，并与他们建立合作的关系

经由这种自然的依附程序，团体支持并努力实现机构的目标。由于这种团体能够实现机构的目标，它成为机构的代表。但这并不意味着团体一定要在社会机构中聚会，事实上，它可以在机构之外聚会，只是它的工作都应受到机构的赞助。

因此，针对不同的团体，有不同的工作方法。这些不同之处包括团体成员的年龄、团体的大小、团体工作者希望团体存在的时间等。

二 团体的组成需要考虑的因素

团体工作者要注意几个重要的问题。首先，团体工作者要清楚团体的性质、形式和目标，这样他/她才可以决定什么人才应被接纳参加团体。在选择时，应考虑到成员的期望和需要是否配合团体的设计、成员是否愿意向他人诉说个人的问题、成员是否有起码的能力和他人共处。

（一）团体目标

团体工作者考虑团体组成的重点就是团体的目标。有些目标不能在团体中说出来，而只能以某种方式来组成团体；有些目标则对团体组成比较不重要。

在一个成员想要决定或改变价值观的团体里，成员的价值观差异需足以提供不同的观点。在一个澄清女性角色的团体里，因为成员来自以职业为导向、以家庭为导向或两者兼具的妇女，所以可以提供许多不同的模式。这个团体也包括强烈追求目标的妇女或不积极追求目标的妇女。在青少年社会化团体中，团体帮助成员学习一些社会技巧以获得社会化过程中的角色，最好成员有相似的期望，例如青少年都想要在学校有好成绩时，彼此就可以提供相互学习的方法。在青少年社会化团体中，除了以分享为目标，如果团体也增加每位成员与目标相关的知识与技术，就可使成员因为彼此相互帮助而克服个人及社会障碍，完成社会化的角色要求。

（二）团体的本质属性

团体在组成之前，应该先确定即将要成立的团体的本质和属性，可以探讨五个方面的因素，即团体的同质性、团体的形式、团体的性质、团体的参与动机、团体的规模。

1. 团体的同质性：团体的同质性或异质性

团体的同质性（homogeneity）或异质（heterogeneity），主要指成员在人格特质、受教育程度、成长背景、社会经济地位等方面的异同。

一般而言，同质团体因成员能力、背景、经验、条件相近或相似，所以思想接近，沟通起来较容易，这将有助于成员间交互的作用以及彼此的相容性。一般适合用于具有发展性功能的学习团体、成长团体（如人际关系的培养、自我的肯定、自我的增强等）或专业训练团体（如志愿者训练团体）等。

异质团体则由于成员的背景、经验迥异，条件、特质各不相同，可以激发成员间产生积极且具建设性的反应和共鸣。由于它的社会多样性，异质团体通过成员丰富的多样性及不同的人格特质，可以相互刺激，彼此观摩学习，让团体的发展更具多元性。一般而言，教育性团体和创意性思考团体要求信息多元化，任务性团体则以技巧、能力、知识、经验多元化最为理想。

另外，团体成员的问题最好具有同质性，这样效果会比较好。一般而言，治疗性团体最好是问题同质性团体。

2. 团体的形式：团体的开放性或封闭性

开放性团体（open-minded group）是指团体中的成员会有变化，当部分成员离开时，团体会同意新成员加入；而封闭性团体则不然，团体成员从团体开始聚会到结束期间，都是固定的，即使中途有成员离开，也不递补。

一般而言，开放性团体因成员可以随时更替，可以为团体带来新的刺激和注入新的资源，团体较具新鲜感，这是其优点。但是，正因为新成员的加入，彼此的熟悉度不够，会影响对他们的认同与接纳，团体的发展、团体的目标自然受到影响。

单次聚会团体/单节次团体（single-session group）是一种特殊的形式，经常用于提供信息（例如新近入院病人的家庭成员的心理教育、职业准备或志愿者定向培训）、支持处理特定问题或关注点（如术前或术后或出院前团体），或进行医疗危机管理（如医院候诊室团体）（Steinberg，2014：161）。

封闭性团体自始至终，成员很固定，彼此之间熟悉度高，信任感强，安全感强，自然，团体凝聚力也很强，团体发展较为顺畅，团体目标比较容易实现，这是封闭性团体的优点。但是，相对的，它的缺点在于：不允许新成员加入，没有外来的刺激，创新力会减低，团体凝聚力过强，不容许反对意见存在，会因此导致团体思维出现。例如，需要情感度高、凝聚力强的"自我肯定训练团体"适合采用封闭性团体的形式。

3. 团体的性质：团体的发展性或治疗性

发展性团体（developmental group）为一般教育性、辅导性团体，其功能在于预防性或发展性，如学校班级团体辅导活动、一般的成长团体、会心团体、训练团体等。

治疗性团体（remedial group）则以咨商性或矫治性的团体为主，其功能除预防性和发展性之外，还有治疗性，团体可以通过团体活动来改变成员的思想、态度、行为表现及人际关系等，以发挥治疗方面的功能。

4. 团体的参与动机：团体的自愿性或非自愿性

团体的参与动机涉及自愿性团体（voluntary group）与非自愿性团体（involuntary group），或自然团体与强制团体。自愿性团体的成员学习意愿高，参与动机强。如果团体是被迫组成，例如学校"低成就学生学习团体"或者"学生行为修正团体"等，就属于非自愿性团体，其学习动机较弱。

针对非自愿性团体，团体工作者可以尝试着先与成员慢慢建立良好的互动关系，等心结突破之后，再开始引导带领他们。基本的原则是需要先成为他们中的一分子，然后再尝试去影响他们，如果使用强势的带领方式，对非自愿性团体来说，则往往是事倍功半的。

5. 团体的规模：大团体或小团体

团体越大则沟通越困难，个人的沟通频率越低，组织越不坚固，参与机会越少，匿名性越高；但紧张越少，吸引力越大，资源越丰富，意见越多。究竟团体规模为多少人是适当的，不同的学者有不同的看法，不同的团体目标也有不同的要求。

不同目标的团体对于团体人数有不同的偏好。4 人团体最适合于休闲娱乐，例如看电影、打牌、打球等；8 人团体最容易产生任务，因为 8 个人才有足够的能力与资源来完成团体的工作任务；治疗性团体人数较少，3 ~ 5 人即可；活动团体可以规模稍大点儿，但是超出 25 人就很难再将其称为小团体了；工作团体或会议团体大多在 5 ~ 9 人；讨论性团体也不宜超出 15 人。

一般来说，儿童团体的规模最好小一点，以免延缓注意力；团体用来澄清价值时，规模可大一些；团体价值一致时，规模可小些；社会控制团体为了避免面对面的对质，规模可以大一些；如果团体成员有恐惧暴露的担忧心理，则可从大团体开始尝试。

对于团体规模，需要考虑的因素包括成员的年龄、团体的类型、团体工作者的经验、是否有合作者等。决定团体规模的原则有以下几个：团体成员要能围坐而相互看得到对方且听得到对方的声音；团体大到使成员均能得到刺激，小到以成员足够参与和个人认知为原则；团体以小到能产生工作效果，大到被团体工作者掌控为原则；如果团体必须增大时，就要将结构分化，使每个次结构仍有足够的参与，且团体成员必须容忍以团体工作者为中心；封闭性团体可以不重视团体成员的多寡，但是开放性团体的大小却很重要，以免因成员的流失而解散。

（三）成员的社会人口学特征

一般而言，社会人口学特征包括年龄、性别、受教育程度、智能和精神健康状况、家庭状况、民族或种族、以前的团体经验等。

1. 年龄

当团体工作者分析比较儿童及成人团体工作的不同时，就会发现团体成员的年龄在团体工作中的重要性。儿童精力充沛，对于团体的事务热心参与；成人精力较为有限，对团体的认同感较低。儿童比成人更不具选择性，儿童自我表现、交流及推理能力都正在发展，因此花费很多时间在运动性活动上；成人有较好的语言能力，因此大家能够共同思考与解决问题。儿童及青年的社会阅历和经验都不多，可供利用的社会资源也较少，因此需要不同的经验来开阔眼界。儿童团体较具弹性，较为自由，较不易受偏见的影响；成人团体则考虑较为周到，思考较为严密。

一般来说，学龄前或在受照顾的年龄阶段的儿童，喜欢以自我为中心或孤立的游戏，但偶尔也表现出少许的愿意参加合作与分享的活动。因此，这个年龄层的儿童很难用持续而特定的小团体来协助他们。

年龄在4~5岁的儿童开始去注意他人，但仍然有强烈的自我中心倾向，不过，已有与他人分享、参与低层次团体游戏与其他社会活动的意愿。

潜伏期（6岁至青春期）的儿童明显地有了归属感的追求与同他人分享的能力，他们喜欢进入大团体，享受获得与付出、领导与追随。然而对使用小团体，还是不太容易接受，因为低于八九岁的儿童不太能发展出永久、稳定的关系。

青春期的男女已经有固定的团体经验，他们有相似的需求、兴奋与恐惧，以及对未来角色的不确定感。因此，团体相处使他们分享共同的需求与相互认同是可行的。

到了成年期，每个人趋向于努力追求自己的社会角色、家庭成员与职位，以及参与各种社团，因此，社会性团体是成年人经常参与的。

青少年团体的成员之间的互动一般不复杂，具有冲动性、直接、无拘无束且单纯；成人团体的成员之间的互动则较为复杂与微妙，常常显得非常世故和疏远。青少年团体需要外界的帮助，以控制其冲动的情绪并集中精力；成人团体则较为自律，与其成熟的情绪和人生观相符。在活动节目方面，青少年团体需要较广泛的活动，他们期待节目并通过相关的活动扩展他们的理念和希望；成人团体则常常觉得缺乏时间，而适宜于速度较为缓慢的活动节目，他们喜欢回忆以前的经验，对有关心理和智力活动有特别的兴趣。青少年团体的工作目标倾向于个人的发展；成人团体的工作目标则较侧重社会的进步。因为人类的成年时期较青年和儿童时期更长，成人也较儿童更具影响力，所以，成人团体的团体社会工作，由于成员年龄及生活情况的不同，应该有不同的工作方法。

老年人更需要通过社会参与来解除社会角色失落的危机，因此，人际接触与社会交往是有增无减的。

从年龄因素考虑，团体工作者关心的是成员的成熟度。年龄增加，社会关系、互动模式、社会敏感度及社会经验都会相对增加，所以，不同的年龄层成员有不同的适合他们的团体工作模式。总的来说，成员的年龄差异不宜过大。儿童团体的年龄差距不要超过两岁以上，而成人团体的成员年龄差距可稍微放宽。如果以家庭为单位的团体，则一家人从幼到老都可分享家庭的互动，年龄不必设限；社区组织的团体因为功能发挥的必要性，可以允许不同年龄层的成员加入。

2. 性别

团体的性别组成是指团体成员性别关系的比例。通常分为以下两大类。

（1）单一性别团体，即由男性或女性单独组成的团体。

（2）混合性别团体，即由不同性别的成员组成的团体。这一类型的团体又可分为下列三种：性别悬殊团体，指某一性别比例偏低，不同性别所占比例大致上是15%和85%；性别倾斜团体，指团体的性别比例不是很均衡，但也不是非常悬殊，例如25%和75%；性别等量团体，男女比例相近，但并非绝对相等，差不多即可，例如40%和60%。

一个单一的成员面对其他的异性成员时，经常会陷入"唱独角戏"或成为"替罪羊"的情境，尤其是在地位不均的团体中，这种情形更加明显。

性别是一个比较复杂的概念。性别既有生物学上的意义，也有社会学上的意义。在社会学中，性别有着更加广泛的意义。例如"性别认同"是指内在地、主观地认定自己是男人或女人；"性别角色"是一种期待、行为、性格、规范与角色的界定，通常都是由文化、家庭所塑造的。因此，团体社会工作中的团体成员的组成不能单纯地考虑生物学意义上的性别，社会学意义上的性别也应该被纳入考虑范围，例如，由同性恋者所组成的团体、性别倒置者所组成的团体中的性别就包含了社会性别的意义。

在某些特定的团体，同性别的成员会更有助于团体的发展和产生效果。治疗性团体经常以单性别团体更为有利；某些特殊年龄层或特定目标的团体适合单一性别团体，如少女的身心发展团体、妇女权力运动团体等；而任务性团体或成长团体则以混合性别团体为多，这样有助于目标的实现。

一般来说，性别对于儿童团体或青少年团体而言是很重要的因素；但对于成年人团体，性别并非很重要的因素。

3. 受教育程度

受教育程度往往与年龄有密切的关系，尤其是在儿童和青少年的发展期，个人就读的年级往往是团体工作者应该密切留意的。因为30多岁的成员和20多岁的成员可以沟通得很好，可是一年级和六年级的学生之间进行沟通就会有很大的困难。

4. 智能和精神健康状况

团体工作者要注意的是，在一般的团体中，成员起码要有能力明白其他成员说的话，并可以彼此沟通。

在设计上，普通人不宜与精神有问题或处于康复期的人同在一个团体中。因为后者往往还不能承受正常社会中的压力。

5. 家庭状况

有些学者认为，将家庭情况相似的成员（例如，酗酒、离婚、父母暴躁等的家庭成员）安排在一个团体中，他们会得到彼此帮助；也有团体工作者喜欢把不同家庭背景的成员安排在同一个团体中，希望有多元化的生活方式和经验。

6. 民族或种族

民族或种族涉及成员所在地域，从全球来看，种族是一个非常重要的因素。在我国，民族是需要考虑的一个重要因素，另外由于我国地大物博，如果涉及不同地域的语言（尤其是方言）方面的沟通以及文化差异，则需要有所考虑。

7. 以前的团体经验

曾经参加过团体的性质与次数，将会影响到成员彼此间的投入程度。对不少团体工作者来说，团体中如果有人曾经参加过团体，则会有意无意地帮助团体发展，因为他们在以前的团体过程中，已学会了一些团体互动的原则。尤其是20世纪，我国的各种团体活动并不是十分广泛和专业，因此成员之前的团体经验是十分重要的，这对于团体氛围的营造以及团体文化的理解都有着十分重要的推动作用。另外，团体工作者同时拥有丰富的作为成员的团体经验，对于深化团体工作的理念以及提高团体的技巧，都是非常有效的。

（四）团体活动

在大多数团体情境中，主要的活动是团体讨论，而口语表达分享与认知讨论则是主要的工作方式。在团体工作中，即使是在心灵沟通或使用非口语练习的团体中，在开始之前，团体工作者也会使用许多活动来达到团体的目标，活动包括游戏、工艺、音乐及舞蹈等。许多活动在团体形成后决定，但是如果是事先计划的活动的方式，将影响团体的组成。例如进行团体讨论，则必须评估口语技巧。同样的，如果成员通过戏剧、艺术或运动进行沟通，则需考虑成员的兴趣及技巧程度。

（五）成员的组合

成员的组合与团体组成之间的联系在于，要避免出现"不受欢迎的"、偏差的、独特的、极端的成员。因此，团体工作者要从不同的尺度来衡量潜在成员之间的各种组合，选择最合适进行团体工作的组合以满足成员的需要。

例如，在安宁照顾服务的丧亲者团体工作中，团体成员组成背景不一定要统一，不一样的身份者和逝者的关系不一定要一致，可以组合在一起，但应注意不要让任何一个成员落单，也就是说，至少有两个类似哀伤背景的成员，例如与逝者关系相同——子女、夫妇；去世时间相同或相近；等等。有相同境遇的成员彼此较能扶持，在团体中才不会落单。亲人去世的时间不必一致，六周、半年、一年……均可，刚刚经历死别哀伤的人，可以经由别人的经验知道别人如何走过这些经历，亲人去世较久的成员也可以回忆他们曾经走过的路。至于团体的人数则视其情况而定，但少于 3 人的团体的人际互动机会较少，多于 12 人的团体则会使少数成员被忽略，如果大部分成员都是在最近六个月经历死别的哀伤者，团体人数则不宜太多（赖美合，1999）。

团体工作者必须避免团体成员介绍他们认为与自己利益相同的人加入。团体工作者要特别小心留意，成员之间是否有特殊的关系或情绪因素会影响他们在团体中的言行，例如上下级关系、生活中有成见的成员等。

团体工作者在组织团体时要避免产生独特的或偏差的成员。表 7-2 是一个社区闲散青少年男孩的行为修正团体的案例，案例中阿迪年长于其他男孩，他在言语上比较具有攻击性、好打斗，同时对团体缺乏兴趣，另外，他也可能成为青少年的榜样。小西年龄小，且对团体具有较高兴趣，人际关系不良，很可能在团体中处于被孤立者的地位。

表 7 - 2　团体中的成员组合案例——青少年男孩的行为修正团体

姓名	年龄	口语攻击程度	问题	对团体的兴趣程度
小刚	14 岁	低	与教师严重冲突	中
睿睿	15 岁	中	在学校中偷窃	中
阿明	15 岁	中	逃家	低
小西	13 岁	中	人际关系不良	高
阿迪	17 岁	高	经常斗殴	低

注：本书对案例中有些信息做了部分修改。
资料来源：Garvin，1987：65。

在组织团体的同时，也要避免产生独特或偏差的方法，应使用不同的尺度去衡量每个成员。当团体组合可能导致产生偏差的个人时，也就是说，出现一个人在许多关系的尺度上是在极端的位置上时，团体工作者必须做一些处理。

一种办法是，最好介绍其他有类似情形的人加入团体，考虑是否加进另一个成员，与偏差的个人类似或者介于中间，从而使成员特质变成一个连续体。这个连续体可以避免成员之间的特质或行为有极端的差异。在表7－2的案例中，团体工作者于是介绍两位新的成员：一个17岁的男孩，曾经逃家，一个14岁男孩，曾经涉嫌盗窃（在言语或行动上并不很具攻击性）。因此，修正后的团体组合可以避免可能产生反社会型的领导（阿迪），同时也可避免可能产生被孤立者（小西）。

有时候团体工作者也可以建设性地运用某一个成员的差异。例如在一个社区中心青少年男孩团体中，团体工作者要求团体接纳正在进行社区矫正的男孩成为团体成员。经过团体讨论，他们接受了这位男孩，几个月之后，这位社区矫正的男孩在团体里感觉良好，而其他成员也不再去嘲笑排斥别人。

三　为团体选择成员

为团体选择成员包括宣传计划招募成员、筛选成员、评估团体的组成三个方面。

（一）招募成员

一般来说，招募成员可以从两方面着手：一是从团体工作者自己服务的机构团体，二是可以从外面的一些组织、社团、社区、学校或机构团体中进行。

团体工作者与想参与团体的潜在成员进行一对一的面谈是团体招募成员的最佳方法。团体的潜在成员可借此机会向团体工作者咨询与团体相关的信息以及表达自己的需求与疑惑。另外，通过一对一的面谈，团体工作者还可以全面地向个人说明团体的潜在价值。除了与成员面谈，团体工作者还可以与和成员直接相关的人接触，例如同事、临床专家、老师、精神科医师、心理学家及社会工作者等，以了解成员的信息。团体工作者必须熟悉社区的相关资源，这意味着团体工作者要有培养转介资源的意愿，当然这可能是招募潜在团体成员最好的方法（Corey et al.，2015：46－47）。

1. 招募宣传的方式

至于招募宣传的方法，大体而言有以下几种。

（1）如果团体工作者手边就有预备成员的资料的话，则可以用当面会谈或电话会谈等直接接触的方式。

（2）以邮寄、张贴海报或报告栏公告等方式告知大家，让有兴趣的人前来应征。

（3）在教室利用影片介绍、演讲或讨论等方式来进行宣传。

（4）在学校里可以通过班级老师利用班会时加以宣传，或请各行政单位协助推荐合适人选。

（5）函告家长鼓励子女报名参加。

（6）利用电视、广播、报纸、杂志等传播媒体加以宣传。

（7）利用网络、微信、QQ、电子邮件等加以宣传。

（8）与社会上各种组织、机构、团体等主要负责人接触，请他们协助宣传，大力推荐。

2. 宣传的内容

不论是用哪一种方式宣传，活动通知单或海报上宣传的内容都应该包括：

（1）团体的目标；

（2）团体聚会的日期、时间、地点、次数和期限长短；

（3）参加团体所需的费用及其相关的开支；

（4）负责机构的名称及电话号码；

（5）团体工作者的姓名、电话、学历、经历、训练及资格等个人资料；

（6）团体工作者和团体成员的权利与义务；

（7）其他相关的安排事项，如小孩照顾的服务、交通服务、茶水点心等。

（二）筛选成员

团体工作者必须了解，团体不一定适合所有的人，实际上，有些人的确是不适合参加团体，也无法从中获得益处，甚至参加团体反而不利于其成长。筛选过程可以帮助团体工作者选择其心目中认为适当的成员，也可以避免不适合参加团体的成员进入团体后受到心理伤害或挫折。不过，并非每个团体都要进行筛选，例如教育性、讨论性的团体，就不一定要进行筛选。

1. 筛选的原因

（1）确认与澄清。团体工作者通过初次的私下筛选会谈，一方面可以让团体工作者确认潜在成员加入团体的意愿及目标，并了解其人格特质及自我概念等，另一方面可以让这些潜在成员有机会向团体工作者澄清他们心中的疑虑及请教一些与团体有关的问题。

（2）勾勒团体主题与方向。通过彼此意见的交换，团体工作者可以概略勾勒出团体存在的理由以及日后要探讨的一些主题和方向。

（3）发现不适合的成员。在筛选成员的过程中，成员损害性的行为往往会显示出来。一般而言，具有下列人格特质或行为症状的潜在团体成员是不适合加入团体的，例如自杀性的、支离破碎的、精神病的、面对极端的危机的、高偏执狂的、妄想的、极度自我中心的、有仇视心理的、行为是独霸性的、有侵犯性的、有自恋狂性的等。对于这些成员，团体工作者不能简单地把他们排斥，应该诚实、直接但可以委婉地告知对方，能否接受转介，能否用其他更合适的方式，例如个别咨商、个案治疗等方式接受辅导，从专业的立场帮助他们做更有益的选择。

（4）在非自愿性团体中，身为被指定的团体工作者，在根本没有筛选成员的机会时，至少还要安排一些个别接触或以2~3天的团体活动、团体聚会的方式来让预备成员有加入团体的心理准备。

2. 筛选的方式

筛选一般都是通过与每位想加入的团体的人进行个别谈话，即筛选会谈来进行的。在筛选会谈之前，可以请有意参加的成员填写一份个人信息资料，内容可以包括一些个人基本资料，例如姓名、性别、年龄、教育背景、经历、职业、婚姻状况、家庭背景等，另外，还包括对自己的描述，例如自己的个性、兴趣专长、人际关系、成长经验、参加动机、自我期待等。这份资料可以让有意参加的成员事先澄清自己参加的动机，做好心理准备，也可以让团体工作者事先了解有意参加的成员情况，作为筛选会谈的参考。

一般来说，筛选会谈的内容可以是：为什么你要参加团体？对于回顾你的人生，你准备得如何？你最想从团体中获得什么？这个团体能帮助你达成你的目标吗？你希望知道团体工作者和团体的哪些事情？你了解团体的目标与性质吗？你最想探究哪些特殊的个人关心的事情？等等。

在筛选会谈中，团体工作者可以感觉到这个人是否适合团体，而且成员在听取团体工作者说明之后，也可以决定是否要参加团体。团体工作者还可以通过直接的筛选会谈，协助成员评估自己参加团体的动机，订立目标，了解自己期望改变的方向。

成员与团体工作者的个人接触有助于信任感的建立，也可以缓解害怕的心理，开始建立成员与团体工作者之间的关系，并为未来的工作奠定基础。如果因时间限制，无法做个别筛选会谈时，团体工作者可以尝试团体面谈。

也有些团体工作者采取书面的形式，要求成员写一些书面的资料，除了一些基本的个人资料以外，还可以设计一些问题：你为什么参加团体？你对团体有什么期望？你有什么忧虑烦扰是希望在团体中得到帮助的？你认为自己可以如何对团体做贡献？或者写一篇简单的自传，说明一生中重要的事件和人物。另外，也可以采用心理测验、量表或问卷等。

在一个青少年禁毒团体中，团体工作者鼓励一些自己曾经服务过的戒毒康复人员参加该团体，希望他们能够帮助青少年增强远离毒品意识，减少青少年吸毒事件的发生。同时，团体工作者考虑让社区戒毒康复人员加入团体，希望可以以此增强社区戒毒康复人员的社会融入感，挖掘他们的优势，加强他们戒毒的动机。团体工作者在招募和筛选该团体的成员（包括青少年和社区戒毒康复人员）时遇到了一些困难和问题，并采取了相应的应对措施。一是青少年成员方面，学校或家长因为社区戒毒康复人员的加入而担心团体的安全性问题。团体工作者直接联系学校的德育主任，让其对此次团体工作的意义有更深入的了解，并让校方了解团体工作者选择的社区戒毒康复人员是自己一直服务的且康复效果良好的成员，从而取得了学校的认可和支持，进而达到了借助校方力量成功招募到青少年成员的目的。二是社区戒毒康复人员方面，虽然他们大多是外地人，但是也已经在当地生活了十几年，心里难免会有所顾忌，担心自己身份的曝光会对家人及其生活带来不便。团体工作者对此立即表示理解，并强调和解释了团体中的保密原则，打消了他们的顾虑，同时，团体工作者肯定了社区戒毒康复人员参与此团体的勇气和意义，帮助他们熟悉团体程序、内容以及自己的角色定位（丘俊凤，2018）。

（三）评估团体的组成

1. 评估预备成员的资格

并非每个人都适合参加某一团体，因为不一样性质的团体所招收的对象，往往有它的资格限制，因此，团体工作者必须评估预备成员的资格，要考虑到对于某个预备成员而言团体经验是否合适以及是否需要将其转介到其他团体或服务机构。

一般而言，评估的内容大致是：了解预备成员是否认可团体的需要、目标、工作任务；预备成员在社会人口学上的差异性与共同性；预备成员参加团体的潜在利益；成员参与的障碍、保障成员参与的组织资源与社区资源等。评估预备成员的资格一般可以在筛选会谈中进行，也常常应用一些心理测验工具来进行。有一些团体服务机构常常列出一个"候补名单"，以更好地评估成员资格和筛选出更合适的成员。

2. 评估团体工作者的特质

当我们把小团体视为一种系统时，团体工作者和成员一样，虽然扮演不同的角色，但都是系统的一部分。因此，如同考虑成员一样，谨慎地考虑团体工作者的特质也是很重要的。

成员与团体工作者的组合是一个评估的方面。如果团体工作者是团体中唯一的男性或女性，团体工作者也会变成团体中的"独特的"一分子，这时也需要补充具有共同特质的成员的人数或者指派其他团体工作者担任，例如在一个男女混合的团体中，女性比较少，可能需要指派女性工作者。

另外，需要考虑的问题是团体工作者的组合，是否需要多指派一位团体工作者参与团体，例如协同工作者。例如在帮助不同性别、民族等异质性成员的团体中，常常会考虑在团体工作者的组合中提供另一个与成员相同背景的团体工作者以供选择。

由两个人或两位团体工作者同时管理一个团体，这种情况一般并不普遍，但至少有如下好处。

第一，加强对个人及团体动力的观察及洞悉。两位团体工作者可通过彼此对团体内发生的事件或情况提出意见并讨论，来加强对团体成员的认识和了解，并减少"盲点"的出现。

第二，增强解决团体问题的能力。两位合作无间的团体工作者同时带领团体，可实现团队工作的不同效果。两位团体工作者可配合团体不同的目标、内容、成员特质，发挥互相合作的作用，促进团体目标的实现。

第三，对成员有示范作用。两位团体工作者就像团体内的一个"次团体"，这种伙伴关系可向其他成员示范在团体过程中相互之间如何信任合作以及每一阶段的问题可以如何克服。

第四，彼此支持及检讨带领团体的能力和技巧。两位团体工作者能够互相给予信心和安全感。通过彼此合作及观摩，团体工作者可互相检讨彼此的工作表现和能力，促进专业的成长。

两位团体工作者一起工作、管理团体，也可能产生以下问题。

首先，要两位团体工作者真正达到合作无间，是件很困难的事。两位工作者之间必须互相信任和了解，才能保证对团体有益而不是成为障碍。

另外，团体工作者组合的团体的成员人数不宜太少，否则会形成成员的心理压力，或阻碍其他成员的参与和发展。

第三节　团体前的准备

团体前的准备工作有很多，主要包括团体前会谈、让成员就绪、准备担任团体工作者以及团体的环境准备四个方面。

一　团体前会谈

团体前会谈可以提供给预备成员认识其他人的机会和发现更多的资

料，以决定是否让他们参与团体并给予承诺。这种团体前会谈主要在于预估成员的期望与能力、问题的同质性，以及成员的目标；同时，也可以实现角色引导、沟通目标、建立契约，以及公布团体时间、地点、第一次聚会的功能。团体前会谈，基本上是一种社会诊断的会谈，目的在于建立良好的专业关系、分析及评估成员的需求与参与意愿，决定成员的资格。团体前会谈的主要方法是接案会谈（intake interview），可以用个别的，也可以用团体的方式进行。

团体前会谈有以下几个明确的目标：彼此相互认识；澄清个人与团体的目标；让成员了解团体的程序；让成员了解团体功能如何发挥；让成员学习如何从团体中得到最大的收获；讨论在参与团体过程中可能有的风险与困难，以及如何使风险与困难减至最少；讨论成员之间基本的信任感及使团体有效运作的基本原则；与成员一起探讨他们的恐惧、期望、希望和矛盾的感觉，并回答他们的问题。最后，可以问成员是否决定加入团体。团体工作者也可以允许成员安排另一次会议来探讨是否参加。

团体工作者在团体前会谈中要简单说明基本的程序，并在团体中进行讨论。具体讨论的内容包括：团体的性质与目标；团体的过程与方法，团体活动是否适合成员；团体工作者带领团体的经验与专业背景；团体成员需要配合的事项；团体费用；团体记录的运用；团体工作者与成员的责任、权利与义务；成员的成效评估标准（徐西森，1997：54）。预备成员在接到团体前会谈的通知时，也可以事先准备一些自己想要了解的事项。

在团体前会谈中，团体工作者要协助团体成员了解真实的团体设计，避免给予任何承诺或夸大团体工作的功能，也要改变成员对团体的不切实际的期待与参加动机，促使双方都能够更好地了解和探讨团体的本质。

团体工作者在团体前会谈中与成员进行意见交换，有助于团体工作者初步了解成员的参与动机、人格特质及参加意愿，进一步建立良好的互动关系，并且据此来设计或修正团体活动的内容与方向。团体前会谈中需要探讨一些重要的社会工作伦理问题，例如信任、保密、团体外的人际关系等。

在团体前会谈中，团体工作者有机会去思考这些预备成员是否适合参加团体。预备成员在参加团体前的聚会后，团体工作者如果发现成员有以下情形——在交通安排上有困难者；在个人特质上，如社交技巧等，与其他成员完全格格不入者；个人的需要、期望与目标和团体的其他成员完全不一致者——则这些人比较不适合加入团体。

由于时间限制，并非所有的团体都会举行团体前会谈，所以团体工作者可以整理内容，合并到第一次的团体聚会，届时成员可决定适合他们的团体方向。

二　让成员就绪

让成员就绪，也就是让成员准备从团体中获得最大收获。成员对团体的认识越清晰，对自己的角色越了解，也就越能获得较多收获，这被称为成员的定向工作。成员的定向工作可以说是团体工作者与成员之间的一个正式聚会，为日后的团体工作指出了方向，所以也被称为团体的"定向辅导"。

（一）成员的目标澄清

成员和团体工作者应该在团体开始及每次聚会开始时，先为自己设定一个目标以获得最大的收获。在筛选会谈及团体前会谈时，成员就可以开始设立这些目标。

团体工作者必须随时让成员知道团体的目标，明确解释团体目标，让成员了解团体对他们的要求，也允许成员发问和澄清问题。如果成员一开始就知道这些目标，就能清楚地了解团体对他们的期望，以及如何从团体中获得最大的利益。

此外，成员应该先澄清个人目标，即自己想从团体中获得什么。通常成员对自己的需要是模糊和过于宽泛的。团体工作者要协助成员将这些过于宽泛的目标，转换成更加明确具体的目标。

成员的目标澄清可以通过让成员写下目标（写信、订立行动计划等）、协助成员制订阅读计划、使用结构性问卷、撰写自传、使用幻想等方式来进行，从而让成员有机会思考参加团体的理由。

1. 写信

让他们写下这些目标是十分有价值的。例如，要求成员在第一次团体活动中写一封信给自己，并在最后一次团体活动时再打开它，并且可以请他们写下当团体结束时他们最希望说的话，然后将这些纸条装入信封，并决定是否与其他人分享自己写的东西。

另一个方法就是要求成员写下在半年或一年之后希望做到什么，然后装入信封贴好邮票交给团体工作者，直到团体结束时，再将信寄给成员。这种方法不仅能够让成员自己决定他们需要什么，也能够使他们学习负责任。

2. 订立行动计划

一份完整的行动计划，就是信件书写的延伸。在协议中，成员写下想要改变的行为或态度，以及他们愿意在团体内和团体外做的那些事情，以达到改变的目的。成员可以在第一次聚会之后，回家完成这份行动计划，第二次聚会时再带来与大家一起讨论。团体工作者和其他成员可以对目标是否实际和如何达到提出他们的看法。这种行动计划只是用来帮助成员把想改变的想法、感受和行为的策略具体化。行动计划能呈现他们打算如何改变，有一个行动的日程表，以及一个应对计划挫败的策略。

3. 阅读

阅读可以帮助成员检查自己的生活和他们想要做哪些改变。例如，在一个自我肯定训练团体中，成员可以事先阅读一些讨论常面临的困难和如何以肯定的方式来处理问题的书籍。此外，阅读可以当作对焦的技巧来运用。你可以知道团体中某一特定成员想探索的某一主题，并向他/她推荐阅读该主题的书籍。你可以要求成员将可能对他们有帮助的书挑选出来。或者你可以给予成员一些有关团体或讨论主题的书目，并鼓励他们挑选对他们此时此刻的生活有特殊意义的书来读。你也可以鼓励成员重读以前曾看过而且觉得受益良多的书籍，或者他们喜欢的童话故事，这可以反映出他们过去曾经面对的挣扎。阅读可以使成员预先去思考他们想带到团体来讨论的生活议题。

4. 写日记

成员可以每天利用10分钟记下经历某种行动的感受、当时的情境、行为及想法。成员可以回顾生命的特定时光，并写下这些事情。不拘形式，不被检查地写日记，有助于情感的对焦。

成员也可以把自己的日记带到团体，与大家分享曾经产生问题的生活经验。另外，日记也可记下每日生活中碰到的人。成员也可以自然地将其对自己在团体中的反应写在日记里。

对于团体工作者而言，也可以用日记的方式来记录自己以及自己引起的反应。例如：当我在工作的时候，我是如何感受到我自己的？今天，我最喜欢什么样的团体？在这次聚会中，我最坚持的是什么？我个人是如何被每个成员所影响的？在这个团体中，我的参与情形如何？有什么因素可以促使我有效地带领这个团体吗？这样团体工作者也可以在团体中得到提高。

5. 使用结构性问卷

这里的问卷不需要太过精细。例如，完成句子的问卷或者开放性问题的问卷就可以了。

6. 建构重要转折点的图表

可以请成员画出自己的生活历程图，其中要包括以下几点：主要的转折点、主要的危机、重大的决定、新的机会、主要的成就、关键性的失败、重要的人和主要的挫折。成员可以两人一组，选择图中的某些部分彼此分享，或者可以对整个团体说出自己生活中的重要转折点。

也可以让成员画出"我的过去/我的现在/我的将来"，并进行分享。

7. 撰写自传

要求成员撰写自传，对生活中的自己做各种主观的描述，如童年、青少年等，可以鼓励成员强调重大事件，一直存在的情绪、梦境、与他人的关系，并且与目前的生活情形做比较。

要求成员将焦点集中在既有的特定事件对人的意义上，而不只是写下对他们生活事实的描述，将会是一件有益的事情。

8. 使用幻想

在团体早期使用开放式的结构或非指导式的幻想技巧是非常有用的，它可以让成员说话有重点，提供有关资料，并让成员有相互认识的机会。同样的方法也可用在团体结束时。

（二）帮助成员熟悉团体的过程

让成员熟悉整个团体过程的目的在于，帮助成员知道该如何参与团体及如何能对团体做出贡献。

在团体开始时，团体工作者可以和成员讨论参与团体的一些引导提示，以及如何将团体中所学习到的东西运用于日常生活中。团体开始的一些准备有助于推动团体进度，并营造成长的团体气氛。但是如果花太多时间教导成员在团体中寻找什么和如何行动，则这种过度的准备也可能招致危险，可能不利于团体本身该做的工作。这些准备并不一定得在第一次的活动中完成，大都是在前几次的团体讨论中陆续提到的。

团体工作者需要给成员一些提示和建议，最好能事先分配好哪些是在筛选会谈中要说的，哪些是在团体前会谈、第一次团体聚会中要说的。表7-3是为社会功能良好的成人所设计的成长团体给成员的提示和建议清单，团体工作者可以根据不同的团体类型和成员需求，选择合适的相应内容，对这个清单进行简化和修正。

表 7-3 给成员的提示和建议

提示和建议	具体内容
（1）要有重点	专注于你希望完成的事情，致力于从这个团体中有所收获。在澄清你的目标过程中，回顾你想探索的具体问题，你想做出的具体改变，以及你愿意为做出这些改变而采取的行动
（2）要有弹性	不可能所有的事情都会在团体中探讨，所以要保持适当的弹性。尽管在团体聚会中提出一些你想探索的想法是有帮助的，但不要过于专注于你的议程，以至于你无法处理在团体生活中多次自发出现的问题
（3）不要等待	不要等团体聚会都结束了，你想说的话还是没说，想做的事还没做。你等待参与的时间越长，参与的难度就越大。因此，挑战自己，在每个团体的开始和结束时都有话要说，即使是简短陈述当天你来到该团体的感受
（4）要有渴望的心	团体的成功在于你热切地从事自己的事。如果每个人都能重视自己在团体中要做的事，并负起责任，那么每个人都会有足够的机会成为团体的关注焦点
（5）关注感受	知识性的讨论很棒，但体验性团体关乎你的感受和信念，而不仅仅是你的想法。作为一个指导原则，如果你以"我的意见是……"开头来表达，那么你可能没有在情感层面上太多努力，并且你没有充分利用体验性团体提供的独特机会。如果你正在讨论团体中的某个话题，请找到某种方式来表明这件事与你个人的关系。避免对与个人无关的话题进行抽象讨论
（6）表达你自己	从经验上说，只在脑袋里想和把想的东西说出来，是有相当大的区别的。如果我们表达了自己的感受，团体正好是一个可以去探索表达后会怎样的理想地方，这是一个相当美好而且有震撼性的经验。如果你有与该团体相关的感受，请愿意表达出来
（7）做个积极的参与者	如果你在团体中扮演积极主动的角色，那么会对自己帮助最大。至少让人们知道你对于参加特定的团体聚会是什么感觉。你很可能对别人发生的事情有过反应。请让他们知道他们是如何影响你的
（8）实验	把团体当成你的实验室，你可以用各种方法表达自己的不同面向，而不会觉得不安全与不自在。这样做之后，你就可以想办法把这些新的行为带入你在团体外的生活。你也可以选择向团体报告你在外面的表现如何

提示和建议	具体内容
（9）乐于探索	团体建立在这样的假设之上：无论你的生活多么美好，都有机会探索你的感受、价值观、信念、态度和想法，并考虑你可能想要做出的改变。如果你认为这种探索方式只适合有严重情绪问题的人，那么就会减少你自己和其他成员的很多改变的机会
（10）不要期望立即的改变	请记住，改变通常不会一下子发生，也不会重新回到原有的状态。你愿意尝试的事情和你能看到自己做出的细微改变都要归功于你自己。相信自己，努力地去尝试，你就可以看到自己已经有了一点一滴的改变
（11）别期望别人赞赏你的改变	你之所以成为现在的样子，是因为参与到你的生活中的一些人。请好好利用团体探索你在团体之外遭遇到的负面反馈或抗拒。最好能提醒你自己，到这个团体来主要是要做到自己想要的改变，而非改变其他人
（12）别期望在团体中完全得到理解	团体增强了一种亲密感，并提供了一个被他人理解的机会，而这种理解方式在我们的日常生活中并不总是能经历到。即使在团体里，其他成员也只是看到你的某些部分，不一定能够全盘了解你
（13）别期望完全理解团体中其他人	如果你认为应该了解团体中所有的人，那么会对别人造成伤害。就像你一样，别人在团体中是在表达平常没有机会表达的一面。如果你单纯地认为那些表达就是他个人的全部，那么你就忘记人的复杂性了
（14）避免给予忠告和质问	当你倾听团体中的其他人的意见时，你可能会忍不住去提供建议。如果你能表达出你自己的感受和经验，而这些感受和经验是受到了对方的刺激或激发而产生的，这样你们两个就都得到了帮助。如果你告诉别人你对他们所说的话的个人反应，而不是问他们问题，那么你将能更深入地探讨问题。你提出的来自真正关心的问题比那些仅仅出于好奇的问题更有意义
（15）不要议论，直接交谈	不要以第三人称谈论某人。即使对方不在附近，团体工作者可能也会鼓励你与此人直接交谈。这时如果你用"你"而不是"她"或"他"来表示对方，你的交谈会更加接近你本来想说的话。想想你感到生气的人，看看你是否能通过大声说"我对他/她生气是因为……"和"我对你生气是因为……"来体验这种不同。虽然这种练习有时看起来是人为的、很不自然，但它可以有力地表达感情或思想
（16）别急着安慰	如果你急于支持或安慰正在表达痛苦的其他成员，你可能不尊重他们充分表达他们想说什么的能力和愿望。你必须知道，人常常是在痛苦中成长的，因此，让他们自己来吧！当然，团体中的互动给安慰或慰藉（包括言语的和非言语的）留有足够的空间和机会，但要等待时机
（17）给予回馈	当别人表达一些与你有关的事情时，你可以让他/她知道你的感受与反应，不管是正面的还是负面的。你直接坦诚地给予回馈，可以增加成员彼此的信任，久而久之，你也会更诚实地面对自己的日常生活

提示和建议	具体内容
（18）接纳回馈	当别人对你的表现给予回馈时，很容易接受他们的反馈作为一种信念，或者太快拒绝他们的见解，反驳他们或解释他们说的话。最具建设性的方法就是去听和去思考这些回馈，直到你了解其中的意思
（19）避免说故事	要避免述说你自己的历史故事，你应该表达现在的感受，或是表达已经过去但你目前仍在挣扎的事情
（20）避免讽刺	学会以直接的方式表达情感。如果你觉得生气，就直接说出来。不要用讽刺和敌意的方式，以免别人不知道如何解读你到底在说什么和想说什么
（21）小心标签	注意你用来描述自己的一般化用词、摘要式叙述和标定自己的用词，例如"孤单者"或"局外人"等，因此，当你意识到其他人在团体中将你标签归类，你就应该有所反应。对于其他成员也是如此
（22）与你的防卫做朋友	你的防卫使你成为今天的样子。如果你想要有显著的改变，就需要有一番调整。通过理解防卫的目的来尊重你的防卫
（23）决定自己要开放多少	为了发现自己的内在，你可能需要冒险说些内心的话。如果您不愿意在团体中亲自分享自己，请先让其他人知道是什么使得你难以让别人了解自己
（24）在团体外实践你所学的	你将在团体中找到表达自己的新方法。将这些新学得的方法适时且小心地带进你的日常生活中。为自己着手制定以行动为导向的家庭作业，并向自己和你的团体做出承诺以坚持完成。如果你想改变，那么在团体之外的练习和实践都是必要的
（25）不因挫折而气馁	尽管你对自己在团体中的变化过程有一个规划，但你有时还是会故态复萌。不要气馁，不要让自己相信自己永远不会改变，你要对暂时性的退步有耐心。达成你想要的改变通常是一个缓慢和单调枯燥的过程
（26）表达你的感受	有些感受相对于其他感受更容易表达。团体通常关注那些给成员带来困难的感受。因为我们通常没有机会去探索我们的感受是如何影响我们的，所以试着强迫自己去说说那些你经常试图否认的感受
（27）一次只处理一种感受	如果你立即把感受表达出来，而不是不断地尝试从长远角度来看待事物，那么你就可以获得更多学习新行为的机会。你可能对某个问题有很多复杂的感受交织在一起，但是如果你想全心全力地面对这项问题，那么最好一次只处理一种感受
（28）专注于自己的感受	有时我们会担心是否太过于注重自己的感受。但事实上，只要顺其自然就可以，而不必担心是否夸大了自己的感受。当然你不会想要伪装自己的情绪，如果你能很自然地全身心投入到自己的感受及其表达，那么你就可以对自己的情绪及其走向有更透彻的了解
（29）对团体工作者做出反应	成员对团体工作者的反应来过去、幻想和现实，这是很正常的。你可以把这种反应转化为优势，把它作为一个特殊的点来探索和表达你对团体工作者的感受

续表

提示和建议	具体内容
（30）思考你的思维方式	学会审视你的自我对话。找出那些对你不利的信念，它们使你无法按照自己喜欢的方式去感受和行动。一旦确认了这些消极的思维方式后，就把它们带进团体中进行质疑和挑战。学习如何与你脑海中那些阻止你成为你想成为的人的声音进行争辩
（31）对你做的事情负责	请记住，归根结底，你在团体中的收获取决于你自己。别等着其他人来要求你，学会问你自己想要什么，由你自己决定什么是你要达成的，以及达到多少
（32）熟悉你的文化	要知道你的文化背景确实会影响你成为什么样的人。找出文化背景继续影响你的方式。虽然你可以领会在你的文化中融入的价值观，但是你还可以探索这些价值观是如何影响你的日常生活的。如果你觉得某些行为已不再有效，那么可以运用团体就你决定要做出的改变探索不同的方式
（33）发展一个阅读方案	选择那些可以帮助你以新视角看待生活经历的书籍，或者可以教给你新的思维和行为方式的书籍。阅读可以让你从一个新的角度来思考问题
（34）写日志	即使是日志中的简短记录，也有助于你审视自己，保留那些如何成功达成目标的历程，掌握你在实现目标方面的进展情况
（35）谨守保密原则	要记住，无意中泄露他人的秘密是多么容易。不要去谈论其他成员在你的团体中正在做什么或正在经历什么。如果你选择与其他人谈论团体，那么谈谈你自己和你正在学习的内容。如果你在任何时候担心保密性没有得到尊重，那么请在团体中提出这件事情

资料来源：Corey et al. , 1982：47-51；2015：57-61。

三 准备担任团体工作者

团体工作者是一个协助团体的人，团体工作者在团体内，是以"协助者"或"促成者"和团体一起工作，而不是为团体工作，或对团体工作，更不是为团体做事或发号施令。团体工作者通过团体成员从事工作，并成为团体及其所服务机构之间的桥梁。团体工作者永远是机构的代表人，其不是团体的一分子，而是利用机构满足团体全部或部分需要的"帮助者"，其所用的技术经常是机构所认可的基本工作方法。因此，团体工作者必须及早向团体说明自己的职责，并将自己看作机构的代表，以便获得对工作过程的督导。

第一次团体聚会前的准备工作还包括团体工作者对自我的准备。施瓦茨提出了团体工作者在团体开始前进行"调整"的程序的有关建议（Schwartz，1961；1971；1977）。

团体工作者要关心自己"调整"的能力，因为他们的经验与团体成员的经验不一样。团体工作者在进行团体前，应该问问自己：我为这个团体做了多少准备？我想带领这个团体吗？我能协助成员吗？我要求成员做到的事情，自己有没有做到呢？我是否对专业有信心呢？我相信团体过程吗？团体工作者要察觉自己的状况，进行自我准备，有利于自己与团体都能有一个好的开始。

团体工作者要了解自己的特质、能力、经验、偏好以及带领风格，选择适合自己的团体。一般地，团体工作者对开始阶段都有一些感受与想法：是否是自己预期的经验、能否应对即将发生的事件、会不会被人喜欢、会不会喜欢成员、团体是否会成功。有些团体工作者以过度结构化第一次聚会的方式，来处理他/她所在意的这些事情；有些人则采取否定这些感觉，同时以虚伪的表面来对待成员；有些人则公开地对成员承认他/她关心团体的开始，但是他们可以一起努力分享，同时解决这些问题。

在团体开始前，团体工作者要了解自己要带领的团体的目标以及团体对象的特质，同时评估自己与所要带领的团体的适配性。团体工作者也应先预估团体的整个形式，包括团体是短期性或长期性的，是否所有的成员都应在同样时间开始与结束，以及是否从成员与团体工作者之间的互动预先决定与发展聚会的活动。

团体工作者除了了解开始时的自我风格，还应该通过"调整"来准备工作。在团体开始前，团体工作者要预估团体成员的潜在问题及危机、冒险程度如何，同时准备好应变措施。

四 团体的环境准备

一旦团体成员在第一次团体聚会前就已经选定，那么，团体工作者就需要完成一连串的环境准备工作。这些工作包括团体时间的准备和团体空间的准备。

（一）团体时间的准备

团体时间决定着成员的投入程度，也因而决定着团体目标实现的快慢。团体的时间因素包括四个层面：团体的期间（duration）、每次聚会时间的长短（length）、聚会的频率（frequencies）与聚会的时间（time）。

团体的期间长短要配合团体目标。团体每次聚会时间的长短，最好以每位成员能分配到的时间来计算，1～2 小时是正常的，特殊情境另当别论。团体聚会频率，原则上以一周一次为标准，再视团体的情境调整。选择聚会时间也是很重要的，聚会时间要设法不与成员其他活动时间相撞，此外，成员的年龄和生活习惯也要加以考虑。例如，找双职工家长来开会，最好安排在晚上八点左右；儿童和老人的团体，最好在白天进行（林万亿，1998：105～111）。

从团体时间来看，马拉松团体（Marathon Group）是比较特殊的。有些学者和参加者喜欢参加 1 次就结束的周末团体和马拉松团体，因为它具有多姿多彩的活动和震撼力。但是，因为马拉松团体中，所有的学习是一次就结束的，并没有机会接受现实的考验。因此，团体工作者要设法做出安排，使团体的帮助得以持久。

林万亿指出，马拉松团体的功能在深度会心。团体气氛经过长时间运作，进入到的亲密阶段，是马拉松团体目标达成的重点时期，也只有达到该阶段，团体成员才可能有深度的自我揭露，完全揭开面具，进入高度交心的境界（林万亿，1998：318）。

（二）团体空间的准备

团体的空间可以产生限制，使团体成员在一个特定的场地内集中焦点于团体同时达到心理氛围的形成。

1. 团体的空间因素

团体的空间因素可以通过以下三个角度来分析。

（1）活动领域

这是指个人或团体对地理区域的占有倾向。空间占有与礼让会影响到团体的冲突与互动。活动领域又分为个体活动场与团体活动场。固定的团体地点有助于团体的认同感，地点的安排也要适合团体的目标；团体的位置会发展出一种制度化的神圣情感，这是一种家庭的感觉。

（2）个人空间

这是指个人与他人互动的主要环境，不局限于地理界限，个人认为那是私有的，不可私自进入的，如若被侵入，则会发生负向反应的人际关系。个人空间有着不同的互动距离，人与人之间，由陌生人到认识，接着成为朋友，进而互为知己，互动距离不断缩短。

（3）空间安排

物理距离会影响心理距离，而空间的安排也会影响团体的动力。空间安排给每个人一种安全感与归属感，尤其是团体中的座位安排，通常每个人都有座位偏好。座位表现了互动特征与领导关系：面对面坐着的互动较多，但常有竞争或对话的需求；并肩而坐的人经常是合作的伙伴；座位距离越远，越缺乏友善、认识与平等地位；领导者或好出风头的人经常会坐在上位或主位，领导者也可能出现在人多的一排。

2. 理想的聚会场所

理想的团体聚会场所应该是自由、舒适、安全、没有不必要的干扰、具有隐秘性和有足够的活动场所。因此，一间宽敞、空气流通、气温适当的房间是基本的要求，同时隔音效果要好。聚会场所选择和布置应考虑到以下方面。

（1）如果可能，团体应该有个固定的房间，这会使成员有团体认同感和长久感受。这个房间应该有些图画或其他可以显示机构对团体尊重的符号，包括可以让成员欣喜的图画，或成员可认同的某人相片，有时候，可用抽象画来作为引导成员投射的一种方法。

（2）房间大小的设计也要配合团体目标与活动。太大的空间会给团体成员没有界限的错觉。遇到这种情形时，团体工作者要"暂时将就"那种情境，用椅子做个围篱，以区隔这个大房间，这有助于限制活动区域，不要超出团体工作者的控制。另外，太小的空间会让害怕太早进入亲密感的成员感到焦虑。在房间设计的时候，还要考虑到：抱枕、地毯、靠背椅、通风、湿度、温度、整洁、亮度、阳光照射的角度等因素是否会让成员感到不舒服；团体进行时是否会受到外力或外物的干扰，例如靠近厕所、没有窗帘，有人声及电话声等噪声。房间里放置的东西，例如粉笔与黑板、游戏、运动器具等，也可以提示成员可以做哪些活动。另外，要特别注意团体活动进行时的道具的安排，例如录音、录影、白板等设备，如有笔纸活动，是否备有纸、笔、桌面或垫板等物。

（3）团体成员最好能围圈而坐，而且圆圈一定要正，椅子的安排常是以围成圆圈为多。团体聚会时，将椅子排成一个圆圈的方式已经成为刻板印象了。然而这种面对面的方式比其他方式更可以促成更多的互动，虽然成员都会将椅子调整到最舒适的位置，而椅子间的距离也允许有所不同，这将有助于团体工作者评估成员人际关系的结构。然而有人际接触困扰的团体较适合围坐在桌子边，以便彼此分隔开来。桌子也可能影响成员的沟通，因为它使人可以隐藏自己的部分身体，而这正好形成了一个"安全区"。因此，在团体初期可以安排一些桌子以减除不安与紧张，到了第二、三次活动后就可以放弃使用桌子了，除非为了记录的方便可以保留一些桌椅。无论如何，团体工作者应该选择成员都能看得到的位置，尤其是在团体初期和结束前。

（4）其他的相关专职人员应该对团体有一些了解，包括团体目标、时间表以及团体聚会场所的位置等信息，因为他们对团体的了解是进一步传达机构的接纳性。团体成员在第一次聚会时总会有一些焦虑感，如果团体工作者和其他的专职人员能够引导成员如何到聚会场所，成员就算了解如何到达团体地点，也会因此而降低他们的焦虑感，同时感受到一种亲近和亲切的感觉。另外，因为成员到达的方式与时间可显现他们对团体的态度，所以团体工作者应该提早到达团体地点。

第四节　团体活动程序设计

团体活动程序是很重要的一环。很多团体都是结构性的。在不同的阶段，团体工作者要采用特定功能和结构的程序活动。

一　团体活动程序设计的基本原则

团体活动程序的方案设计要注重各项活动设计的一致性和逻辑性。团体活动内容的设计一定有一个大的主题呈现，贯穿于整个的团体过程，每次的活动聚会都要有一个小的主题，这些主题之间要有一定的逻辑联系，最终服务于团体的大主题的目标。每次的活动程序方案之间存在一定的次序，应该有连贯性，前后活动互相联结，基本上是由易而难、由浅入深、由人际表层互动到自我深层经验，由行为层次、情感层次到认知层次，引导成员循序渐进。

团体活动程序的方案设计要考虑到灵活性。团体的目的不是活动，活动只是工具，需要因为团体状况的改变而调整活动内容。团体工作者的带领、成员的反应、活动引发及积累的效果都会自然而然地影响团体的过程发展，同样的设计针对不同的团体实施时，可能会有不同的内容以及结果出现。团体工作者需要准备一些备用的活动，根据团体发展的状况来灵活调整原先的设计。方案设计要根据在团体过程中团体工作者的自我反省，团体观察，成员回馈，与督导、协同工作者等专业人员的讨论适时修正。任何一个团体，团体工作计划是必要的，团体开始后的活动方案修正也是不可或缺的。

团体活动程序的方案设计还要注重安全原则。活动应注意安全，避免团体过程对成员造成身心伤害，特别是深层次的、治疗性团体，方案设计还要考虑团体工作者的能力和经验。

二 团体活动程序设计需要考虑的因素

程序的选择或设计必须考虑团体整体和个别成员的发展阶段，包括团体目标、个人发展需要、团体发展阶段及团体动力，还需要考虑团体活动程序编排，例如团体活动与成员行为的分析、活动编排次序与流程。另外团体工作者的训练和能力也是考虑的因素之一。具体来说，团体活动程序的方案设计要考虑以下方面的因素。

（一）团体需求和目标

方案设计要实际具体可行，掌握团体的目标与性质。每次团体聚会的活动目标一定要与团体阶段目标相配合，活动目标应该精确而且可以实现。例如，团体工作者在团体初期要注意通过团体活动的设计来了解成员的团体需求，同时，也要关注团体成员的个别需求。团体工作者在团体初期要注意通过团体活动的设计来了解成员对团体目标的认知，同时，也要关注团体成员的个别目标，以进一步修正团体目标，满足成员和团体的需要。随着团体的发展及成员需要的改变，团体工作者要适当地调节活动程序的方案设计。

（二）社会文化因素

团体工作者要考虑到社会文化背景因素对方案设计的影响，否则，一旦团体开始之后，社会文化、价值观或伦理方面的问题导致团体活动方案不能够进行下去，对团体工作者和团体来说是一种挑战和考验，对成员来说也可能是一种伤害。团体工作者在团体方案设计之前，要了解自己的特质、能力、偏好以及带领风格，要评估自己与团体之间的适配性。如果有协同工作者，设计方案要共同沟通讨论。团体工作者在方案设计时，要考虑成员的特征，如性别、年龄、表达能力、职业背景、情绪能力、身体状态、人际沟通能力、参与意愿、学习能力等因素。

（三）团体活动的选择

团体工作者要选择、设计自己熟悉或者在自己能力范围内有把握带领的活动，注意活动的适用性，并及时修正，这样才能够更好地掌握活动的细节，获得较好的效果。

方案设计时，活动选择的标准如下：活动要基于成员的需求、团体的目标和预期的结果，活动只是实现团体目标的一种手段或方法；在活动形式上，尽量少用身体接触的活动，非语言活动必须配合语言的分享讨论；选择活动要考虑成员的年龄和成熟度；要考虑场地的适合性；选择的活动要考虑到有足够的团体时间来进行。

团体工作者可以将设计好的活动在同事间或先行组成一个试验性小团体使用一次，与同事、督导一起讨论试用的结果，再加以修正。

（四）团体活动的实施

团体活动方案设计要考虑到团体活动实施时是否存在困难，例如团体时间、地点、环境配合、替代方案等。团体工作者在设计团体活动方案时，应该对活动的过程、细节与结果及可能发生的各种状况有所考虑，并且准备好备用活动设计和应对方案。团体活动方案设计要考虑团体活动进行的时间安排，每个成员能够分配的时间，对于时间的预估要精确，便于工作开展。团体工作者在设计方案时要对活动的规范明确说明，利于执行，避免引起不安全或误解。另外，在团体活动方案中要特别说明记录经费、器材、人力等资源配备情况。

（五）团体发展阶段

团体活动方案的设计要考虑团体发展阶段的动力特征，不同的团体发展阶段有着不同的活动设计要求。

团体初期，在设计活动时要注重团体氛围的营造，让成员对团体有美好的、温馨的第一印象，以便融入团体。相互认识活动的设计要在轻松无压力状态下进行，分享活动不宜选择太深层次的分享主题。注重此时此刻的活动分享，设计促进团体动力的活动，激发团体动力。

团体中期，针对团体目标来设计活动，注意成员的需求变化。另外，团体中的特殊事件要及时处理，团体工作者要降低控制团体的行为，特别是要设计一些活动，强调成员的自主性，例如自主选择活动、自主带领活动、引导讨论等。

团体结束阶段，团体工作者要以开放、尊重、支持、负责的态度设计结束活动，完成结束阶段的任务，注意不要让成员觉得悬而未决。

（六）团体工作评估

在每次团体活动方案设计过程中，都需要考虑到用什么样的测量工具、采用什么样的评估方法来进行团体工作评估。

三 团体活动程序的基本流程

任何团体活动程序的安排都有它的目标和益处，因此，团体工作应该配合团体的目标和走向来审慎地选择合适的活动。团体活动程序的基本流程可以依据下列步骤。

（1）依据团体工作计划，明确订立每次聚会活动要达成的各项目标。

（2）选定最合适的且能实现团体既定目标的活动计划（Toseland and Rivas，2005：261）。首先，依据成员的各种变项因素，例如兴趣和动机、年龄、技巧层次、身心状况、注意力的持久性详细列出备用的相关活动。其次，依据下列各项因素，分列各种计划：活动的特征，例如活动时间的长短、架构等；活动的生理性需求事项，如生理机能的协调、力量的大小等；活动的社会性需求事项，如互动方面、语言方面及社会性方面等技巧；活动的心理性需求事项，如有关感受、思想和动机的表达；活动的认知性需求事项，如有关活动的实践、地点及人员等方面的认知与了解。最后，形成具体的活动计划。

（3）思考配合团体进行时所需要的场地、设备、材料及团体需要的其他工作者或者专业人士，详细列出可供利用的各种设备和资源以及最合适的时间。

（4）准备每次活动的大纲以及必需的材料。

（5）在每次团体活动程序结束时，团体工作者可以使用问卷或其他方法来得到大家对团体的回馈，以评估团体是否实现了目标。

（6）团体的回馈、自己的检讨以及所有的记录资料要加以保存，以供下次改进的参考。

四　每次团体聚会活动的安排

团体工作者需要仔细设计每次聚会的内容。每次团体聚会，与团体实现整体目标，是有密切关系的。虽然聚会或许只有数十分钟，但它仍需有起、承、转、合的节奏。

（一）热身阶段

这一阶段是每次团体聚会的开始，主要内容包括设计热身游戏及活动，让成员集中精神、回顾上一次聚会的内容、分享困难及收获。

团体工作者在每次团体开始时的基本技巧有：确定成员的出席；每人有机会分享团体外的实践或试验的经验及困难；每人有机会提出上次团体未说出的感觉或新的想法；团体工作者可以分享上次团体未说完的感觉或新想法；团体动力促进。

在这一阶段，团体工作者主要是让成员集中精神，让成员有机会发言或参与活动，投入这次聚会。可以是家常式交谈、回顾上次聚会内容、简单的舒展筋骨的活动、简单的智力活动（例如脑筋急转弯）等。这一阶段所用时间不用太长，一般只需要 5 ~ 10 分钟。

（二）预览阶段

在预览阶段，团体工作者向成员介绍当日程序，通过活动引起成员对该次聚会主题的兴趣。

在团体工作中，团体工作者在踏入主题之前，需向成员介绍该次聚会的内容，并让他们明白这些内容对他们有什么帮助。可以是一些有关主题的小测验，一些考验成员技巧的难题，或一些刺激成员围绕主题讨论的话题，等等。

（三）工作阶段

在工作阶段，团体工作者设计核心的主题程序以实现该次聚会的目标。当成员在心态上已经投入这次聚会的主题后，便可进入聚会的正题。活动的内容和形式可以很多元，主要看聚会的目标及介入范畴而定。

在这一阶段，团体工作者还要引导成员运用所掌握的知识、技巧和态度，在生活中实践，讨论如何克服一些可预见的困难。事实上，团体只是一个学习、支持和成长的环境，成员的社会功能是否改进，最终仍取决于他们在现实生活中，能否应用所学。

团体工作者可以询问成员：聚会中哪些是最切身和最有意义的；哪些会很难用得着。如果他们表示有困难，团体工作者可和他们一起讨论如何加以克服。成员可以将他们计划如何把此次聚会的收获运用到生活中写下来并进行分享。这种方法有助于成员将此次聚会的内容，消化为个人心得，提升在生活中的应用价值。

（四）总结阶段

在每次聚会的最后阶段，团体工作者要协助成员总结该次聚会的收获，布置一些"作业"，鼓励成员在团体外应用所学习的技巧和知识，搜集成员对这次聚会的意见。

团体工作者可做简单的活动，协助成员总结该次聚会的收获。无论是团体工作者的口头总结，还是由成员写下他们的体会，都有助于他们加深对该次聚会的记忆，增加应用的机会。团体工作者也可布置一些"作业"，鼓励成员应用该次聚会的知识和技巧。另外，搜集成员对聚会的意见，团体工作者可以用作参考并完善今后的聚会活动方案。团体工作者可分配给每个成员一张卡片，让他们写下对这次聚会的反馈，或者让成员轮流讲出自己对这次聚会的意见和感受。

团体工作者必须注意时间的控制。在团体结束前，根据团体的大小，至少预留 10 分钟时间，鼓励成员说出这次聚会对他们的意义。如果团体内有些情绪或者事情到团体聚会快要结束时还一直持续，那么团体工作者要做一些处理，不要让问题悬而未决，让成员留下未完成的感觉以及一些事情在聚会后思考，并于下次聚会时提出来，会是一种建设性的做法。"作业"的安排能够顺利结束聚会并且能与下一次聚会很好地联结起来。团体工作者在每次团体聚会结束时，可以把自己的感受告诉成员，提醒成员团体中的任何改变，或者对团体过程与讨论结果做个解释和摘要，或者收集成员的意见。另外，也可以利用团体最后 5 分钟，让成员做一个简单的评估。

第五节　拟定团体工作计划书

团体工作计划书的内容应该包括五个重要的部分：理论基础、目标、实际的考虑因素、程序和评估（Corey et al.，2018：153）。特别要指出的是，团体工作评估策略是团体工作计划书的一个重要组成部分。如果团体工作者认为，评估工作是在团体结束后才开始进行的，那么在执行团体工作计划之前没有做出评估的计划，是一个很大的错误。团体前期的基线测量是十分重要的。如果团体工作者在介入前没有计划清楚，只在团体结束后才开始考虑，便会突然发现忽略了和错失了一些重要资料，这不利于团体工作的评估。因此，在团体工作计划书中需要清楚构思如何进行团体工作评估，例如评估的目标是什么、要收集哪些方面的资料、用什么工具或方法去测量、在什么时间去评估等。

团体工作计划书的常见问题主要有：理论高大空、与团体目标或个人需求无关或不符；团体活动程序与团体目标或个人需求无关或不符；团体活动程序、目标或要求不切实际；团体工作方案设计太死板，有碍成员作情感投入及自发性表现，或者引发的情绪反应高于团体所能接受的程度；团体活动程序重复、沉闷、要求的水平高于或低于成员的水平，未能引起成员对自我或团体的感知或引发分享，只是以完成活动为最终目标；团体工作评估策略没有很好设计，以至于团体实施后，没有对团体程序及时进行评估与修正。

具体而言，团体工作计划书可以结构化为以下基本内容。

一　前言

前言的主要内容包括团体理念或理论基础和团体成立的简短叙述。

为什么要筹备该团体？应该有一个清楚而且能说服人的理由。团体成立的原因是什么？为什么团体在这个情境下是最佳的工作途径？对于服务对象而言，该团体有什么独特的价值？这些都要从服务对象的问题界定开始，通过搜集相关数据与资料来进行需要预估，在此基础上，选择一些与服务对象的特征相吻合的理论，由此决定团体工作的介入点和介入策略。

二　目标

简单说明目标。团体最希望达到的目标是什么？目标是否明确，可否测量，在预定的时间内是否可以实现？

三　赞助单位

有则写，无则不写。主要包括：机构名称和宗旨、机构资源（设施、财务、人事）、机构地理位置和相关资料。

四　团体结构

（1）成员资格：团体的对象是谁？成员身份如何界定？

（2）团体性质：团体的性质是什么？属于哪一种类型？

（3）团体规模：团体的大小是否适中？人数多少？

（4）团体时间：聚会的时间、周期、次数、持续时间的长短等安排是否合理？

（5）团体地点：聚会的地点如何安排？

（6）团体工作者：团体工作者的背景，团体工作者在团体中扮演的角色。团体工作者带领团体的资格是什么？团体工作者的背景经验如何在团体中呈现出来？团体工作者在团体中的功能是什么？

（7）其他特质。

五　宣传及招募方式

简述如何宣传活动计划和招募成员。

六　团体活动程序计划

说明所使用的方法、聚会的一般模式以及团体如何进行。所使用的方法、程序是否适当与实际？能否实现预定的目标？

七　团体前准备

如何向成员说明团体，需要进一步与哪些重要他人接触，寻求他们的赞同、建议和支持？

八　团体发展中的可能状况及应变措施

团体发展过程的每个阶段的可能状况，团体发展中的预计问题及应变措施。团体成员所要处理的潜在危机、冒险和挑战如何？

九　执行步骤

团体各项安排及其时间表，例如向机构递交团体工作计划书、招募、宣传、团体开始、撰写团体工作记录、开展团体工作评估、撰写团体工作评估报告等的开始时间、完成时间、负责人及相关事宜等。

十　环境安排

团体工作开展的空间安排、财务安排、特殊安排（例如天气变化、是否提供点心、托管服务等）。

十一　团体工作评估策略

简单叙述团体工作评估的策略。需要考虑：团体工作计划书是否包括评估策略？能否测量预定目标的实现程度？评估的方法与工具是否合理，是否客观，是否实际，是否相关？

团体工作评估策略的主要内容一般包括评估主体、评估方法、评估工具。评估主体，包括团体工作者自己、成员、督导等。评估方法，包括团体开始前的需要预估、团体过程中的监测评估、团体结束后的效能评估等。评估工具，也就是通过哪些测量技术或测量工具来进行评估。

十二　参考文献

需要规范注明团体工作计划书中引用他人文献、数据、信息等的来源和出处。

第六节　任务团体和虚拟团体的策划

前面几节谈到的团体策划的内容，是可以运用于所有团体类型的。本节主要探讨任务团体和虚拟团体在团体工作计划时的一些特别需要关注的事项。

一　任务团体的策划

相较于处遇团体，任务团体聚会前的策划过程更重要一些。策划任务团体的过程包括：制定团体的目标；选择任务团体的成员，确保有足够的资源和专业人士能够进入团体中；准备聚会，要充分利用团体活动资料、聚会活动和程序，遵循聚会的日程；确定团体成员的分工和责任；明确决策和问题解决的方法（Toseland and Rivas，2017：176；2005：154）。

任务团体与自己的赞助机构有着内在的不可分割的联系，在确定自己的任务、指示和指令时，必须时刻维护机构的使命，执行机构的规定和政策。

在策划任务团体时，团体工作者会根据成员对任务的兴趣、专长及其有助于帮助团体实现目标的权力和地位等来考虑潜在成员。成员对赞助机构的重要性、在社区中的地位或社会影响力也可能是被考虑的因素。

在任务团体中，团体的类型和目标决定了哪种方式是最佳的招募方式。例如，研究机构雇员福利状况的委员会的成员，最好是从机构的雇员和董事会中招募；研究移民安置问题的任务团体要招募的成员，就是在社区中为这个人群提供服务的所有机构人员；一个多学科跨专业康复团队的成员是根据团体所需的专业特长来选择的；社区议事会从社区居民中招募成员，是因为这些居民需要代表社区，并就机构提供的服务对社区负责。

在选择成员的时候，任务团体要考虑到刻意建立起异质性团体，确保团体在处理复杂的任务并进行劳动分工时有足够的资源。例如，机构的理事会通常是由那些来自不同专业背景、不同机构或职业的人组成的，这些理事们会将法律、财政、市场推广和其他专业专长带入理事会。还有一些任务团体，例如代表委员会的成员代表了不同的选民和不同的利益群体。这些异质性就成为团体完成任务的一个重要财富。

在团体组建的时候，任务团体的成员必须具备下列条件：（1）熟悉不同的成员角色和领导角色；（2）喜欢团体；（3）高度遵守团体价值观，满怀热情地实现团体目标；（4）有强烈的愿望坦率地与他人沟通，所沟通的信息与团体活动密切相关。团体工作者选择的成员应该能够将团体需求和任务要求置于个人需求之上。团体工作者还可以寻找一些具有合作精神的成员。

任务团体中很少使用书面契约。聚会的日程和规则或者其他制约任务团体运作的规定，通常是联结团体成员的唯一的书面契约。任务团体通常通过口头约定对团体需要完成的任务、成员的角色以及组内的分工来达成一致认识。

任务团体的聚会频率要根据团体的任务要求、任务完成是否有时间限制等因素来决定。

二　虚拟团体的策划

在社会工作理论和实践模式的基础上，梅尔描述了团体工作者必须做什么来规划和组织他们的技术中介团体（TM团体，虚拟团体），并保持它们的可行性（Meier，2004）。

在决定策划一个虚拟团体之前，团体工作者必须确定是否有足够的服务对象适合这种团体的介入，以及是否有足够的服务对象对这种类型的服务感兴趣。工作场所的电话会议和以网络为中介的在线团体的激增使许多人熟悉了这些沟通方式，并可能使他们更容易接受这种想法。如果对开设虚拟团体有足够的需求，团体工作者必须考虑到服务对象可以使用的技术、易用性和成本，决定提供哪种类型的技术中介团体，还必须决定哪种模式的沟通最能满足潜在成员的需求。

团体工作者对招募策略的选择取决于团体目标和成员使用的技术中介沟通类型。除了面对面会谈外，技术中介沟通为团体工作者提供了更多的评估选择。他们可以通过电话、电子邮件、即时消息、聊天甚至视频会议来收集基线信息，加快评估数据的收集。除了一般的团体工作评估的信息采集之外，团体工作者还需要收集参与者使用技术中介沟通的经验信息。需要谨慎对待技术中介团体中的成员心理、人格方面的信息收集，并且注重风险管理和伦理方面的考量。团体工作者必须制定适当的程序，以确保隐私，建立和遵守适当的规范，以尽量减少风险，并管理可能发生的未经授权的披露。团体结构方面需要考虑由于技术中介沟通的使用，团体规模、持续时间以及团体成员的组成筛选等也需要特别设计。

除了面对面团体的技能和技巧之外，团体工作者不仅必须具备人际领导技能，了解团体内容，而且必须了解如何通过团体的电子媒介进行有效沟通，需要熟练地理解声音、语调和节奏，能以适合的方式表达自己。

第八章　观察团体

观察团体是团体工作者的必备技能以及工作过程。团体工作者需要在团体工作过程中对团体、团体成员以及团体与环境的互动、沟通和发展，有细致的观察和分析。本章从团体结构、团体过程以及团体发展阶段三个部分进行探讨。

第一节　团体结构

团体结构可以从沟通结构、社会情感结构、权力结构、领导结构和角色结构这几方面进行观察和预估。团体工作者通过对团体结构的预估，能够了解团体过程，更好地促进团体发展。

一　沟通结构

团体工作者要注意到团体中谁对谁说了什么，以及在什么情况下说的。团体工作者可以描画沟通网络，也可以简单地计算每个成员谈话的次数及每个成员回应的次数，计算成员之间的沟通频率，团体工作者也可以把每个人讲话及对谁讲的话记录下来。

在团体初期，团体工作者必须预估这些结构所产生的影响。在团体中期，随着团体和成员的发展，沟通模式也在演进和改变。在这一阶段，成员相互沟通以发展和完成他们的职责。当冲突发生时，成员可能密集互动以缓解紧张情绪。

（一）沟通网络

当人们一进入团体，他们所做的一切，从打招呼开始就已经在沟通了，通常他们是先调查他人的背景，会问一大堆的小问题。沟通与互动很相似，互动是一种人与人接触，是交互刺激、反应与影响的过程。所以互动包含较广，沟通则是互动的一环。团体内的关系、互动过程、兴趣的投入、领导模式都是通过沟通模式形成的。

为了使网络看起来更容易，团体工作者经常使用沟通网络图（见图 8 - 1），圈代表成员、团体工作者或团体，线代表两个圈之间的任何一种社会关系，例如友谊、交易、情感纠缠、信息流动、权利、感情表达等。

轮型网络（也称星型网络）。轮型沟通是团体中有一个轴心成员为各成员重视的核心，但团体内成员之间也能相互沟通。以这种沟通方式为主的团体必须有一个强有力的轴心人物，能控制全局，但也不失去团体成员之间沟通的机会。这个轴心人物多数由社会工作者担任。

Y 型网络。这种方式的沟通可以由两个成员开始，然后合并到其他成员中，也可以由几个成员开始而分别传达到两个不同的成员。这种沟通方式很明显是有分叉的倾向，团体成员间不是很容易全部都不分彼此地沟通。沟通阻隔的机会很大。这种沟通方式肯定不能增进团体活动和凝聚力。

链型网络。在链型网络中，处于两端位置的人只能与一个邻近的人交流，最为不利。

圆型网络（也称环型网络）。这种沟通方式看起来最平坦顺利，因为没什么起点和终点。成员之间可以无拘束地沟通，这是成员能够平等相处的最好方法。

全通道型网络。这种沟通方式是最开放的，能解决复杂问题。

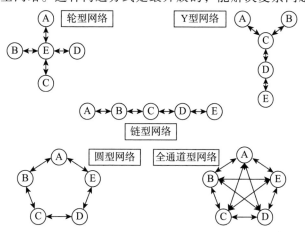

图 8 - 1　沟通网络类型

资料来源：Leavitt，1951；Johnson and Johnson，1991。

沟通网络也能影响群体工作效率。大多数研究表明，集中化结构（如轮型结构）对解决简单的问题更有效，而非集中化结构（如圆型结构）对复杂问题的解决更有效。因为非集中化结构中大家的满意度高，工作热情高。因此，人们认为任务和沟通网络的合理匹配是提高工作效率的关键。

沟通网络与领导选择有关系。一些研究表明，在群体中的信息交流量是选择群体领导的重要因素。一个群体成员讲话多、活动水平高，对群体的影响就较大。在某些情况下，特别是讨论会一类的短时群体中，信息交流量大、讲话多的人往往可能被选为领导人。

沟通网络的类型能影响群体生活的许多方面，例如群体士气。莱维特发现，沟通网络的集中化程度越低，成员间交流的自由度越高，团体成员的满意度也越高（Leavitt，1951）。那些能够与每个成员都自由交流的人最满意。相反，处于沟通渠道末端的人只能与一个人交流，其满意度最低。由于团体的整体士气依赖于所有成员的满意度，而不只取决于某个核心人物是否高兴，所以全通道型结构团体的整体满意度最高，因为这种结构中每个成员的沟通机会均等。不同沟通网络的作用如表 8 - 1 所示。

表 8 - 1　沟通网络的作用比较

因素	沟通网络的类型				
	轮型	Y 型	链型	圆型	全通道型
集中的程度	很高	高	中等	低	很低
成员对领导选择的可能性	很高	高	中等	低	很低
团体平均满意度	低	低	中等	中等	高

（二）团体中的沟通模式

在团体工作过程中，由于成员之间存在直接和间接的联系，把成员联系在一起，经常会出现下列沟通模式（Milson，1973）。

1. 无反应的沟通

团体中只有一个领导者在发出沟通讯息，而其他的成员对所发出的讯息并没有做出反应动作或回馈（见图 8 - 2）。通常团体初期的沟通是这种模式。

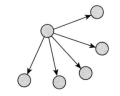

图8-2　无反应的沟通

资料来源：Milson，1973。

2. 无社交的沟通

团体成员之间没有做任何的沟通，这种情形根本不是团体。个人虽然摆在一起，像一个团体，但是每个人都在为自己的目标着想，并无与他人建立关系的意愿（见图8-3）。在真正的团体中，不但个人有自己的目标，团体也有互动且一直对外，达成团体的总目标。

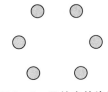

图8-3　无社交的沟通

资料来源：Milson，1973。

3. 控制的领导

这种沟通模式与无反应的沟通很类似，只是无反应的沟通模式中个体的聚合不太像个团体，倒是像一群刚聚会的个体，而这种沟通模式已具团体的雏形，但成员仍以领导者为中心（见图8-4）。

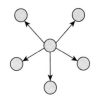

图8-4　控制的领导

资料来源：Milson，1973。

4. 私下交谈

每位成员仅与相邻的成员进行互动、沟通，故可能扩大成次团体（见图8-5）。这种情形多半发生在团体初期。

图 8 - 5　私下交谈

资料来源：Milson，1973。

5. 破碎的沟通

可以明显地发现，两个或两个以上较小的次团体各自做零碎的沟通。然而，整体性进行互动、沟通的情形并未出现（见图 8 - 6）。这种情形在团体初期或中期的冲突阶段都可能发生，团体中明显地出现两个"派系"或"死党"，团体并未达到充分完整的沟通。

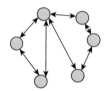

图 8 - 6　破碎的沟通

资料来源：Milson，1973。

6. 刻板的沟通

只和自己相近的人做互动沟通，虽说成员间沟通的机会均等，但却没有达到理想的沟通状态（见图 8 - 7）。这种沟通模式很稳定，但并不充分。

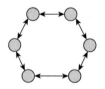

图 8 - 7　刻板的沟通

资料来源：Milson，1973。

7. 理想的沟通

团体中的成员均能充分地和其他成员进行沟通，且沟通的路径是多元的（见图 8 - 8）。这种情况发生在团体形成期或成就期，通常如果团体达到这种状态，也就充分反映了团体的凝聚力与成熟。

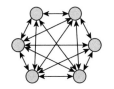

图8-8 理想的沟通

资料来源：Milson，1973。

（三）影响有效沟通的障碍因素

影响有效沟通的障碍因素表现在四个方面：个人内在因素、人际因素、结构性因素以及技术因素（Bedeian，1986：520-533）。

1. 个人内在因素

（1）知觉筛选

人们往往会有一种倾向，只愿意去看或去听原先已经设想好要去看或去听的东西。换句话说，人们往往会反对或不正确地感受那些与他们先前所预期不一样的信息。

（2）沟通技巧上的个别差别

个人在沟通技巧上的能力表现也是内在的重要因素之一。有些人虽不善于口头表达，却能写出简洁凝练的文字；有些人虽然是很好的演说者，却是很差的聆听者。其他如阅读能力不高、理解能力较差等对有效沟通来说，都是一些潜在的障碍因素。

2. 人际因素

（1）气氛

如果沟通的气氛是负向的，会很容易导致有限的沟通流量，因为成员会试图操纵信息且散播不信任和敌对，其后果对团体的有效性来说，一定是一种腐蚀、衰退。相对地，一个有利的沟通气氛往往开始于一种"对于非正式的要求"，即所谓不分上下、一视同仁。

（2）信任

沟通的过程对沟通双方会产生互惠的效果。这种互惠关系的主要特征就是信任。团体中的不信任和怀疑，只会给团体带来防卫性的增加、公开表达次数的减少以及随后而来对有效沟通可能性的减少。

（3）确实性

确实性是指信息来源的感觉特征，主要由四个因素组成——诚实、胜任、热忱、客观。

（4）沟通双方的相似性

沟通双方在某些特征方面的相似性也会直接或间接地影响彼此沟通的正确性，诸如年龄、性别、智力、种族、社会经济地位、态度、兴趣、价值观以及能力等因素，都会影响到彼此沟通的舒适性和开放的程度。

3. 结构性因素

（1）地位

地位是指个人在团体中身份的高低，对团体沟通程度的影响，应该让一位好的团体工作者引以为鉴。在团体中地位是影响沟通的主要因素。地位可分为两类，一类是外在地位，这是指团体的参与者在外在世界所拥有的社会地位；另一类是内在地位，是指个人在团体中的成就地位。通常在团体开始时，外在地位较大程度地决定沟通的模式与效果，直到团体结构稳定之后，内在地位才成为影响沟通的因素。

（2）连续的传递

连续的传递会导致信息的曲解，对有效沟通有绝对影响。

（3）浓缩作用

在沟通过程中，往往一方会以浓缩或摘要的方式将信息反映给对方或传给第三方。当以摘要叙述时，内容会变得短少些，较不注意细节部分，信息的中心主题是以一种缩略的方式被强调出来的，因此，当信息被接收、接替的时间拖得越久，介入信息传递的人越多时，信息将更为浓缩，其原始本意会因而失真而形成沟通上的一种障碍。

（4）终止现象

在沟通的过程中，当信息呈现暧昧不明的状况时，信息的接收者会试图为了填满其将要传递的消息而做一些自以为是的推论，让那种不确定感能减到可以接受的程度。特别是在推论或猜测现有事实中一些片段不全的文字时，终止现象尤其容易发生。

（5）期望心理

信息接收者往往也会依照他们的期望赋予意义强加在收到的信息上。所以，在信息交换的过程中，个人都会带着各自独特的期望在进行沟通。

（6）联结作用

当我们与别人沟通时，过去所发生的一些事件或结果在往后的日子里常常会被牵连在一起。例如，某个人过去曾犯过某些错误，以后每当这种错误再度发生时，那么之前的经历就会被牵扯进去。

（7）团体的大小

团体中成员之间的可能沟通渠道要比团体的人员数量增加得快得多。有一个公式可以用来计算团体的沟通渠道数：$n(n-1)/2$。当团体规模扩大时，团体的沟通模式会因为次团体的形成而变得更加复杂。

（8）场地空间的限制

由于团体工作环境的需要，有时候身体距离的远近是必须要考虑的，因为它不只限制成员个人间互动的数量与质量，也影响沟通的数量与质量。一般而言，沟通者身体的距离越近，他们之间的互动越频繁。

当团体刚进入一个固定地点时，它的沟通网络经常取决于环境的结构。例如在餐桌上用餐，一开始一定是相邻的先相互沟通，坐在餐桌中间的人可以轻易地与两旁的人沟通，坐在较尾端的人却不容易主动与人沟通，除非有人从中引介，否则其经常放弃与人沟通的机会。因此，坐在中间的人就成为沟通网络的核心或处于优越位置。这个沟通的原则简单地说就是"相近性"。关于相近性原则，费斯汀格（Leon Festinger）等对麻省理工学院已婚学生宿舍的研究发现，学生们友谊的建立是先选择最靠近的房客当朋友，其次是隔两间的，然后才是隔三间的，而住在甬道尽头的房客就成了整个宿舍沟通网络的边缘；另外，住在靠近楼梯的房客很容易与上下楼的房客交朋友，因为楼梯提供了最好的沟通渠道。

4. 技术因素

（1）语言与意义

当我们在与别人沟通时，即使是用同样的句子，也必须结合不同的时间、场合、对象及说话时的情绪等，才能看出语句的真正含义。沟通受文化的影响很大，如语言的差异、手势意义的不同等。

（2）非语言的线索

非语言的刺激都是一些能帮助正确意义转介的无声的讯息。

（3）媒介的有效性

沟通媒介分为书写媒介、口头媒介、电子媒介三种。团体工作者需要懂得如何使用沟通媒介，以发挥媒介的有效性，达到沟通的目的。

（4）信息的过度负荷

每个人对信息的吸收容量是有限度的，当个人记忆达到饱和、信息的提供超过负荷时，便会对沟通产生一定程度的影响。

二 社会情感结构

社会情感结构在团体初期体现在团体中谁喜欢谁或不喜欢谁。这些情感的类型有助于次团体的形成。团体经常分成次团体，成员在次团体中和其他成员的互动比和在次团体外的人的互动更频繁。团体工作者应该利用活动鼓励参与，使成员可能与不同的人接触，这些活动包括游戏、两人一组或三人一组讨论，以及不同的次团体参与的角色扮演。到了团体中期，成员对彼此和对团体的感受发生了改变，这种改变既有正面的也有负面的。这种改变可以通过社会情感测量分析而了解，包括二人组合的存在、成员相互增强问题行为、次团体冲突、降低团体整体的凝聚力等。

社会情感测量分析一般很少使用问卷的形式，如果团体工作者通过问卷来询问成员对团体中亲密性的看法，成员会认为这种问卷具有威胁性，同时害怕被剔除或拒绝，因而产生焦虑。因此，社会情感测量分析经常是通过观察次团体来进行的，团体工作者必须评估次团体的本质。这可以通过观察、了解谁选择什么人互动、谁和什么人一起参加或离开聚会，以及成员间关怀的表达等来获得相关信息。

三 权力结构

权力结构主要体现在：在团体中谁用什么方法影响了谁；哪位成员最有影响力，对其他人有意或有害。团体工作者要注意观察谁看起来对成员最有影响力以及这种影响力对于团体目标的获得是否有帮助等。成员运用影响力来促进团体共同反应和成员互助，是可以接受的和令人期待的。但是如果成员以破坏的方式挑战团体工作者的权威，或者操纵成员，并和目标背道而驰，那么这些行为将造成权力运用超出团体范围，使成员产生问题。当有成员以破坏性的方式运用权力时，团体工作者必须改变这种情况。团体工作者要分析权力的来源，决定运用权力协助个人和团体实现目标的方式。

与权力相关的过程包括成员间争取权力、成员与工作者之间争取权力和控制偏离团体规范的努力。当成员之间争取权力的时候，团体工作者要帮助成员们了解决策过程，做出"类共识"的选择，即采纳多数人的意见，尊重少数人的意见，这样有助于实现成员目标和团体目标。针对团体中的偏离团体规范的现象，团体工作者要先观察成员对偏差行为的反应和行为，团体工作者可能支持团体或个人，但是要禁止排斥个人，也要限制团体的过度惩罚。

四　领导结构

团体领导既是团体结构与成员关系状态的反映，也涉及团体活动中权力与权力的运用。

在团体初期，团体工作者要注意，谁对团体的任务最有决定性和最有贡献，同时谁最能减少紧张、增加团体凝聚力及遵守团体正式或非正式的规则。

在团体中期，成员们投入于开创和执行与目标有关的活动，成员们为此而发展出新的或更复杂的领导结构。在团体中期，团体走过意见一致的阶段后，通常会进入冲突期。这时候，由于自由表达情绪的成员较多，领导权力被挑战，团体目标和活动被质疑。这时，团体工作者和成员们共同解决冲突，建立领导模式，同时形成成员更认同的目标。

五　角色结构

在团体初期，团体工作者要注意，谁拥有被正式承认的位置，如主席、秘书等；谁填补团体活动中的位置；谁填补在非正式的团体互动中所创造的位置。

在团体中期，团体工作者对角色考虑的重点是：成员是否具备了担负责任的技巧，谁对谁最有吸引力，是否对团体目标有帮助。团体工作者应该训练成员提供信息与建议，拥有一些技巧去履行角色责任。在团体中期，团体经历了角色分化的过程，同时表现出互助的行为，团体成为一个互助体系，工作者不再刻意扮演"缺席角色"的替代者角色。成员们很了解团体规范，在每次聚会都会创造和完成一些团体任务，实现成员自我利益和自我目标，同时，成员们相互表达感受。这种社会情感性的角色增强了人际关系的满足、增加了效益。在团体中期，成员更注重由于完成任务而结合在一起的关系，因此，社会情感性角色的重要性常常高于任务性的角色。

在团体中后期，成员也可能成为反团体的角色，团体工作者要了解那些通过团体互动可能产生的各个角色，必须特别注意那些妨碍个人实现目标或创造有效团体的角色。另外，团体工作者必须提供给成员机会以使其尝试新的角色，同时考虑运用团体的外在环境。

角色与地位是很难分开来解释的，它们是一对难分难解的概念。个人预测他人的期待而去实施符合其地位的行动，我们称之为角色。角色是地位的外在动态表现形式，角色是人们的一整套权利、义务的规范和行为的模式，是人们对于处在特定地位上人们的行为的期待。地位是角色的内在依据，地位是个人占有的位置，简而言之，是权利与责任的总和。权利与责任决定个人在团体或社区中的位置，当个人去行使他/她的权利与责任并产生影响时，他/她就在扮演其角色了。角色是构成团体的基础。

贝尔斯制定了一种"谁对谁"的表格方式，用来记录团体讨论的次数，以及谁发动这次讨论，谁对全体成员讲话（Bales，1950b：89）。通过这个表格的结果分析，他发现团体内自然存在着两大类角色（Parsons and Bales，1956），一类是对工作任务的意见和建议最多，称为"任务型专家"（task specialist）；另一类是最被大家喜爱，最善于处理人际关系，称为"社会情绪型专家"（socioemotional specialist）。

对团体中角色的分类在于解决团体的问题。一般而言，团体中的角色有三大类：团体任务角色、团体建构与维系角色、反团体角色（见表 8-2）。工作者和每位成员在团体中也会因情境的改变而同时扮演不同的角色。只要团体中的角色扮演不会有太大的冲突，就不会有太大的阻碍作用发生（Benne and Sheats，1948；Kolk，1985：137-146）。

表 8-2　团体角色

团体任务角色	团体建构与维系角色	反团体角色
发起人	鼓舞者	导师
信息寻求者	调和者	悲痛者
意见寻求者	妥协者	敌对者
信息提供者	守门员与助长者	垄断者
意见提供者	标准设定者	沉默者
细心经营者	团体观察者与团体评论者	自卫者
协调者	追随者	替罪羊/代罪者
导引者		自命不凡者
评估者		依赖者
加油者		操纵者
行动专家		拯救者
记录者		讲故事者

资料来源：Benne and Sheats，1948；Kolk，1985：137-146。

（一）团体任务角色

团体进行时，团体成员的反应受到团体气氛的影响。这组角色的功能是在激发与协调完成共同任务的决定。具体来说，这组角色的功能表现在：适时地激发团体动力；塑造开放、温馨、自然、无压力的团体情境；促进工作者和成员、成员和成员、人和事、问题和方法之间的讨论与互动。这组角色可能包括 12 种。

1. 发起人

建议新的想法或给予新的界定，或提出解决的办法。要考虑团体活动设计、成员需求、时间、地点等因素。活跃团体气氛，开启讨论话题，推动互动关系。

2. 信息寻求者

寻求对提议的澄清，或寻求权威消息与事实资料。时时激励成员或觉察成员的问题并寻求团体的意见，尤其是针对一些建设性问题。

3. 意见寻求者

不问事实原因，只问团体是否抓到要领。

4. 信息提供者

提供经验或权威报道。

5. 意见提供者

对建议或提议提出看法和意见，例如增补、修正、支持或反对等。同辈团体的支持性行为多于指导性行为，当成员遇到瓶颈或个人困扰时，会求助于团体工作者，这时的团体工作者是一个资源中心，要适时地提供自己的想法。

6. 细心经营者

洞察团体的一切人和事，掌握一些小细节，例如，任何一位成员的一句话、一个动作、一个眼神，活动设计、表格、道具等，举例说明或提供合理的解释，或将意见推演，以有效运作团体。针对团体的讨论主题，能够给予详尽的解析、举例、建议及合理的说明，让团体的计划得以顺利完成，让团体的思想得以顺利贯彻。

7. 协调者

协调成员的误解和团体的僵局，为各种意见搭起桥梁，并在各个次团体间穿梭，尝试将意见与行动结合在一起。成员来自不同背景，当出现对立冲突场面时，需要这一角色去协调。协调者能站在现实基础上，为团体去考虑事情，能将思想与实际相联，避免毫无目标的漫谈而掉进不切实际的讨论中，能把团体的思想拉在一起以及协助团体组织相关的活动。

8. 导引者

导引话题与团体方向，指出意见的意向；导引目标，或提供讨论方向；能告诉团体正确的目标与方向；能摘述团体已完成的事项并告知是否沿既定方向前进。团体初期，成员缺乏共识；团体中期，成员讨论有时会有离题、跑题、不聚焦的现象。

9. 评估者

提出一些标准来细心分析、评估、质疑团体讨论的实施、逻辑或程序问题，以真实地掌握团体成效和发展动力。评估者常常出现在主题设定、计划制订、成员选择、成员回馈、团体过程检讨、成员追踪、团体检讨等过程中。评估者能描述团体已完成的事务并指出它做得怎么样，能评估团体的过程、建议、相关讨论的有用性及合理性。

10. 加油者

鼓动团体决策或采取行动，或刺激团体达到高潮。

11. 行动专家

具备纯熟的专业技能与丰富的实务经验，促成团体行动，分配任务，管理进度，安排与规划，能执行团体过程中一般性的程序工作，如座椅的安排、调泡咖啡饮料、准备讲义等。

12. 记录者

提议的草拟与记录，结论的登载，负责记下团体的决议计划、建议等。

（二）团体建构与维系角色

团体的运作需要多元化的角色，团体建构与维系角色也是团体运作所必需的。这组角色在于建构以团体为主的态度与导向，协助建立积极、友好的人际关系，并维持团体的运行。这组角色有七种。

1. 鼓舞者

随时给予他人激励、赞美，对他人在团体内外表现的正向行为给予肯定，使用赞美、温暖与团结的态度对他人，并且表现对他人意见与观点的了解，鼓励成员可增强成员自信心及提升参与意愿。在团体暧昧时期成员出现对抗、冷漠、无力、封闭等负向行动时特别需要鼓舞者角色的出现。

2. 调和者

适时介入调和人际冲突或意见不合，使不同意见之间实现协调，并消除紧张与冲突，使场面轻松，促进人际关系的发展与团体和谐气氛的形成，让团体保持和谐而不使之分裂。

3. 妥协者

努力折中各种意见，寻求折中办法，适时地妥协接受大多数人的意见而不防卫。工作者难免在带领团体过程中出现行为上、观念上、技巧上的盲点，当成员质疑时，需要适时适当妥协，愿意试着去寻求可以为成员们所接受的其他选择，让团体的问题得以顺利解决。

4. 守门员与助长者

适时提供问题刺激与解决问题的信息，保持沟通渠道畅通，并且促成参与，激发沟通，以免团体卡住了，成员无所适从，甚至觉得毫无收获，团体没有效率。这种角色能督导建立团体规范，并且以身作则率先遵守；能促使每位成员积极地参与或者建议每位成员贡献所及的能力，其扮演的角色相当于团体工作者的助理或者仲裁者。

5. 标准设定者

在尊重他人意见的同时，适时地制定共同的规范与运作规则，并且确实执行这一规范、规则。为团体设定一些功能运作的指标（例如对迟到等现象的惩罚措施），让团体过程和团体目标都达到一个能被其他人所接受的标准，能为团体规范和团体目标设定一个相当高的标准，能评估互动的质量。在团体中常常会出现团体规范订立后不能遵守的现象，标准设定者角色对于改变这种现象是很有作用的。

6. 团体观察者与团体评论者

观察、记录和分析团体内部气氛、团体进程、成员反应等各种团体过程的资料，提出解释，并加以评估，以完全掌握团体各种发展因素，有效地关注到每位成员、每个过程，例如成员发言频率与次数、发言内容、言语与非言语的行为等。这种角色很注意团体过程，能以描述性的、解析性的或评断性的方式将所观察到的或所看到的结论联系起来。

7. 追随者

善于追随团体行动，或多或少地接纳他人的意见。在团体讨论与决策中，经常是一位听众，不论团体有任何的需要，都会亦步亦趋地跟着走，往往较为安静，也有可能较少贡献自己，比较喜欢成为团体中的一位友善的观察者。在团体决策时或在团体发展后期，成员专长和潜能被激发，团体工作者可转换成这种角色，减少引导和控制性行为。

（三）反团体角色

每个团体中的成员都有或多或少、或轻或重的个人问题，而每个人也会将自己的个性带进团体，对团体造成一定影响。但是，当有些成员扮演的角色对整个团体或个别团体成员产生了干扰时，倘若处理不当，就会给团体带来严重的负面影响。这些角色对团体工作者而言是一种挑战，也是一种压力。同时，这在团体工作中也是一个重要的课题。这种难以处理的反团体角色的类型有很多，这里介绍一些比较常见的类型（林孟平，1998：202～250）。

1. 导师

团体中往往会出现导师，他们在团体中通常很忙碌，看起来也很投入，只不过，他们只是忙于找机会向其他人提供意见和建议。一般成员不喜欢这种角色，但对于那种喜欢依赖他人、不想对自己行为负责、对自己处事缺乏信心的人来说，他们很受欢迎。导师角色出现的原因会有几个方面：将注意力从个人的问题转向；表示自己的能力更强；对正在寻求帮助的成员有轻视和敌意，却借此隐瞒；在感到不安、无法面对时，就会提出意见进行逃避；原本很依赖人，为掩饰自己的毛病，不断扮演导师的角色；对自己的行为不敢肯定，于是用提意见的方式来获得反馈；出于助人的诚意。

导师不是对自己很有信心，就是很自卑，是没有安全感的一类人。有些人在日常生活中，一直扮演父亲、母亲或兄姐角色，在团体中，他们倾向于扮演导师或顾问，经常给个人提出许多建议，另外，还很怕看见别人做错事或做出错误选择。

团体工作者首先千万不能被依赖性强的成员引诱而陷入导师的圈套。针对作为导师的成员，团体工作者千万不要对成员的行为做出解释或直接对质，应配合成员，协助成员探索这种导师行为对于自己的意义，鼓励其他成员对导师成员给予回馈，协助导师成员澄清自己的感觉和想法，让其发现自己帮助别人的行为是和自己的行为有关，并学习面对自己与别人的有效方法。

2. 悲痛者

在现实生活中，由于现代城市内人与人之间的疏离，不少人连处理悲伤的对象和地点也找不到。他们一旦在团体中经历到关心与温暖，往往在触及痛处时会泪如泉涌，许多长久压抑着的情感会趁机显现。

悲痛者出现的原因有以下几种：孤独、疏离、寂寞；经历变故、个人或亲友不懂处理而压抑悲痛，例如丧礼的安慰、对痛哭的劝止，实际上阻碍了个人面对悲痛。

团体工作者要认识到，哭泣不是弱者的行为。当一个人在团体痛哭时，往往反映出其在众人的鼓励和支持下勇敢地正视自己，不再逃避自己的哀痛与过失。团体工作者要给予适当的安慰和关怀。

团体工作者要注意经常痛哭的成员。这种成员是团体中的问题人物，特别是那种只想在有观众的情况下哭泣，却不愿意面对问题而只是试图吸引注意的成员。对于这种成员，团体工作者不宜过度关切和安慰，以避免不当地增强其行为。

团体工作者要有高度的同感，这有助于成员的自我剖析，同时，注意每个成员的防卫机制。

3. 敌对者

敌对者对他人不信任，充满敌意，不屑于与他人接触。敌对者基于个人的防卫或其他因素，对成员或团体产生非理性的批判，经常使他人泄气，反对他人的价值、行为与感受，攻击团体与团体目标。他们往往会不同意别人的思想和讨论的结果，会不赞同别人的行为、感受及价值观，也会将自己的信念或做事的方法强加在别人身上。这些人往往会是嫉妒的、没有安全感的以及需要别人注意的，可能是团体工作者、领导者、成员，容易使成员或团体受伤。这种类型的角色往往以胁迫的方式来操控别人。

这种成员往往在人生中受过伤害，而且伤痕很深，或者受伤的次数不少；有些不心甘情愿地加入团体的成员，例如学校、康复机构的团体成员，会对权威形象产生反感。

团体工作者要提高警惕，坦诚接纳敌对者，设法了解敌对者的心情。首先，团体工作者对敌对者要保持冷静，坦诚表达自己的感受，也可以邀请其他成员表达感受，邀请敌对者一起讨论自己的心情及行为、期待等。

4. 垄断者

垄断者常常是第一个说话的人，如果有人提出问题要讨论或分享，则垄断者马上会表示其有相同的经验或问题，开始长篇大论。基本上，垄断者是一个抗拒者，往往自我中心、感觉迟钝、不能容忍沉寂、喜欢打断别人的话题、是一个技巧纯熟的演说者，希望永远做明星。沉默者会相当欢迎垄断者。在团体初期，成员们也会很欢迎这种垄断者，随着团体发展，成员们对这种行为会越来越不能忍受。

团体工作者要协助垄断者觉察到自己的行为以及这种行为对他人造成的影响。团体工作者适时果断地打断谈话也有助于阻止垄断者的消极性行为，但这种打断行为必须以不造成对垄断者的伤害为前提。

垄断者的出现，团体其他成员有相当的责任。团体工作者要鼓励成员面对。团体工作者若能适时帮助成员积极参与，一定能协助垄断者进步。

5. 沉默者

沉默者由于不肯用言语表达团体感受和参与团体活动，虽然他/她不一定有问题，但一般来说他/她无法或很少能从团体中充分得益。

有些沉默者由于个性关系，比较内向，沉默寡言，团体工作者要注意观察他们的非言语表达方式，分析他们对团体的投入程度，观察要准确，要谨慎"沉默者"的标签，千万不要强迫成员说话，要抓住一些自然时机来具体说出对他/她的关注，把他/她包容在团体中，并尝试建立关系。

有些沉默者由于比较害羞，不太容易在团体中表达，工作者可以使用一些压力较小且比较没有威胁感的方式，例如以两两配对或者三人一组等小团体的方式进行分享讨论，或者通过书面的形式事先进行思考，再作讨论。

有些沉默者往往是自我形象偏低，由于欠缺自信，一直不觉得自己的参与和意见有任何价值，往往还有些恐惧，他们不想被别人挑战，也尽量避免挑战别人。团体工作者对这些沉默者要给予较多的支持和鼓励，让他们有信心、有勇气去尝试，或者鼓励他们讨论沉默的原因，或者让他们了解他们的沉默行为对其他成员的影响。

有些沉默者是通过沉默来对抗团体工作者或者某些成员，团体工作者要敏锐地察觉这种状况，并且进行自我反思和团体观察，了解抗拒来源，进行适当处理。

有些时候沉默是正常的，例如在团体初期，团体凝聚力和团体气氛还不够的时候，使用暖身活动会比较有效。如果团体大多数人都保持沉默，则工作者可以针对自己察觉到的团体气氛，询问成员的感受，并一起共同探讨和处理。有些时候沉默具有建设性，例如思考问题、平复情绪等，这时工作者要学会等待，能够忍耐一定时间的"冷场"。

6. 自卫者

基于种种的恐惧不安，自卫者于是千方百计地防卫保护自己。自卫机制有激进的，也有消极的。

在帮助人的工作中，团体工作者不要对成效有过高的期望。如果自卫者长期以这种方法生存，那么在短短的团体过程中，不一定能促使其改变。因此，要有效地帮助自卫者，工作者要很有耐性。

7. 替罪羊/代罪者

"替罪羊"首次出现于旧约《圣经》中，后来替罪羊就被用来说明一个人或一个团体承担了他人的罪过而受罚。在团体过程中，替罪羊的人格特征、行为属性、潜意识情绪及社会知觉，大致有以下几个特征。

（1）个人在做出社会可接受的适应性反应的过程中失败，也许这是个人的习惯导致的。

（2）替罪羊较不易察觉在团体互动中的非言语沟通，他/她经常不能很技巧地表达自己的坚持，而让人觉得他/她很笨拙。同时，他/她也缺乏去控制他人的动机，反而受到这种行为的惩罚。

（3）替罪羊有潜在的自我陷入伤害情境中的风险，这种行为显示出缺乏适应性的学习能力。

（4）参照团体对替罪羊有成见，所以塑造了他/她现在的行为与期待。这些参照团体包括朋友、家庭与团体成员。

有些成员很容易被别人选为代罪者，有些成员也经常故意成为这种角色。这类角色比较多地出现在那些不懂与别人建立关系和交往的人身上。

当成员找到一个代罪者去代罪时，通常攻击的是他们对自己最感懊恼和不满的问题。团体工作者不要偏袒任何一方，而要同时帮助双方对事情做出适当的处理。

8. 自命不凡者

这种类型的角色坚持认为自己的信念高人一等，说话中批判性和责难性很重，有意无意地贬低他人，永远不承认错误或做出让步，他/她一定永远都是对的，而别人都是错的。在任何道德事件上，他/她是至高无上的权威，不会在意是否被别人所喜欢，会将自己的道德标准强加在别人身上。这种类型的人在起初会是安静的，接下来会在毫不让步或承认错误的情况下，持续不断地维护自己的立场。

团体中其他人对他/她会产生抗拒和反感。工作者常常受到他/她的挑战，这种人往往来自家教严谨的家庭，或有宗教热忱，或性格不成熟，或曾经犯错，却一直未得到处理。

团体工作者对待自命不凡者，要做感受上的回应，协助成员表达此时此地的感觉，避免理性的交流。

9. 依赖者

依赖者缺乏自信，事事求得别人的协助；遇到合适的对象，就经常寻求保护和照顾；没有主见，没有个性；通常依赖别人、寻求帮助而操纵别人。

团体工作者可以不时提醒他/她对其他成员独立成熟的处事做人方式进行观摩，改正他/她的一些错误观念。

10. 操纵者

操纵者善于观察，很懂得利用他人的弱点，为了达到目标，不择手段，也不计较自己的形象。操纵者其实很虚伪，他/她不怕其他成员的对质，有很多方法协助自己做出逃避。

团体工作者的自觉和情绪的稳定十分重要。操纵者通常不相信自己有能力处理自己的问题，也害怕去面对，只是不断用操纵的方法暂时将问题搁置。

11. 拯救者

当一位成员正在经历一些负面感受，拯救者尝试设法为其做出掩饰，采取拯救行动。拯救者的方法有很多，例如有时会用一个新话题将焦点引开，有时会用安慰的话企图减弱当事人的情绪；有时会用一些戏言，嬉笑式地做出注释；有时会在第一时间替代当事人回应其他成员的问题；有时甚至向对质当事人的成员，或促进当时继续探讨感受的成员挑战，有意无意地帮助当事人避开具体面对问题的痛苦。但是，对当事人来说，拯救者的行动表面上让他/她轻易渡过难关，在实质上拯救者的这种助人过程却剥夺了他/她宝贵的改变机会。

工作者要让拯救者思考自己这种拯救行为的意义及与自己本身的问题之间的联系。另外，工作者可以和拯救者一同来探讨分辨什么才是真正的关心支持。真正的关心支持是以当事人的利益为前提的，是要协助当事人面对自己的感受和情绪。

12. 讲故事者

有些人习惯做冗长的发言，滔滔不绝地长篇大论，但往往空洞而没有内容，令听众厌烦。这种成员通常不介意别人的反应，工作者要做适当的干预。

第二节　团体过程

对团体过程观察的内容包括团体文化、团体凝聚力、团体决策三个方面，需要观察团体成员在团体聚会中的反应、成员对互动关系的讨论、这种讨论对团体目标实现的影响、团体内的问题解决过程等。

一　团体文化

团体文化在团体工作中是展现团体作为一个整体而非个人的组合的一个指标，来自团体的行为准则、活动程序与角色规范。团体文化来自成员的价值及信仰，表现为成员对自我行动、思考或感觉方式的信念。这种信念与团体成员的文化背景，如伦理、宗教等相关，因此，团体工作者要尽可能了解成员的文化背景。另外，成员在团体的相似的情境下对自己的社会现实形成共同的观点，这会进一步让成员感觉到团体的吸引力和向心力。同时，团体文化也来自环境的影响。团体与外团体互动后，会产生独特的团体的身份感。

在团体文化中，团体信念、价值与基本身份的理念常常以团体符号作为一种表达方式。团体中的独特性符号常常表现为取名字、仪式、程序、语言、口号、关系的形态与表达关系的方式及装扮。由于团体经验的累积，团体会发展出一些仪式，例如有些团体成员拥有自行设计的全部服饰，进出团体也有固定的仪式，成员使用相同的流行语言或自创的语言，有时用欢呼或呼叫来联络或振奋士气，成员之间运用拥抱或者特别的手势等来表达亲密关系，等等。这些仪式对于对成员具有情绪上的意义，也会增强团体的凝聚力。

对团体文化的理解使工作者能明确地察觉出团体的喜怒哀乐、合作竞争、焦虑紧张、兴奋活力等各种现象。同时，团体文化也具有影响成员行为的能力（林万亿，1998：145－147）。

（一）团体氛围

团体工作者要能敏锐发现团体中的共同特质。这种共同特质常常表现为特定时候团体的情绪氛围，例如成员的共同情绪表现，高兴、有活力、沮丧、冷漠、被压抑……，或者也可能在团体中发现不同的次团体，及他们所表现出的不同情绪反应。当多数或全体成员有着相同的情绪时，可能是因为他们对事件有共同的反应，或者因为有些成员所经验的情绪具有"传染性"。这些情绪都强烈地影响团体实现目标的方式。

团体工作者可以通过观察成员非言语的表达或直接询问成员的感受，或者使用投射法，通过颜色（或事物）与团体的关联来询问成员在团体中的感受，来预估这些情绪状态。

（二）团体规范

团体规范在团体初期指定了团体的方向，在团体中期通过各种团体程序活动而发挥作用。

在团体中期，团体的规范主要是建立制度化与合理化的行为，例如座位安排、说话方式、分享层次、出席与缺席的处理、表达态度等。在团体中期，团体的行为模式都比较稳定，团体规范比较强调"常规化"。团体越能一致地接受规范，越能表现团体的生命力。

在团体中期，当出现团体冲突的时候，偏离规范的现象也更加明显，团体一致的压力也将更显著，团体规范的社会控制功能进一步发展出来。在团体中期，团体的规范也经常改变，团体规范更加关注对偏差行为的控制与处罚。

二 团体凝聚力

团体凝聚力指的是团体成员在观念与行动方面表现出来的一致性，这种一致性往往是团体目标实现的前提。

（一）团体界限

团体凝聚力表现为团体愿意在一起，相互吸引，成员们一再肯定团体经验的价值，努力建立团体功能与结构的均衡，表达出归属感与认同感。

团体凝聚力的测量可以从团体成员投入与被团体纳入其中的程度来进行。团体凝聚力的高低，可从下列几个方面来呈现（Johnson and Johnson，1991：463）：成员的出席率；成员到达是否准时；成员之间的信任与支持度；在团体中成员个人特质被接纳的程度；成员在团体中拥有乐趣的程度。

团体界限同时包含了上述五个方面的内容，经常被用来衡量团体凝聚力。在团体中期，团体成员经常讨论的主题包括：谁可以留在团体中；一位错过某些团体聚会的人是否违反团体重要的规范或者考虑退出；成员可否短暂加入团体；一个人可否立刻变成团体的一员或者需要经过观察评估阶段才能成为团体中的一员。

团体工作者要观察成员对个人进出团体、缺席或表达加入团体的反应，以了解成员如何界定团体界限。有些团体的界限可能很严格，成员会采取某些步骤以防止老成员离开或新成员加入。有些团体的界限可能有点松散，很不容易分辨谁是成员，谁不是成员，而且很少有人注意这个问题。

团体工作者要观察那些尚未被纳入人际沟通网络的成员，协助他们进入沟通网络，同时示范"我们""我们的"概念来表明团体的整体性，增强团体凝聚力。

（二）次团体

在整个团体发展过程中，几乎每个阶段都有可能形成次团体。因此，次团体在整个团体工作过程中是不断变化的。

在团体过程中，成员经过频繁的沟通之后，总有两三个成员彼此有较高的满足感而形成整个团体中的次团体，或者可能基于共同爱好或者团体内分工的需要而形成了次团体。团体工作者要能够及早注意次团体的产生，发现这些次团体可能强化成员的不良行为时，团体工作者要适时介入。有时，团体工作者可以利用次团体的形式增强成员之间的沟通和相互支持。

一些次团体是由于反对团体目标、行动或反抗团体工作者而形成的。次团体中的成员试图在团体中寻找一个团体位置以使自己的独特性得到承认，然而成员可能无法在团体中获得适当的地位。这时，次团体中的成员希望能够影响大团体，他们也可能会感觉到团体工作者的关注以及试图暗中破坏。针对这种情况，团体工作者可以和次团体的成员讨论他们想要影响团体的合法愿望。团体工作者也可以帮助次团体的成员找到有用的角色位置，并进而可以在团体中获得更多的影响力。团体工作者寻找方法，把有异议的次团体联结起来，并且表达对他们愿望的关心。

（三）团体冲突

在团体过程中，解决冲突的经验也会使成员产生亲密感，同时，团体工作者要相信冲突问题可以在团体中得到建设性的解决。

1. 团体冲突的形态

伯恩斯坦认为要解决冲突，先要了解冲突的形态，他把最低层次到最高层次的冲突做了如下排列（Bernstein, 1965）。

（1）身体暴力。打击反对者使之顺服。

（2）语言暴力。蔑视反对者，使之出丑，以及将团体的感受或反对者的感受加以隆重表达。

（3）技巧的言语争论。不用暴力的攻击，而是使反对者受贬和被忽视。

（4）寻求联盟。将支持者结成同一阵线，进行权力的游戏。

（5）诉诸权威决策。寻求某些有权威的人来裁判，例如团体工作者，告诉他/她谁对谁错。

（6）转移与延宕。将冲突的注意力转移到其他事件上。

（7）尊重不同意见。努力去了解反对者的理由，收集必要的资料，试图将冲突理性化。

2. 冲突的类型

团体工作中的冲突的类型有三种：内在心理冲突、人际冲突、生态结果的冲突（Balgopal and Vassil, 1979）。

（1）内在心理冲突

所谓内在心理冲突是指个人生命发展阶段中未被解决的或未完成的经验。所以，它的焦点在于人格与早期的生活经验。内在心理冲突经常反映在团体工作者与成员的工作关系上，即一般所说的移情与反情感转移现象。

（2）人际冲突

除了内在心理冲突之外，团体工作者也要注意到团体过程中的人际冲突，这种冲突主要发生在成员彼此之间。这方面的讨论以敏感训练团体、邂逅团体及各种人际关系团体最为注重。

（3）生态结果的冲突

这种冲突是由于个人与他人显著的差异所造成的摩擦与不愉快的经验而产生的。个人与他人的差异包括生理的、心理的、种族的、民族的、经济的，以及其他社会制度的。生态结果的冲突所关注的是成员之所以效忠团体，是因为性别、年龄、宗教、种族以及当前生活的压力与紧张等。生态结果的冲突与个人内在心理冲突和人际冲突是相互关联的。团体工作者应该努力拓宽视野以关注个人、团体与社会的互相依赖与冲突。

（四）替罪机制

替罪机制可能存在于二人团体、家庭、工作场所、团体或社区及社会中，尤其是存在于冲突之中的人际关系中。在团体工作中发生寻找替罪羊的情况也很多。寻找替罪羊不单是个人人格的问题，也是团体气氛、文化与冲突的结果，即团体情境也是个重要因素。什么样的团体过程最容易造成寻找替罪羊的情况呢？具体表现在以下几个方面（林万亿，1998：139～140）。

（1）团体处理紧张情况时。团体企图寻找替罪羊来控制冲突的结果，以平衡团体紧张，由此导致了非理性的妥协，歪曲了团体的情感生活。

（2）团体角色分化的偏颇与固执。这种偏颇来自价值、规范的歧义，使寻找替罪羊现象经常固定地发生在某些不利地位者身上。

（3）团体与外在社区的冲突。如果团体不能被社会完全接纳，团体不能在外团体寻找替罪羊，那么，只好以团体内的替罪羊作为维持内部与外部均衡的手段。这时，成为替罪羊的大都是团体内社会地位较低的成员。

（4）成员与工作者的冲突。成员不敢对工作者表示愤怒的感受，只有寻找替罪羊作为发泄的工具。这一般发生在独裁的团体里。

（5）团体凝聚力不高。团体的凝聚力越高就越能处理内外的冲突。如果团体不能处理内在的冲突，则会寻找一个替罪羊来承担引起团体内不协调感受的责任。

（6）团体目标不能达成。如果团体规范是以成就取向为主的，那么万一目标不能达成，则损害团体规范的事件会层出不穷，这时寻找一位替罪羊也就不足为奇了。

三　团体决策

团体决策是团体实现自身的目标、维持正常活动的重要方面。团体决策，其实是一个领导与服从的过程，领导与服从是团体决策的主要内容。

团体决策反映了团体共识达成的过程。通常，团体工作者必须协助团体成员区分事实与特殊意见的价值，澄清推论与曲解的意见。工作者在决策过程中也不表达意见，以形成团体的不规则与挫折现象，尤其是在敏感训练团体或治疗性团体。

到了团体中期，团体决策是很重要的环节。团体工作者、成员以及团体都要特别注意观察并处理团体决策过程中出现的一些特殊现象。

（一）团体极化

团体极化（group polarization），又可称为"风险转移"（risky shift）（Wallach，Kogan，and Bem，1962；Stoner，1968），是指团体在讨论各项替代方案时所做成的决策会比个人最初的行为有更偏向极端的倾向。所谓极端是指成员的态度或意见会走向更激进或更保守的两种极端。经过团体讨论后，成员的意见被分享、思想被强化、责任被分散，在这种情形下，成员的态度会移向两个极端。

团体内两极化现象的出现，可能导致的后果是：强势的一派会试图压制弱势的一派，强行使其接受团体的最后决策。这样双方就都不会对这种决策尽力执行，这对团体影响巨大。

团体极化产生的原因有三：一是分享态度，在团体讨论过程中，成员间的思想交流、态度分享，会让理念、思想一致的成员更紧密地结合在一起；二是拥有具说服力的支持者，在团体讨论过程中，具说服力的支持者有相当的影响力，能左右团体中其他成员的观念和想法；三是责任分散，团体决策的决定是全体成员共同做出的，所以责任应该大家共同承担，这样就分散了个人应该担负的责任，倾向于促使个人承担风险而去支持较为冒险的决策（Griffin and Moorhead，2014：251－252）。

在团体呈现两极化的初期，团体工作者要敏感地觉察到，并努力消除彼此的紧张和敌意。建议可以运用以下几种方法。

（1）提出优点。只讨论双方的优点，异中求同，寻找共同点，这样减少彼此的批评，较容易达成共识，可以把双方的紧张和敌意程度减到最低。

（2）整合解决方案。双方均先提出方案，然后再仔细审视，找出共同点和相异点，再加以整合并提出最后的解决方案。

（3）试验。由双方或单方对两极的方案可能造成的结果进行直接的试验，然后再比较测试的结果，讨论出一个双方都可接受的方案。

（4）由团体工作者决定。团体工作者在仔细考量双方成员的意见与想法之后，自行定夺，决定采用哪一个最后决策。

（二）团体思维

1. 概念来源

由于领导总是被看作为团体完成某项任务，因此他们经常被赋予"特殊信任"，这种信任使他们能够偏离团体规范，"老百姓"们则被期待去服从领导。无论是成员，还是领导都同样会有服从的压力。团体思维（groupthink）的概念来自一系列的实验。

（1）谢里夫的自动移动效果实验

谢里夫（Muzafer Sherif）在实验室制造自动移动光效果（autokinetic light effect），让受试者在暗室内，在其前面一段距离的地方，呈现一个固定不动的光点，受试者会产生光点在移动的错觉。实验者请受试者估计光点移动的距离，假如只有受试者自己一个人做判断，他/她很快就会建立一个稳定的参考框架，以后他/她对光点移动距离的判断，就以参考框架为依据，局限在一个小范围之内。接下来，谢里夫又让三位受试者在暗室内轮流判断光点移动的距离，开始时三人前几次的尝试，所做出的判断相当悬殊，然后让受试者先听另一位受试者对光点的移动距离的判断，慢慢地，三个人的判断越来越接近，到最后三个人判断的移动距离变成一样的。第二天他们再回到实验室做单独的判断时，团体在前一天所产生的影响依然存在（Sherif，1936）。

（2）阿希实验

阿希（Solomon E. Asch）设计了一个实验，让七八个人并肩坐在一个教室里，并在黑板放粉笔的沟槽上，放置两组大卡片，如图 8 - 9 所示。

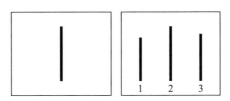

图 8 - 9　阿希实验

资料来源：Asch，1952。

然后，阿希逐一询问实验对象，说出第一组卡片上的线条长度，与第二张卡片上的三条线中的那一条线等长，总共做了 18 次的比较，每个实验对象必须依次序大声地说出他们自己的答案。在实验中，除了一人是受试者以外，其他人都是实验者的秘密的同伴，他们被告知，对同一个问题给予同样的显然错误的答案。结果是：几乎 1/3 的被实验者改变主意，接受大多数人的答案，虽然他们认为其他人的答案是错的，自己的答案是正确的。这种现象被称为"从众"。

（3）团体思维

阿希实验中的被实验者在团体中是外人，实际上在大家熟识的团体中也会出现这种状况，这就是"团体思维"。团体思维最先由贾尼斯（Irving L. Janis）提出，认为有时一个团体看似相当理性，而且有智慧，也可能做出事后回想起来相当不幸的决策。团体思维是人们深入参与一个有凝聚力的团体的一种思维模式，其中的成员们对内部一致性的努力超越了他们现实地评估替代行动方案的动机（Janis，1982：9）。这是一种由于内部成员高度整合所表现出的一种无异议通过的团体决策过程。在这种团体思维模式下，团体可能压制来自内部的批判，排斥外来可能对团体信仰产生挑战的信息，这会使成员将其与团体不同的道德判断暂时搁置一旁（Janis，1973）。在一个高度内聚的团体中，成员倾向于保持一致，以致忽略真相，就像"皇帝的新装"这个故事一样。这种团体思维有时会带来毁灭性的决定和后果。因此，即使领导拥有偏离规范的权力，他们也经常承受追随者同样的团体思维的压力。

2. 团体思维的症状特征

贾尼斯在他的著作《团体思维的牺牲者》中，明确界定了团体思维的 8 种症状（Janis，1972：197 – 198），而后又将这 8 种症状特征分为三类：对团体的过高估计、思想封闭和趋于统一的压力（Janis，1982）。

（1）对团体的过高估计

陷入团体思维陷阱的团体实际上很可能正在做出错误的选择，然而，成员们还满腔热情地认为一切都运转良好。这种毫无根据的乐观主义表现为无懈可击的错觉和道德的错觉。

① 无懈可击的错觉

大多数或所有成员都对团体有一种无懈可击的错觉，这种错觉造成过度乐观并鼓励极端冒险。

② 对内在道德的信仰

对团体内在道德的不可置疑的信仰，使成员倾向于忽视其决定的伦理和道德后果。

（2）思想封闭

表现出团体思维的团体一般都不是寻求新想法和观点的思想开放的团体。相反，团体思想封闭，与其他选择方案完全隔绝，只是试图通过集体合理化和刻板印象来支持他们的最初决定。

① 集体合理化

一旦团体开始倾向于支持一项计划，成员们就开始认为那些质疑其初步决定的信息和意见是不重要的，认为他们没有必要在决策之前重新考虑他们的假设。

② 对于外团体的刻板印象

当成员对于外团体不够了解，存在刻板印象，容易错估形势而造成错误判断，会徒增团体的冒险性而导致团体的挫败。

（3）趋于统一的压力

努力达成共识是团体生活中必不可少且不可避免的方面，但在团体思维的情况下，人际压力导致同意太容易，而不同意太难。团体对任何形式的异议都是零容忍的，可能会使用严厉的措施来让那些持不同意见的人达成一致。这种压力来自四个方面：自我审查、全体一致的错觉、对持不同意见者的直接压力以及自我任命的心灵守卫。

① 自我审查

对明显偏离集团共识的情况进行自我审查，反映了每个成员都倾向于尽量减少他/她的怀疑和反驳的重要性。对于团体舆论的偏向、怀疑或不确定，或者一些个人负向的评语，团体成员仅止于自我检查或保持缄默，而不敢公开地披露个人的意见。

② 全体一致的错觉

团体成员们都强烈地感觉到他们的观点应该是完全一致的，但其实团体中有一部分成员持反对意见，只是这些反对意见在讨论过程中，一直无法浮出水面。这种全体一致的共同错觉，源于对偏差的自我审查，或者"沉默意味着同意"的错误假设。

③ 对持不同意见者的直接压力

当有成员对团体的任何陈规定式、错觉或责任义务表示强烈反对时，团体直接向成员施加压力，并明确表示此类反对意见与成员忠诚于团体的期望背道而驰，持不同意见的成员因此会被迫将自己的疑虑隐藏起来。

④ 自我任命的心灵守卫

团体中出现自我任命为"心灵守卫"的成员，保护团体免受负面或有争议信息的影响，因为这些不利的信息可能会打破他们对决策有效性和道德方面的共同的自满情绪，动摇成员对自己或他们的领导者的信心。这些成员通常使用把关和压制的手段来达成保护团体的目的，例如以漏失信息、忘记提及信息，或者认为这些信息无关紧要、不值得引起团体的注意，从而转移团体中有争议的信息；将持不同意见的成员带到一边，并迫使他们保持沉默。

（三）团体中的社会闲散

最早提出"社会闲散"（social loafing）概念的是19世纪的法国农业工程师瑞格曼（M. Ringelmann）。当团体人数增多时，个人的付出会相对减少，团体的实际效能往往与应有的潜在效能是有差距的，这种现象被称为瑞格曼效应（Ringelmann effect）（Ingham, Levinger, and Graves, 1974; Kravitz and Martin, 1986）。

社会闲散现象的出现，有两种解释：（1）协调的丧失，主要是缺少了成员间同时的努力，无法协调达到共同分工，努力完成任务；（2）在团体中，因为有些成员工作比较不卖力，个人的努力会因此减少，也就是一个和尚有水喝，两个和尚挑水喝，三个和尚没水喝的道理。

如何预防社会闲散行为的发生呢？主要有以下四种方法（Forsyth, 2010：296-298）。

1. 强化对成员表现的可识别性

在完成团体任务过程中，如果成员都是匿名的，其他人的存在会减少其对工作表现评估的恐惧；如果每个成员对团体的贡献不能确定，会让他们觉得自己的努力程度不可辨识，那么社会闲散变得更可能。因此，当每位成员在团体中的身份、地位、贡献能清楚地被确认，并且工作成果能被认定、评估时，他们的社会闲散行为便会明显地减少或消除。

2. 避免出现"搭便车"者

当个人加入团体之后，团体意识会增强，个人意识因而会减弱，个人对团体应负的责任随之降低，这就是所谓的"责任分散"。责任分散的现象在团体中一经形成，会让团体中的个人感觉到其只不过是团体中的一分子而已，是可有可无的，是微不足道的，认为个人的所作所为对团体不会有任何的影响，更有可能减少个人努力，团体就会出现"搭便车"者。如果团体成员有这样的想法，那么闲散行为便会因此而产生。因此，只有通过强化个人责任、缩小团体规模、加强团体绩效规范、惩罚贡献太少的人等，将"搭便车"行为的影响降到最低，团体过程的流失才会被抑制，团体中成员闲散的行为才会消失。

3. 促进成员的全心投入

在团体中投入工作越多的成员，就越不可能闲散。当团体所开展的是成员都有兴趣、全心投入的或有挑战性的活动时，成员比较不会有闲散行为发生。因为成员在这种重要的团体任务上倾向于花费更大的精力，以抵消他们的合作成员在努力和能力方面的预期不足。

4. 增强成员对团体的认同感

如果团体及其任务对成员来说毫无意义，那么他们很少关心团体的成败。如果成员从团体中获得自我意识和认同感，彼此之间相互信任，相信对方也有能力和意愿会对团体做出贡献，认为团体及其任务"对我们很重要"，而不仅是"对我很重要"，那么成员会尽力投身于团体的工作中。否则，就会出现社会闲散行为。

（四）团体中的去个人化

去个人化（deindividuation）主要是描述团体中的个人如何浸没在团体之中而达到一种浑然忘我的境界，这种感觉可以创造出一种内在抑制力减低的情境，甚至会发展出越轨行为。在这种情形下，团体决策的形成、发展或执行无形之中都会受到相当程度的影响（Forsyth，2019：566 - 570）。

通常当个体成为团体的一部分时，会失去个人的独特性，降低自我知觉，产生去个人化的情形。去个人化的行为主要是指个体的自我认同被团体行动与目标的认同所取代，个体越来越难意识到自己的价值与行为，而集中在团体与情境上。

去个人化真正的含义就是自我意识的下降，表现在两方面：责任性低和匿名性高。

（1）责任性低。就是个体责任的丧失，增强对团体行为的敏感度。简言之，团体成员会认为自己的行为就是团体行为的一部分，这使人们觉得比较不需要对自己的行为负责，也比较不关注后果。这种行为很容易产生反社会行为。

（2）匿名性高。团体成员匿名性高时，会降低对自己行为负责的感受度。当匿名性高时，个人容易爆发出激进的行动，反正也不是自己一个人犯错，而是整个团体的成员一起做的，这样不需要独自负责行动。

去个人化的行为可以产生正负两方面的结果，如果团体成员所表现出来的行为是亲社会性的、利他的，例如捐款赈灾、舍己救人，则去个人化的行为是值得赞扬的；但是，如果成员的行为表现是属于反社会性的，例如使用暴力、聚众滋事等，则去个人化的行为是情绪化的、是不值得鼓励的。作为团体工作者，应该对成员的去个人化行为表现出能够完全掌握与了解，这对团体决策质量的提高会有帮助。

第三节　团体发展阶段

团体工作者在实务过程中，需要通过观察，判断团体处于什么阶段，并由此对团体工作计划进行修正，及时发现团体需求并进行回应，推动团体目标的达成。

一　团体初期

团体初期，成员进入一个陌生团体，充满着焦虑、恐惧、伪装、不友好、好奇、封闭、犹豫不决与紧张，以兴奋、不安全感、犹豫不决为主要特征。团体成员们了解该团体如何发挥作用，确定他们自己的目标，明白他们自己的期望，并寻找它们在该团体中的位置。在这一初期阶段，团体成员们往往保持一种"公众形象"。这一阶段的特点通常是带有一定程度对该团体结构的焦虑和不安感，团体成员是以尝试性态度探索和检查团体的种种局限性的。

二　团体中期

在团体中期，成员开始注意自己在团体中的地位，探寻自己是否被其他成员接纳，成员比较注意权力的获取，会产生权力冲突和意见不合的情形，因此成员会有很大的不安全感，这种不安全感通过后来成员之间的相互接纳来消除。经历过这些之后的团体中后期，成员之间出现互相信任，团体拥有很强的凝聚力，成员可以坦白表达自己的内心，也可以对他人提出意见，团体的领导结构开始确定，成员遵守团体规范，这时的团体能够有效地应对团体内外的突发事件，因为成员对团体拥有较强的归属感。

团体中期的阶段特征体现在：团体成员更加投入活动（包括讨论），而不是还在讨论哪些活动较适当；如果活动或话题已决定，就很容易达成共识而开展活动；如果对于选择或执行活动没有达成一致同意，则至少其中有一组成员有共识，而另一组或少数成员反对；将一致同意的团体规范或规则做成参考文件；成员彼此对话多于成员对团体工作者的讲话；形成一种谁对谁说话、坐在哪里、谁最有影响力及谁在执行任务等模式；团体目的及目标是很清楚的。

三　团体结束期

团体结束期的情绪现象体现为不舍和不满。团体成员有很多复杂的情绪，例如伤感、疑惑、喜悦、失落、遗憾、未结束感等，团体成员还可能有对团体工作者的反应，例如生气、有意拉远距离。团体工作者也会存在失落、欣慰、失望、难过、气愤等情绪。

团体工作者必须了解团体结束对团体成员所代表的意义，才能使参加团体成为成员有益的生命经验。团体结束阶段的团体经验对团体的成效有决定性的影响，当团体结束阶段是一段成功的经验时，成员较愿意将团体学习的经验转换到生活中，而且在离开团体之后，拥有的是对团体的正向情绪，而不是对团体的负面感受。

任何一种形式的结束，无论是与某个人关系的结束，还是与某个团体关系的结束，抑或是因为分离而造成的结束，都有一些共同特征——失落。人们体验经历了失落之后，必须收回过去对所失去的人或物所投入的精力，并接受这些人或物在未来都将仅存于自己的记忆中，无法再真实地出现在生活中，并愿意与这些失去的人、团体或事物建立新的平衡关系。人们从生命的一开始就不断地面对失落，例如婴儿第一次和母亲的分离、孩子第一天上幼儿园、玩伴的离开、更换老师或宠物的死亡等，这些永久性的失落经验都必须得到处理。处理失落是生命中不可或缺的部分，虽然失落可能对某些人而言是一种灾难，但是人们必须能够接受和面对失落是生命中不可避免的事实。因此，团体工作者必须了解失落的意义，并利用团体的结束来协助成员了解失落的意义。在最适当的时间让成员离开团体，从伦理上和临床上说都是最好的实务工作（Corey et al.，2015：170）。

团体随着结束时间的逼近，会出现不同的团体过程。有些团体没有固定的结束时间，成员则因自己目标已完成或放弃完成的希望，在团体尚未结束前就决定离开团体；有些团体则在完成团体目标之后，由所有成员共同决定结束团体。

团体工作者带领的大部分团体，无论是短期性或长期性的团体，都会设定固定的聚会次数。当团体工作者面对的是有时间限制的团体，特别是仅有 8 ~ 12 次聚会的短期性团体时，团体工作者需要及早开始预备团体的结束，甚至从团体一开始就为团体的结束做准备。虽然许多成员对团体结束的时间会采取否认的态度，或是通过各种方式延长团体聚会的时间，但团体工作者依然必须在团体开始时，就让成员明确知道团体结束的时间，这样当工作者邀请成员讨论团体最后一次聚会的内容时，成员才不会感到震惊。因此，团体工作者应在考虑团体时间的情况下，拟订团体实施的计划，讨论团体目标的选择，决定团体中关系发展的深度。

当团体尚未决定结束的时间，全视目标达成与否而决定结束时间时，团体较容易出现一些棘手的现象。例如，成员可能会拒绝承认自己已经达成目标而可以离开团体，并且开始质疑团体工作者决定结束的原因。因此，当团体工作者面对没有固定结束时间的团体时，至少必须在团体刚开始时，就协助成员学习面对不确定和未知的结束时间（Garvin，1987：213）。

第九章　带领团体

团体工作者在带领团体的过程中，需要掌握团体带领的原则与技巧，在不同的发展阶段灵活运用工作技巧，并建设性地运用团体活动。

第一节　带领团体的原则与技巧

在带领团体过程中，团体工作者需优先满足成员的情感和关系方面的需要，然后才注意程序或服务是否顺利执行。在团体进行期间，团体工作者需要留意成员的情绪反应，如果他们需要情感上的支持，则应暂停活动，先处理他们的情绪，给予情感支持。如果团体工作者只注重完成程序的内容，便有可能造成成员心理的创伤。在某些情况下，因为时间紧迫，团体工作者未必能及时处理成员的问题，但事后应该尽快跟进。在带领团体过程中，一些意外事件或者冲突的出现正是成员学习与人相处的好机会。团体工作者应和成员一起分析回顾当时的情景，让他们从反省中学习。成员的学习和成长远比程序是否依计划执行来得重要。本节将主要介绍带领团体的基本原则、带领团体技巧的内涵和类型，并对带领团体的基本技巧进行了阐述。

一　带领团体的原则

参考并修正柯瑞尔等学者提出的带领团体的基本原则（Corey et al.，1982：162 – 170），带领团体要注意四个层面的原则。

（一）成员层面

团体工作者要敏锐察觉成员的变化，尊重成员，团体工作者协助成员寻找适合的技巧，而不是促使成员迎合团体工作者的需要与技巧。

对待成员不能标签化，团体工作者要抛开对成员的偏见和预设。

团体工作者要真诚地尊重成员的文化以及成员之间的文化差异，灵活地采用工作技巧来配合团体中个人的需要和情境。

让成员能够把过去、现在和未来联系起来，让成员了解现在的自己是植根于他们个人的生活史的。

为成员提供巩固学习和练习的机会。

（二）团体工作者层面

团体工作者要能够敏锐地觉察到自己的价值观和个人需要如何影响工作过程。不能把自己的偏好强加于成员身上以操纵他们。

团体工作者要避免把使用技巧当作目标，技巧只是实现目标的一种手段。

团体工作者要愿意寻找外部协助，例如顾问、督导、环境资源等，团体工作者将会有机会从同事、督导或其他专业人员那里获得益处。

（三）团体层面

不要企图直接改变成员。团体工作者应该试着提供一个最理想的环境，让成员能表达他们的感情，重新检验与思考他们的决定，以及尝试新行为。总之，就是让成员有机会思考他们改变的途径与方法。

了解事前准备的重要性。准备工作可以让成员就绪和让团体工作者做好调整等，这样才能将团体进行得更加完满。

团体工作过程中，要能够灵活运用表达方式。要尽量使用试探性的语句，让成员有婉拒的余地。在给予别人回馈时，要使用直接的方式。团体工作者要使用简洁的词句，简单清楚地描述技巧的运用。

团体工作者要留意团体内的非言语的沟通，了解成员的隐喻，以更加了解成员的言外之意。鼓励用言语表达，可以针对成员的感受、想法和行为，探讨成员改变的可能性。

在团体中，把问题提给成员，让成员互相寻求建议和协助，一方面，可以解释或澄清；另一方面，可以建设性地把成员纳入寻求问题解决的过程。

团体工作者要善于运用成员之间的工作，应该考虑让成员在同一时间内一起参与问题的解决，从成员提供的资料中确定讨论主题，并指导成员如何做才能共同完成这一主题。

　　团体的发展不会总和预想的一样，不要违反团体的走向，要学会"顺事而为"。要顺着成员提出来的问题，运用适合他们的技巧，创造适合整个情境的技巧，以促进过程的流畅进行和找出问题的关键所在。

（四）伦理层面

　　要特别强调保密。团体工作者和成员一起明确地界定"保密"的意义及怎样保密，以便保护成员。一般而言，成员不在团体外谈论团体内发生的事情。

　　要认清责任的界限，团体工作者与成员都有责任。

二　带领团体的技巧

　　技巧是对一个既定的情境运用知识进行了解后所表现出来的知识、经验和操作能力。韦尔福德指出技巧是由三个特点紧密结合而形成的，这三个特点是：技巧涉及与某种目标或情境相关的有组织的、协调一致的活动，并且是以一种隐藏在行为表现背后的方式出现的；技巧是通过重复的经验逐渐被习得的；技巧是以时间顺序进行排列和协调的行动（Welford，1958：18）。

　　许多社会工作学者对技巧进行了界定。菲利普斯把技巧描述为"行动中的知识"（Phillips，1957：20）。约翰逊认为，技巧"是社会工作实务的组成部分，将知识和价值观结合在一起，并将其转化为关怀与满足需求的行动"和"一种引导完成特定目标或活动的组织行为"（Johnson，1995：431）。莫拉莱斯和谢弗将技巧描述为"有效使用知识和干预技术的能力"（Morales and Sheafor，2004：132）。

　　库尔诺耶在综合很多学者的定义的基础上提出，社会工作技巧是一系列独立且具体的认知和行为活动，它们与以下因素是和谐一致的：研究性知识；社会工作价值观、伦理和义务；符合能促进行为改变的特质或核心条件；职业素养的特征；以及在实务阶段或过程中正当合理的和合法的社会工作目的（Cournoyer，2011：7）。帕梅拉·特里维西克认为，社会工作技巧是一种具有特定目标的行动，有一些相互交织和重叠的特征：它是可以学习的；按顺序执行的行动；可以以省力的方式组织起来；根据相关性和有效性进行评估（Trevithick，2012：44）。

　　巴克提出，"社会工作者的技巧包括精通沟通、评估问题和服务对象的工作可使用性、匹配需求与资源、开发资源和改变社会结构"（Barker，2003：399）。社会工作技巧是技巧水平和技巧层次的连续统一体，技巧水平从社会工作者的能力方面可以分为新手、高级初学者、称职、精通和专家五种水平；也可以从纵向的技巧内容方面划分为初级技巧、中级技巧和高级技巧三种水平；技巧层次可以分为微观技巧、中观技巧和宏观技巧，也可以分为通用技巧和专门技巧（Dreyfus and Dreyfus，1986：50）。值得关注的是，不能将技巧水平和技巧层次一一对应，例如不能把通用技巧、专门技巧，以及初级技巧、中级技巧和高级技巧进行等级化排列，在有些情形下，使用初级技巧就足够了，使用高级技巧反而会使问题复杂化并导致混乱（Trevithick，2005：65－66；Trevithick，2012：159－160）。

（一）基本内涵

菲利普斯基于自己从事团体社会工作 30 年的经验指出，"过程"是指一个人、多个人以及团体相互之间的整体互动或动态运动。其将团体工作技巧定义为拥有这种过程感，同时有能力指导这种过程感并对它做出反应，坚持到底以最终实现内部互动力量的平衡。菲利普斯认同并重视精心制定的、普遍接受的团体工作目标和团体工作技巧之间的相互关系（Phillips，1957：9）。团体工作者能否有效利用环境限制（特别是机构功能）、情感层面的沟通、当时的现实状况和团体关系四个因素来实现特定的团体目标，是衡量团体工作者技巧运用情况的标准（Phillips，1957）。

团体工作者需要同时处理多项任务，观察整个团体、多个成员的口语和非口语交流，帮助成员相互交流，并跟踪每个成员的过程和内容议题。团体工作的各种技巧相互之间是有很多重叠的，例如积极倾听、反应和澄清等都是相互依存的。团体工作者的技巧不能脱离自己的个人身份特质。每个团体工作者所选择的要发展和运用的技巧，都是各自的个性和领导风格的体现。团体工作者获得或提高工作技巧的一个好方法是以成员的角色参与一个团体。在团体工作者的技巧训练中，团体工作者的人际技巧、真诚、同理心和热情是营造成功的团体氛围的重要因素。除了这些个人特点，团体工作者还需要获得一系列专门针对团体工作的知识和技巧，也能够艺术性地、及时地运用这些技巧（Corey et al.，2018：38）。

（二）类型划分

特斯兰和理瓦斯根据技巧在团体中的功能，将团体工作技巧分为三类：促进团体过程；数据收集和评估；行动（Toseland and Rivas，2017：
131-134）。促进团体过程的技巧有助于提高团体成员之间的理解，建立
开放的沟通渠道，鼓励建立信任，从而使所有成员都愿意为团体正在解决
的问题尽可能多地做出贡献，从而产生积极的团体成果。行动技巧有助于
实现团体目标和满足成员需求。数据收集和评估技巧在促进团体过程的技
巧和行动的技巧之间架起了一座桥梁，有助于制订影响团体过程的计划，
也有助于决定使用哪些行动的技巧。要注意的是，在一个类别下列出的技
巧也可以在另一个类别中使用，尤其是当这一技巧与其他技巧结合使用的
时候。例如，回应被归类为促进团体过程的技能，回应另一个小组成员的
行动或言论有助于团体沟通，同时回应这一技巧也可能用于数据收集与评
估，或者行动（Toseland and Rivas，2017：128-130）。表9-1是特斯兰
和理瓦斯关于团体工作技巧的功能分类。

表9-1 团体带领技巧的功能分类

促进团体过程	数据收集和评估	行动
1. 团体成员参与 2. 关注他人 3. 表达自我 4. 回应他人 5. 聚焦团体沟通 6. 明确团体过程 7. 澄清内容 8. 提示、阻止和引导团体互动	1. 识别和描述想法、感觉和行为 2. 请求信息、提问和调查 3. 信息总结与分解 4. 综合思想、感情和行动 5. 分析信息	1. 支持 2. 重构和重新界定 3. 联结成员的沟通 4. 指导 5. 提出建议、建议或指示 6. 提供资源 7. 自我表露 8. 示范、角色扮演、演练和指导 9. 面质 10. 解决冲突

资料来源：Toseland and Rivas，2017：130。

皮尔逊将团体咨商中的领导者技巧划分为两类：教育技巧和团体管理
技巧。教育技巧包括有形的教育（如提供信息、技巧训练、小型报告）、
无形的教育（如示范、亲身体验）和过程观察（如个体内、人与人之间和
交互的反映）。团体管理技巧包括召集小组聚会、激发成员参与、引导团
体过程、设限、保护。这种团体管理技巧并不仅限于以工作者为中心，团
体成员或者整个团体有时也会使用这些技巧（Pearson，1981）。

佩内尔是团体社会工作知识、价值观和技巧发展方面的著名学者，有
着丰富的团体社会工作实务经验。佩内尔指出，团体社会工作有着广泛的

社会需求取向，这些社会需求无论是从预防到治疗，还是从关注社会状况问题到关注个人功能障碍，都是一个连续体，在满足这些需求的过程中，发展出了各种不同的团体工作技巧，这些技巧大致上可以分为程序技巧（procedural skills）和互动技巧（interactional skills），这两种技巧是相互关联的（Pernell，1962：18－36）。1957 年，佩内尔在《传统青年服务机构的专业服务与志愿服务》一文中指出，在一个不断变化的社会中，传统青年服务机构认识到它们正面临工作日益复杂的状况，这种复杂的状况需要称职的"专业服务"，而这种服务能力取决于工作者是否具备适应机构工作的基本技能和知识，即一种对关系技巧的需求（Pernell，1957）。在更确切的意义上，佩内尔提出的互动技巧实际上就是一种关系技巧（relational skills）。

综合以上学者关于团体工作技巧的分类，团体工作技巧可以分为程序技巧和关系技巧。这两种类型并不是互斥的关系，它们是相互关联的统一体。在团体工作程序技巧的运用过程中往往涵盖了关系技巧。有些技巧可以称为程序技巧，也可用于关系技巧，例如启始技巧既可以是团体工作进行中的程序技巧，又可以是促进团体关系的关系技巧。

1. 程序技巧

程序技巧是指在方法论上和知识上团体工作进行的步骤，包括资料收集、预估与决定团体目标、处置与报告等团体工作过程的安排（李增禄，1996：162）。程序技巧包括组织团体的技巧、促进团体各阶段发展的技巧、团体开始与结束的技巧、团体工作评估的技巧。组织团体的技巧包括：确认成员的可能需求，计划团体。促进团体各阶段发展的技巧包括：确认团体各阶段的特征与需要，完成团体发展的任务，例如，开始阶段要促成成员相互认识、协助团体建立规范目标、订定团体契约等，结束阶段要协助成员回顾团体经验与学习改变。团体开始与结束的技巧包括：团体进行的程序，每次团体开始和团体结束时可用的方式等。团体工作评估技巧包括：如何掌握团体成效，并加以呈现，包括团体工作记录技术、确定评估指标和策略等。

2. 关系技巧

关系技巧，也可以将其称为人际技巧、交互技巧、互动技巧，是团体中的"此时此地（here-and-now）"干预技巧（Carroll and Wiggins，1997），是指适当地回应团体中个人或团体的需求，促进团体成员进行有效的互动沟通，使团体能顺利进行的技巧。团体社会工作通过激发和利用团体关系形成团体联结，以帮助个人发展和影响社会进步。参考借鉴特罗泽（James P. Trotzer）的分类，关系技巧可分为反应技巧（reaction skills）、互动技巧（interaction skills）和行动技巧（action skills）（Trotzer，1977）。

三　带领团体的关系技巧

关系技巧是团体工作者带领团体的基本技巧。一位优秀的团体工作者除了要对各种团体理论有基本的认识和了解，能建构出自己的工作哲学以外，首先应该懂得运用各种带领团体的关系技巧，让团体的互动和发展得以顺利进行，团体工作者与成员之间可以产生更完美的团体关系。以下简要介绍三种类型关系技巧的具体技巧。

（一）反应技巧

反应技巧的主要目标是表达对团体互动过程的投入与了解，使团体工作者能被成员接受，甚至作为团体行为的示范，促进关系建立，鼓励成员开放和表达，以协助成员示范。反应技巧在本质上是强调反应灵敏、积极响应，是共鸣性的，其目标在于协助团体工作者能成为一位感受敏锐的带领者。一般而言，反应技巧主要有以下几种具体技巧（李郁文，2001：187－189；Trotzer，2006：180－181）。

1. 积极倾听

团体工作者要专心地、全神贯注地聆听对方说话，表示想听、愿意听、有兴趣听，通常可以在语言和非语言方面表达出积极倾听。积极倾听是团体工作者基本的行为之一，通过倾听可以表达对成员的关心、尊重，也只有通过倾听才能了解成员的状况，并使成员有宣泄情绪的机会，因此，可以说这是团体社会工作最重要、最基本的技巧之一。积极倾听包含了好几个层次。

首先，倾听口语表达的内容，明确表达了什么，还有隐含的意思又是什么。

其次，敏锐地观察非言语行为，例如声音、声调、表情、动作等表达了什么意思、代表什么情绪及想法；甚至当成员不说话时，也要了解他们可能的意义。

当然也要让成员感受到对他们的尊重和专注。工作者可以通过口语与非语言的行为，表达积极倾听，如面向对方、眼神专注、点头、摇头、手势、适当简短的口语反馈等。

2. 复述

工作者尝试用自己的话语来重新叙述成员所表达的思想，以确认工作者是否正确无误地理解了对方的思想。

复述是将成员说话的内容，用团体工作者的话再简要叙述一次，以表达团体工作者对成员语义的了解，并借此确定双方了解的一致性。有时说话的内容包含了很多情绪，此时团体工作者可以将其情绪、感受反映出来，表示对其感受的共鸣性了解。

3. 澄清

当成员表达不够清楚时，团体工作者宜适时介入，协助他们厘清混淆的和冲突的情感，目的在于使成员能够更清楚地认识自己的情感及正确地掌握信息的本质。

4. 摘要

当成员之间的互动发展到了一个阶段之后，或者在每次聚会的结束之前，团体工作者可以把这一阶段或本次聚会的重点予以归纳整理。当成员之间的讨论停滞不前或者讨论内容支离破碎、杂乱无章时，团体工作者有义务立即通过摘要技巧进行介入、给予协助，并指出新的讨论方向。团体常常有各种不同观点的意见、资讯，而成员们在过程中，忙于听、忙于分享，常常无法记住很多细节内容，因此，摘要的工作对他们就很有帮助。摘要就是把团体互动中重要的元素放在一起，并且可以突出重点，深化讨论。

5. 情感反映

针对成员讲述的内容及表达的情感能给予回馈，让成员知道团体工作者能了解他们表达的含义及他们内心真正的感受。一般而言，情感反映如果做得恰当，可以促使成员做更多的投入和更深的自我探索。

6. 启始

团体工作者往往在团体的开始运作阶段或者开始另一阶段的工作任务时，会采取一些必要的行动或做法，如指引一些讨论方向或建议一些可以探讨的主题等，其目标在于避免团体中可能会产生的一些不必要的慌乱，也能进一步加快团体前进的速度。

7. 同理

同理心是团体工作者能进入成员的主观世界，将心比心、设身处地地了解对方的感受和需要，对成员产生一种共鸣性了解，并把这个了解恰如其分地表达出来让成员知道。同理技巧的使用，除了要求团体工作者应该具有某些人格特质，如关心、开放、接纳及了解之外，还要求其必须是一位敏感的团体工作者，有能力随时注意到成员的不同反应和特别的需要。另外，团体工作者广泛的阅历经验也能有助于对成员的感受并表示同理。

同理是表达了解、促进关系与自我探索的最有利的办法。成员因为团体工作者的同理，感受到被接纳、了解，自然信任团体工作者，对团体有向心力，也会愿意继续自我探索。同理以两种形式表现出来，即简述语义和情绪反应。

（二）互动技巧

互动技巧在团体过程中主要是发挥斡旋、调解的功能，它们提供给工作者必要的方法来掌控和引导团体成员之间的互动，并且使团体互动更有效、更具建设性意义。互动技巧主要有以下几种具体技巧（李郁文，2001：189 - 195；Trotzer，2006：180 - 181）。

1. 解析

解析是指对于成员的行为、感受、想法提供可能的解释，通过提供试探性的假设，可以刺激成员思考、发展新观点。团体工作者针对成员的一些行为、思想或症状提供可能的解释或说明，通过这些试探性的假设来帮助成员去思考一些新的观点和选择。一般而言，团体工作者并不必要对成员的所有行为或思想都做解释，正确而且适时的解释才是重要的。解析是以试探性或尝试性的方式提出的，所以应该给成员一个机会去验证，用以评估它的有效性，否则便失去了解析的真正意义。

2. 支持

支持是指给予团体成员鼓励、增强，尤其是当他们进行自我表露、探索痛苦的经验、感受或尝试需冒险的行为时。此时给予支持最能解除成员的焦虑、担心，使其放心、愿意继续探索。当团体成员面临危机时，例如他们想冒险进入新领域、当他们想要除去破坏性行为而想建立新行为时以及他们想要把团体中所学到的运用到日常生活中时，最适合使用支持技巧。

在团体过程中，团体工作者通过支持的技巧给成员提供增强或鼓励。

这种技巧的实施，特别出现在以下几种情况下：当成员在分享一些比较个人性的感受时；当成员探索的是一些比较刻骨铭心的经验时；当成员正面对一些新的情境焦虑或不安时；当成员正冒险尝试一些新的行为做法时。

支持技巧的呈现方式，可以是口语的表达，如正面赞美、鼓励、回馈等，也可以是非口语的表达，如脸部表情、手势、姿态、眼神的接触等。

值得一提的是，不要提供过多的支持，或者不具任何鼓励性、挑战性的支持，否则会带来负面效果。"没有支持的面质是伤害性的，没有面质的支持是苍白的。"（Egan，1973：132）

3. 强调

团体工作者采用成员的参考框架来认同其成员，目标在于促进团体工作者与成员之间信任感的建立。强调技巧的实施，也有助于增进彼此的沟通和鼓励成员做更深入的自我探索。

4. 促进

团体工作者一方面协助整个团体以及成员与成员之间进行明确而直接的沟通，另一方面帮助成员愿意为团体的运作承担更多的责任。整体而言，有以下具体方法：

（1）协助成员公开表达他们的害怕和期望；

（2）积极创造一种安全和接纳的气氛，使成员们能够相互信任，进行丰富的交流；

（3）当成员在高度探索个人事务，或者当他们在尝试一些新行为时，应该尽量提供鼓励与支持；

（4）尽可能邀请绝大部分成员都能加入团体的互动行为之中，有时甚至可以挑战成员参加；

（5）协助成员努力减少对工作者的依赖；

（6）鼓励成员公开表达冲突和矛盾；

（7）协助成员克服直接沟通的一些障碍；

（8）教导成员学习如何关心自己和别人的感受。

5. 评价

这是用来评估团体整个持续的过程和动力的状况的一种技巧，它可以提高团体自我觉察的能力，协助团体掌握现状和未来的发展方向。一般而言，在每次聚会之后，团体工作者都应该做一个简单的评估。另外，团体工作者也可教导成员针对他们目前在团体中的行为表现及展望未来可能的发展方向做自我评价，然后团体成员可以共同决定团体应该做怎样的改变，让团体发展得更好。

6. 给予回馈

针对成员行为所做的观察或感受给予具体而诚实的反应，目标在于让一个人得以在其他一群人面前清楚地呈现出来。

7. 保护

团体工作者在团体中应防护成员以使其避免遭遇不必要的身心伤害的危险。保护是指团体工作者为了避免成员受到不必要的身心伤害、攻击或批评而采取的行为。团体工作者必须在意识到在互动中可能会有伤害产生时才介入保护成员。如果团体工作者对成员过度保护，则成员尝试的自由与学习的机会将大大受到限制。如果团体工作者不能保护成员，则成员会经历不良的团体经验带来的伤害。

8. 处理沉默

沉默不表示没有沟通，它是另一种形式的沟通。团体过程中沉默的时刻有它特殊的目标：给团体工作者或成员时间去思考问题，或者让成员有一个短暂的时间整理思绪及缓和其情绪。因此，团体工作者在团体过程中如果碰到了沉默、安静的时刻，不要心慌、不要急着说话、不要打破沉默，因为在某些时刻，无声胜有声，在沉默中有着更深的交流。

不过，团体工作者也要注意，沉默也有可能是消极抗拒的一种形式。团体工作者应该学会如何辨别和解读团体中的沉默。

9. 阻止

阻止是指团体工作者介入防止团体成员为一些不适当行为找借口，或防止某些团体中可能有害的行为。这个技巧的使用需要团体工作者具备敏锐的觉察能力，能觉察出团体中可能出现伤害或不利的行为，然后要直接介入阻止，而又不会变成攻击。阻止的焦点应该是特定的行为，而不是在个人身上，贴标签是要避免的。在这种问题上，应该"对事不对人"。

团体工作者有责任防止团体中的一些反效果甚至有害的行为出现，以保护成员和维系团体过程的顺畅。一般而言，团体过程中必须阻止的行为包括以下几种。

（1）过多的询问问题。应要求他们只做直接陈述。

（2）说人闲话。可以建议他们做直接交谈，而不是窃窃私语。

（3）喋喋不休。团体工作者应适时介入，让这位成员谈论其所说的事情和现在的感受及其与事件本身有什么关系。

（4）打击信心。团体工作者可以用坚定但温婉的态度加以阻止。

（5）侵犯隐私。应该阻止。

（6）替罪羊。应该阻止。

10. 联结

团体工作者运用其洞察力将成员彼此间有关的思想或意见予以衔接串联，通过这些共同的关注，进而解决大家共同的问题。

11. 设限

设限是指限定范围，给予团体一种结构与方向的技巧。设限技巧具有两种功能：一方面是减少有害的交互作用，另一方面是指明正确的方向。设置界限，给团体提供一个框架，在这个框架内，成员可以彼此自由互动，避免过度或有害行为的发生。设限技巧的使用，可以让团体的讨论有方向可寻，不至于天马行空，漫无边际。

12. 采纳多数人的意见

团体工作者在带领团体时，应该广泛接受意见，多方了解成员意见的不同之处。这种技巧的使用可以冷却成员高亢的讨论情绪，也让成员学习去观察和尊重别人不同的意见。

13. 时间的掌控

团体工作者为了获得最大或期待的效果，应该在适当的时刻采取某些行动，但是，要确切地指出何时才是适当的时刻，并不容易。

（三）行动技巧

行动技巧的主要目标是推动团体行进的方向，促成团体成员考虑与采取积极的行动。行动技巧是团体工作者积极促进和引导团体过程的工具，有助于增加团体互动的深度，也有助于团体工作者更好地发挥专长以更好地协助个体或团体。行动技巧主要有以下几种具体技巧（李郁文，2001：195－200；Trotzer，2006：180－181）。

1. 询问

询问技巧因为不是一种很特殊的技巧，往往会被团体工作者忽略或过度使用。这种技巧的主要目标是，协助成员能引发出更深入的讨论，以获得更多的信息，刺激成员更进一步思考和自我探索。要注意的是，不当的质问态度往往会导致不良的效果。

询问是尽量使用能协助成员自我反省或体会感受的开放式问题。询问时要注意使用选择性的问题，这才有助于团体过程，也在无形中示范给团体一种有效果的沟通方式。询问可以协助成员考虑个人观点和解决某些未曾想到的问题，也可以打破沉默和暧昧的情景。为求讨论能够深入，尽量使用"开放性"问句，以便引导对方具体地、详细地回答和讨论，而少用封闭性问题。

2. 面质

面质是最具挑战性的一种技巧，挑战成员用诚实的眼光看待自己，即挑战成员不一致、自欺欺人和自我破坏性的行为，迫使成员能更直接、更诚实地面对问题、解决问题。面质是一种强有力的行为。团体工作者直接指出，成员言语与行为或非言语信息之间的矛盾或不一致，帮助成员消除防卫，去除妨碍成员成长、发展的因素，协助成员勇于面对问题、接受挑战。这种行为是相当具有压迫性的，所以要特别谨慎。面质是一种以关心为基础的挑战，是建设性的，要在成员关系足够稳定、对成员有相当了解之后，秉持同理心，以渐进、试探性口气的方式进行，对成员提供他们自己看不到或不知道的框架、观点，进行比较，让成员达到真正自我了解，并且采取有效行动。

面质技巧的使用，应注意的是团体工作者表达的态度和引导的方法。团体工作者应该尽量使用非判断性的或促进性的面质方式，这样可以提供给成员较大的思考空间，也包含了对成员应有的关怀和尊重。

3. 目标设定

这对团体而言，是最基本而重要的技巧，尤其是在团体初期。目标设定可以把握"SMART原则"，即明确、可衡量、可达到、实际、具体。

4. 建议

建议是为了协助成员发展另一种思考方向或行动计划，帮助成员能在思考和行动的发展上获得多重的选择而提供一些信息、方法和意见的技巧。这种技巧比较普遍，被广泛使用，有多种形式，如指定家庭作业、提供相关信息、采取新的行为模式、改变思考的角度及尝试一些新的经验等。建议不必完全来自团体工作者，也可以由成员提出。

要注意不要过度滥用这种技巧。过度使用建议、说服及忠告会引起某些危险：一是成员会误以为复杂的问题都能找到简单的答案；二是成员在面对未来问题时，仍是被动、依赖地等待团体工作者提供答案或建议，而不会自己寻找答案及方向。建议是提供给成员思考方向，而不是给出唯一的答案，恰当的建议会促使成员迈向独立。

5. 自我表露

团体工作者在适当时机向成员表露自己类似的经验、感受和行为，不但能使关系更真诚、更牢固、更能刺激成员思考，并且可以作为了解自己及行动计划的参照框架。团体过程中，团体工作者刻意地表露个人的一些经验、感受或想法，与成员一同分享，可以促进团体中更深层次的互动，强化团体工作者与成员之间的互相信任。

团体工作者适时的自我表露往往具有示范作用，成员在良好的气氛中很容易仿效。太早或太多的自我表露，不但不能发挥功效，反而会吓到成员。应该注意的是，在什么时候袒露以及袒露多少。

6. 示范

成员可以通过观察，从团体工作者身上所表现出来的行为中学习。团体工作者应该提供的是正向的良好的示范。

7. 探究

团体工作者通过探究，协助成员更深入了解自己，帮助成员针对他们的问题做更深入的探索、了解和进一步的内省。有效的探究需要团体工作者对成员敏感部分及能力限度有所了解。探究宜运用试探性口气，留有余地，让成员选择是否深入探究。探究有助于成员内省及产生更深层的交互作用及采取行动。

探究技巧的实施，应该注意使用的语气和态度的表达，原则上不应过于武断，应该针对问题仔细推敲，思索反省。

8. 基调设定

基调设定指的是团体工作者为团体所营造出来的团体气氛，也是为团体所设定的质的标准。一般而言，团体的基调是通过团体工作者的思想、感受或行为而设定出来的。

9. 认知重建

认知重建是指改变成员原有的知觉能力或情绪，这些知觉能力或情绪往往会阻碍他们改变的能力。认知重建可以协助成员做到知觉重组，让成员能以另一种新的知觉导向来劝服，以打破自己原先未经整理的纷乱困境。

10. 角色扮演

这是一种较有弹性的介入策略，它不但让成员了解自己的想法、观点，通过演练，也能了解别人的观点、想法，甚至发展出新的角色行为。角色扮演在实施过程中重要的是：在每次扮演完之后，应该询问扮演者的心得、感受和反应以及强化假设情境，让扮演者将这些新的思想整合和应用到相关的问题情境之中。

11. 连续性

在团体过程中，就团体的进展而言，都应该有一种相互连续的活动单元次序。连续性技巧的实施，主要是提醒团体工作者在设计或执行活动时，应该考虑每次活动的主题和意义，不宜随意安排，前后的活动安排要一贯和连续。

12. 局部化

局部化是把问题细分为几个部分，把活动予以分类和分项，是指导团体问题解决的一种方法。这种技巧的主要目标是，帮助团体成员表达，协助团体更自由地进入工作状态，以利于团体运作。

13. 普遍化

普遍化的技巧就是，让成员将个人经验一般化，成为团体的共同经验。这种经验感觉一方面对个人认定是一种支持，另一方面可以减少团体抑制的倾向。

普遍化技巧的另一种功能是：在协助成员改变和审视他们的行为模式过程中，团体不但提供了一个安全的保护环境，也能帮助成员将这种明确的改变转移并应用到社会中，使之有能力处理在团体以外的日常生活中的问题。

第二节　不同发展阶段的团体带领

亨利（Sue Henry）从四个维度来分析社会工作的团体技巧。这四个维度包括团体发展阶段、有效的团体契约形式、团体工作者在团体中的位置和角色、用于增强团体过程状态的活动媒介。通过这个四维矩阵模型，团体工作者可以确定在任何给定的时间点应该或可以做什么。其中，团体发展阶段作为四维矩阵模型的基础，可以作为团体工作者行动的指南，是决定团体工作者行动的关键维度。其他三个维度也很重要，但都是次要的（Henry，1981：47）。基于亨利的四维矩阵模型，本节将探讨团体发展的不同阶段中团体工作者带领团体的过程及其技巧运用。

一 团体初期

（一）团体契约

团体契约是一个过程。团体工作强调的是团体工作者与成员之间相互的尊重与配合。为让团体正常运行、功能完全发挥、彼此都应遵守团体的运作规则，团体契约的订立是必要的。团体契约是一个潜移默化的过程，是发展性的和动态性的。

在团体前期，团体工作者就开始了个别契约过程，团体契约的形式主要是针对团体程序的契约以及针对个别成员目标的契约。

经过团体前会谈后，团体工作者可以同时开始将团体工作契约由个别契约转换为互惠契约。互惠契约是存在于预备成员与团体工作者之间对需要与需求的同意。在互惠契约中，个人不再考虑单独以自己的需要条件来实现目标，而是以团体共同的条件为基础来实现目标。互惠契约是一个初步的形式，是可以改变的，只要成员同意就可以加以修改。

在团体开始之后，互惠的团体契约主要表现为团体整体与机构间的，团体与团体工作者间的，成员与团体工作者间的，成员彼此间的，成员与团体间的具体期待、义务和责任。作为团体整体的契约，互惠契约常常随着团体程序的进行而发展。个别成员的契约常常随着个人目标的发展而发展。

在团体初期，团体契约的形态也慢慢地从互惠契约向互助契约转变，成员都意识到个人的目标对于其他人存在潜在的利益，开始参与共同的事务。在互助契约下，成员开始关注特定的目标，朝着实现目标的方向前进。团体工作者协助成员逐渐以"我们……"来表达互助契约，团体也慢慢形成一种"团体是一个整体"的情境氛围。互助契约是成员同意他们自己、团体工作者及其他人期待的行为。

（二）团体规范

团体规范可分为两种：一种是明示的规范，就是团体的规则是正式明文列出的，需要团体成员共同遵守的；另一种是暗示的规范，是在成员互动的过程中显示出来的，在互动持续进行时，逐渐成为团体易于认识的规矩，因为是在互动过程中逐渐形成的，本质上比较容易改变。

在任何一个团体，团体规范的形成和发展是缓慢的和渐进的。团体规范引导团体的行为，安排团体经验并且管理团体的互动。当团体发展出规范时，成员已经能够分享较深的情绪。在团体规范的建立过程中，团体工作者要对团体规范进行评估与管理，成员是团体规范的决定者和执行者。团体工作者可以监督成员对团体规范的执行。

团体初期对于规范的发展具有影响性。社会工作者要尝试慢慢灌输给团体的，主要是社会工作的价值观，但是更明确的是指成员对彼此行为的期待（Garvin，1987：84）。

（三）团体目标的修正

团体工作者应该通过预估与观察来了解成员的个别行为以及团体的行为，并且修正团体目标。通常团体成员在决定团体目标时，需要先收集各种不同资料，这些资料包括个人或团体详细的问题。预估与观察应该以成员为中心，当团体工作者让成员列出所关心的个人或团体问题时，就可确定团体的目标。除了成员取向的评估，资料收集也可能着重在其他系统的分析，如学校、社区或成员家人工作场所等。

团体工作者必须协助成员发展出清楚的、具体的目标。在团体初期，成员的目标陈述总是比较一般化的。团体工作者应该协助成员表达他们对团体目标的看法，协助他们澄清这些目标并尽可能具体化。团体工作者需要协助成员界定出他们的目标的主观的与客观的指标，以及评估目标的标准。形成清晰的目标是团体从团体初期进入到团体中期的必要条件。

（四）团体初期的团体关系

团体初期的团体关系集中体现在团体工作者与成员之间的关系以及成员间的关系两方面。

1. 团体工作者与成员的关系

在团体初期，团体工作者与成员的互动频率高于成员之间的互动频率。团体工作者在团体中处于中心的位置，成为团体的核心，分别与团体成员互动，被成员看作专家来信任。在情感层次上，成员把团体工作者摆在中心位置，因为团体工作者被认为是团体的专家，同时对团体负有责任。成员大部分的时间会与团体工作者沟通，同时依赖团体工作者解决个人及团体的问题。过多的依赖可能在团体发展的适当阶段遭到面质。然而，在团体初期，团体工作者必须与每位成员建立起关系，尽管这有可能带来被成员依赖的危险。在团体最早阶段，团体工作者要能够叫出每位成员的名字，必须找机会请每位成员提出看法、发问或鼓励他们发言，对每位成员表达自然的关怀。团体工作者也经常需要负责团体开始的聚会。因此，团体工作者要特别注意与成员建立起良好的关系。这种关系与团体工作者的三种行为——同理心、真诚及温暖——有强烈的关联（Garvin，1987：87）。

2. 成员间的关系

团体初期成员间的关系表现为寻找相同点、彼此交谈、减少曲解、仔细倾听等。

（1）寻找相同点

团体工作者通过协助成员发现他们生活经验中的共同点、困难及对情境的反应，以帮助成员之间发展关系。一开始从鼓励成员介绍自己做起，同时要维持不让少数人垄断开始的程序，以避免其他成员对团体失去兴趣。寻找相同点的话题最普遍的就是"为什么参加这个团体"，发现其他人对团体有相同的感觉，对成员来说是一种支持。

（2）彼此交谈

在团体开始阶段，成员倾向于与团体工作者谈话，而不是彼此交谈，这是不可避免的现象，团体工作者要尽量提供比较多的资料给成员作为他们讨论的话题。另外，必须鼓励成员彼此交谈，并在团体初期时就把它当作一个议题来处理，团体工作者也可以把过度依赖团体工作者的现象，当作议题来讨论。团体工作者可以运用以下几种方法：第一，把对团体工作者的问题作为导引来反问团体成员；第二，直接指出成员互相提供意见或给予回馈对个人和团体的价值和重要性；第三，协助找出成员间的共同点并予以肯定。

（3）减少曲解

成员应该相互协助对方厘清对现实的曲解，从现实中区分对彼此的感受。这个过程在整个团体过程中持续进行，尤其是在团体初期是很重要的。团体工作者可以让成员们两两一对在团体中进行讨论。在这些早期过程中，成员间的关系并不容易掌握，团体工作者必须了解成员间的亲密性，特别是某些成员会因为团体不了解其意思而感到挫折焦虑时，团体工作者必须尽可能同理地了解这种情况。

（4）仔细倾听

成员在团体初期聚会时，有些人会急着表达自己，有些人沉默不语，有些人为了准备自己要表达的话题而无暇注意别人的表达，因此，在团体初期成员常常是各自针对团体工作者进行表达，而缺乏彼此之间的互动。团体工作者应该要求成员注意他人的表达，学习倾听他人的心声。增强亲密性的技巧就是增加成员间彼此的倾听。

关于倾听训练，团体工作者可以要求成员在继续发言前，重复刚才倾听他人表达的感想；团体工作者可以要求成员轮流扮演"结论者"角色；团体工作者可以询问成员当他/她说话的时候别人不注意听，他/她会有什么感受。这样，团体工作者通过这些方式可以增强成员之间由倾听带来的回馈。

（五）团体工作者的主要技巧

在团体初期，团体工作者处于中心的位置，角色是可变多元的。如果团体活动需要，团体工作者要扮演所需的各种角色，当然这种角色是一个过渡阶段。一般而言，这些角色主要有三个功能：一是权衡的功能，扮演最基本的决策参与者角色；二是促进的功能，促进团体动力，激发成员活动，让团体运作起来；三是枢纽的功能，支持成员和团体，询问一些问题作为导引，并做一些评论。

1. 促进联结

成员在团体初期寻求相同点，可能会出现"次团体"，团体工作者为了使团体能够逐渐形成，要接触成员，与成员建立初级联结关系，运用促进的技巧，联结每个成员与团体。

让成员相互认识以消除陌生感，这是开始工作的第一步。团体工作者应该在团体开始成员进行自我介绍时，掌握整个团体。团体工作者要避免一问一答的形式，如果团体开始就是这种模式，那么这种问答形式会持续在团体的整个过程中。团体工作者要积极地投入介绍的过程，团体工作者说出自己现在的感觉是很有价值的，这样可以建立团体的信任感。根据团体的类型，可以尝试不同的方法（Corey et al.，2015：68－69）：熟悉姓名、自我介绍、相互介绍、设定时间限制、利用配对和小团体。

2. 把焦点放在成员与团体上

在团体初期，成员希望有一个友善、安全的氛围。团体工作者要协助成员感受到满足、接纳、欢迎与包容。团体工作者要协助成员把焦点放在个人或者团体的需要上：示范，团体工作者要试着去表现一些行为让成员模仿，例如感受满足、提问的方法、给予回馈的方式等；把注意力放在团体过程，在团体初期，团体工作者要特别教导成员如何把注意力放在团体聚会情境中；把焦点放在成员身上，如果团体工作者能够让成员处理在一个新团体中的此时此刻的经验，则常常会使他们表达出他们日常生活中的压力事件，而他们正是因为这些事件才来团体的，同时，团体工作者也需要协助成员把焦点放在团体外的议题上。这时团体工作者的技巧是，使成员能够更加具体地谈论他们自己，而不谈论生活中的其他人。如果谈论他人，团体工作者要鼓励他们说出如何受到影响，而非只是详细地谈论他人的故事。

3. 促进互动模式的稳定

团体工作者要不断促使成员互动。在团体初期，团体是成员"个体的集合"，团体工作者的介入要使团体产生一种新的"整体"的形象。团体工作者通过协助并强化成员之间的相似性、互补性和共同性，增强团体的互动。

（六）团体工作者的问题与困扰

从团体初期开始，团体工作者会影响团体成员，也会被成员所影响。团体工作者的问题与困扰来自团体工作者的动机、价值观、自恋陷阱、反情感转移和恐惧与焦虑。

成员和团体工作者在团体过程中要保持持续地对彼此给予反应。团体工作者必须从研究自己的行为开始，包括诊断自己的反情感转移，并且学习去控制它。只有当团体工作者能够控制自己的反应时，团体工作者才能够开始发现成员会引发他们反应的行为，并且寻找能够有效地帮助成员改变的方法。当然，团体工作者必须记住，成员的需要永远是最重要的。

1. 团体工作者的动机

团体工作者作为一个专业人士，所得到的最大报酬就是感到自己被需要。除此之外，团体工作者也可能在不知不觉中被权威、他人的依赖、助人的形象、可能得到的恭维、通过帮助别人而帮助自己等所吸引。这些动机的存在都是事实。团体工作者通过成员的认同，满足了自己的需要而获得了象征性的快乐。

2. 团体工作者的价值观

有时团体工作者的价值观可能引起偏见，阻碍团体工作者对成员的倾听和了解。团体工作者在个人的价值观影响到与成员的关系时，就很有必要与成员一起讨论其中的差别，如果差别还是很明显时，就有必要考虑转案了。

3. 团体工作者的自恋陷阱

团体工作者也很容易受到以下四个自恋陷阱的伤害：渴望去治疗所有的人、了解所有的人、爱所有的人、被所有的人所爱（Reid，1997：103）。

4. 团体工作者的反情感转移

情感转移是服务对象对工作者产生的非理性的情绪反应，反情感转移是工作者对服务对象产生的非理性情感反应，二者都有正向和负向两种性质，都会对专业关系的建立造成消极的影响，因此，应该在实际工作中及时发现，及时调整，及时处理。在团体工作中，反情感转移是团体工作者对成员的情绪反应，而这些反应来自团体工作者自己的生活经验。如果使用适当，这些反应可以成为支持个人和团体的有效工具（Reid，1997：105）。

5. 团体工作者的恐惧与焦虑

团体工作者必须一方面要面对一群人的共同问题，满足他们的需要并且实现团体的目标，另一方面要处理团体的动力、团体工作者与成员之间的关系、成员与成员之间的关系。在第一次带领团体时，团体工作者常常会因为担心自己看起来没有能力而充满恐惧和焦虑。

（七）团体工作者的挑战

团体初期对团体工作者的挑战有：团体成员可能被动地等待某些事情发生；团体成员可能坚持他们对团体的不信任或恐惧的情绪，因而牢固地持续他们自己的抗拒；团体成员可能坚持他们自己的模糊认识和无知，这会使有重要意义的互动难以进行；团体成员可能会倾向于为别人提供问题解决方案和忠告；团体成员对团体工作者的挑战；团体成员的意见不清楚；冷漠的团体成员。这些挑战都表现出成员在团体初期的高度抗拒。团体工作者不能否定这些事实，相反的，团体工作者要把这些现象视为要解决的问题（Garvin，1987：98－99）。

首先，团体工作者要承认团体在抗拒消失前可以向前发展。此外，团体工作者也不能表现出团体过程被抗拒行为阻断了，因为如此一来就会产生可怕的现象：所有成员的自我防卫现象都被视为正当的并被集中起来了。

团体工作者可以在团体初期使用各种不同的方法来解决困难，例如在游戏时让成员猜衣服背后的名字，或者让成员成对交谈，并且轮流介绍对方。有些情况下，为了鼓励成员参加第一次聚会，团体工作者会在成员抵达时准备一些食物。

有时候，团体工作者可以通过降低成员的焦虑来减少初期的抵抗，包括放松训练，以及引入一些有趣的活动，或者是直接讨论成员的感受。当然，团体工作者以轻松的方式在团体开始阶段时适当地处理压力，也是很重要的。

团体工作者还须妥善解决的问题是，由于成员的高度抗拒，团体会花太多的时间在形成阶段上。这将会让团体继续争论、质疑和经常更换目标，导致成员不持续出席，以及团体的凝聚力一直偏低等。这时，团体工作者要了解产生所有这些抗拒的可能因素，例如机构的情况、团体组成不合适、团体目标选择不当等，只有找到症结，才可能消除障碍，促进团体发展。团体工作者必须协助团体建立良好的运行机制，形成一种适合团体发展的工作风格，同时创造出一种支持的环境（Schopler and Galinsky,1984）。

二　团体中期

团体中期，团体工作者的介入焦点是多层次的，包括个人、团体和环境。下面从团体工作者与团体、成员与团体工作者、成员与团体、成员与环境几方面来分析探讨团体中期的工作技巧。

（一）团体工作者与团体

在团体中期，团体工作者必须认识到团体已经有了自治的能力，逐步走向自主的状态，产生出自决、自理、自我修正与自我引导的功能，团体工作者的工作是要引导以团体为焦点的互动，因此，团体工作者的角色不是中心的角色，主要是要让团体运作顺畅、自我管理和自我引导。

1. 团体工作者对团体的介入

在团体中期，团体工作者的介入方式相比团体初期更加撤退，比较少地表现出引导与参与活动，经常把问题抛回团体（林万亿，1998：241）。团体工作者相信成员自己能够掌握团体事务，不再需要全力去引导团体过程，团体工作者以自己的知识和经验来检验团体的自主性，以此来决定自己角色的选择。

在团体中期，冲突是有意义的，团体工作者不一定必须及时介入，但是一定要面对和处理。对于成员间的冲突，团体工作者应该冷静和敏锐地察觉出问题的症结，不宜采取威胁、指责或惩罚的行为。团体工作者要善于利用冲突（林万亿，1998：241），协助成员利用冲突，澄清冲突的本质；支持处于冲突之中的成员，协助成员解决冲突带来的紧张。团体工作者要让成员了解团体冲突的经验是必然的。团体工作者协助成员理解团体的过程，协助成员澄清引起冲突的话题或事件并且面对，协助成员发展解决冲突的技巧。

在团体中期，团体本身具有维持的力量，这种力量表现在内在的角色分化、团体规范、团体凝聚力及工作者的外在支持。团体工作者的支持只是次要的，功能在于支持团体自我管理和自我导引。团体工作者的角色扮演形式是忠告与咨商，而不是规定与管理（林万亿，1998：260）。团体工作者处于团体体系的边缘地位，团体工作者要协助成员减少困扰，让成员实现自我管理与自我引导。

2. 促进团体问题解决的能力

团体工作者在团体中期首先要及时提醒团体对规范与契约的协商，以便稳定团体系统。团体工作者尽可能调和与成员的关系，表现出温暖、诚恳、接纳、引导、同理与尊重的态度。团体工作者不担任最后的决策者，用启发性与示范性的方式鼓励成员表达不同的看法，让任何引起争议的话题都能够通过成员们共同的参与而达成共识，创造一个以团体为焦点的问题解决情境。

（二）成员与团体工作者

在团体中期，成员与团体工作者的关系会出现一种特殊议题：除了团体整体的运作外，团体工作者是否需与个别团体成员维持一对一的互动关系（Garvin，1987：150–151）。只有在团体工作者对情境做出谨慎判断，而决定在团体中以一对一互动的方式来协助个人改变时，这种协助方式才有可能带给成员帮助。

1. 一对一互动的预估

团体工作者在决定一对一互动的方式协助成员时，可以通过一对一互动的负面影响、一对一互动的重要因素两个方面来进行预估。

（1）一对一互动的负面影响

一对一互动的协助方式的负面影响不仅可能出现在成员身上，也可能出现在团体中。

在成员层面，首先，团体的其他成员可能会因为这种团体工作者与个别成员的一对一互动而对工作者及被协助的成员怀有敌意；其次，团体工作者在团体中针对个别成员的协助行为可能会伤害到团体中的其他成员，或者阻碍其他成员给予这位成员协助；最后，这种协助方式也可能由于其他成员会与工作者一起协助某位成员，而使这位成员被贴上需要协助者或永远依赖者的标签。

在团体的层面，团体工作者一对一的协助行为可能会影响到团体的状况。当团体工作者在团体中期使用一对一的协助方式时，很容易让团体回到团体初期的互动状态：团体工作者又变为沟通互动的中心，团体沟通形态建立在成员与团体工作者之间，而不是成员彼此之间。这种状况的出现与团体工作的目标与功能有所偏离。团体工作的工作方法是试图通过团体来协助团体成员，因此一对一的协助可用于团体工作中，但不应该是最常用的方式，要不然就变成了"团体中的个案工作"，对于团体是有伤害性的。

（2）一对一互动的考虑因素

团体工作者在选择一对一互动的介入方式时，需要考虑一些重要因素。

第一个因素是团体的意愿。首先是有问题的团体成员的意愿，该成员是否希望在团体中通过一对一互动的方式来得到团体工作者或者其他团体成员的协助。其次是其他成员的意愿。由于是在团体情境下进行一对一的互动，因此团体中其他人的意愿就显得非常重要。

第二个因素是这种一对一的互动是否要发生在团体内。

第三个因素是在团体情境中，个别的协助方式和团体的协助方式，哪种方式更加有效。

2. 一对一互动的工作技巧

团体工作者与个别成员在一对一互动过程中，需要使用个案工作中的有些专业技巧。团体工作者使用这些个案工作技巧时，必须考虑其他团体成员的在场情况，团体情境中其他成员的倾听对个案工作技术效果有一定的影响，对有问题的成员会产生不同于私下个案会谈的影响，也可能影响到其他的团体成员。团体中所使用个案工作的情况有：改变想法和信念；增进自我觉知（面质、解释、改变成员的归因）；提供强化刺激；提供示范；帮助成员处理感受；修正态度；运用角色分配（Garvin，1987：153－155）。

团体工作者在与个别成员一对一互动时，必须随时注意该行为对其他成员所造成的即时影响。

团体工作者在与个别成员一对一互动之后，应观察团体成员对该行为的反应，以及对其他成员的长期影响。

（三）成员与团体

在团体中期，团体工作者要考虑通过团体协助成员发生改变。其中第一个需要考虑的因素是团体的时间议题。第二个需要考虑的因素是团体中用来协助成员的工作技巧。

1. 团体的时间议题

在团体中期，团体时间的分配、每位成员能够获得关注和协助的时间比例是非常重要的议题。在团体中期，团体成员间已经能够表现出彼此的关怀，也了解每个成员都应得到团体的关注，因此，团体工作者将团体的焦点放在个别成员身上时，团体能够理解并且接受。当团体处在团体初期，除非有成员发生紧急情况，否则都不应该考虑将团体时间用在解决个别成员的问题上（Garvin，1987：157）。

2. 使用团体协助成员的工作技巧

在团体中期，团体工作者协助团体运作的具体行为包括：改变知觉、认知、影响和行为；促成团体成员解决问题的行为。这些具体行为不仅呈现在团体成员与团体的互动过程中，也会通过团体成员的角色结构化方式得以呈现。团体工作者通过团体协助成员的工作技巧包括：通过团体分享修正成员对事实的知觉和看法；通过团体反馈决定成员问题的归因；通过过程评论增加成员的自我觉知能力；通过情绪表达活动协助成员表达自己的感受；通过提供强化刺激、示范以及角色扮演等活动，协助成员从各种各样的团体经验中学习更适当且有效的社会行为；协助成员参与问题解决过程；通过成员角色结构化，让成员的角色期待成为引发成员改变动机的工具（Garvin，1987：159-165）。

（四）成员与环境

人在情境中，个人的行为是个人与环境互动的结果。成员的过去和目前的环境都会影响成员。团体工作者必须协助成员判断在团体中如何建设性地运用自己过去的经验，评估环境中贴标签的过程，分析及改变环境的机会结构。

1. 团体工作者介入环境以协助成员

团体工作中需要改变的环境，可能是指机构本身、团体成员的家庭、社区、其他社会机构（例如学校、社会福利部门、犯罪矫治机构等）以及同辈团体等。

团体工作者在介入成员的环境，以改变团体成员行为时，就扮演团体工作者的以下四种角色中的一种：倡导者或引导者、调解者或协调者、经纪人或行动专家、会商者，而团体工作者的每种角色都与一些具体技巧有关。

2. 团体工作者协助成员改变环境

团体工作者和成员面临的首要任务是，为了实现成员的目标，必须选择需要改变的系统，一般包括家庭、同辈、组织机构、社会。

团体工作者接着要考虑的应该是选择环境系统目标的层级。这个层级包括系统中的个人（例如家庭中的母亲、学校中的老师、工厂中的同事）；系统中扮演相同角色的一群人（如全体老师、父母、同事）；整个系统（如所有的家庭成员、整个学校、企业或工厂）；或者系统中的权威机构（如机构的董事会）。团体工作者和成员应该一起评估最有可能改变的外部系统。

在选择环境改变策略之前，要明确的一点是：成员应该尽力参与改变环境，这样最后就算没有团体的协助，也能自己发挥改变环境的力量。另外，成员和团体应考虑：团体是否应帮助成员规划他/她改变环境的策略？团体是否应该为一位或许多成员采取行动。

在选择改变环境的策略时，首先，要考虑到环境系统改变后所产生的冲击。最佳的策略是：在最少的冲击下实现理想目标，能减少冲击的方法就是最适合的方法。其次，所有成员都能自我肯定改变环境所做的努力。

改变环境的策略包括：回避、交互反应、控制社会和物理环境、说明原因、教育、评价、影响力、协商、面质、大众媒体、抵制、新委员的选举、联盟。

三　团体结束

从团体生命周期理论来看，团体结束是不可避免的现象，也是自然的现象。但也会有例外的情况，有些团体到了该结束的阶段但未能很好地结案，团体协助助人的过程未完成，也需要有一个结束。

（一）团体工作者的任务

1. 准备团体结束

工作任务即将完成，团体工作者为了准备团体结束，要提早几周宣布要结束的消息。一般而言，当团体只有几个月的聚会时间时，团体工作者通常会在最后两三次聚会时，开始讨论与团体结束有关的议题。如果团体工作者带领的是长期性的团体，则会使用更多次的团体聚会时间与成员讨论团体结束的聚会内容。

团体工作者也要留心成员逃避面对团体结束的征兆。例如，成员中有很多迟到、嬉闹以及过于理智的现象等，成员通过这些抗拒行为表现出不愿意离开团体的心态。这时，团体工作者愿意率先谈起结束话题就是最好的示范（Corey et al.，2015：171）。

2. 团体经验的评估

当团体进入结束阶段时，对团体经验的评估包括团体成员对团体经验的评估、成员对团体的评估以及成员对团体工作者的评估。

3. 对成员感受的了解和处理

成员在团体结束时会有许多情绪，例如伤感、疑惑、喜悦、失落、遗憾、未结束感等，虽然这些情绪难以处理，但是团体工作者要协助成员学习如何处理这些感受，因为每次面对结束的经验，无疑都能增强下一次面对结束的能力，未解决的情绪经验将阻碍成员牢记和使用团体中所学习到的能力。

4. 维持成员在团体中实现的正向改变

团体结束期是一个终结阶段，学习的内容得到巩固，这是一个总结经验、把零星的收获组合在一起的整合和解释团体经验的时期。在团体结束时，团体工作者要提醒成员总结他们努力的成果，必须教导成员维持新行为的技巧，以协助成员处理环境因素。

（1）过度学习

协助成员维持改变的一个原则是"过度学习"，它是指在团体结束之前，提供给成员重复尝试新行为的机会。如果团体工作者计划在团体结束阶段减少聚会次数，则可将成员对新行为的尝试当作家庭作业，以鼓励成员在聚会间隔的期间尝试新行为（Garvin，1987：219）。

（2）讨论应对负面环境的方法

团体工作者也可与成员讨论现实生活中可能遭遇的抗拒，并鼓励其他成员分享自己的想法。此外，团体工作者可协助成员针对负面环境因素一一找出应对的策略和方法，以增强成员面对环境障碍的能力，使成员在离开团体之后，更有能力面对环境中的障碍。

（3）建立支持性的环境

当团体成员的环境问题非常明确，例如环境中缺乏帮助他们维持改变的支持系统时，团体工作者便可帮助成员在团体结束后，加入相关的支持团体或建构自己的支持团体。一些团体工作者，会鼓励成员在团体结束后依然维持这种团体，并且协助这种团体朝向自助团体的方向转变，以确保成员能持续获得支持。

（4）回顾练习

团体工作者可以让成员通过一些回顾练习活动，回顾成员是如何从过去到现在的，以维持在团体中实现的正向改变，如让成员写下他们的经验。

5. 协助成员将学习成果一般化

团体工作者协助成员将团体中所学习的技巧、态度和知识运用在不同的情境中，也能间接帮助成员维持其所学习到的新行为。这种将学习结果一般化的过程通常是在团体中开始的。但是成员参加团体的目标不仅要学习适应团体，或是学习在团体中运用新行为，而且要在个人原有的环境中获得个人和社会的改变，因此团体工作者必须协助成员将团体中的所学，有效转化至其他适当的社会情境中（Garvin，1987：220）。

6. 使用新的服务

成员经常在团体结束时寻求新的服务。当团体在讨论这个议题时，不只是提供服务相关的信息，而是针对每位成员明确的需要，讨论可提供相关服务的资源。成员可以分享自己对服务的期望、恐惧，以及使用时可能遭遇的障碍，其他成员给予回馈和评估建议。此外，成员也一起讨论缓解该成员对新服务的焦虑和克服服务障碍的方法。团体工作者或团体的其他成员，在成员申请和使用新服务时，提供相当的支持及适当的服务信息（Garvin，1987：221）。

7. 结束仪式

团体结束仪式可以让成员清楚界定自己的状态、表达期望、给予赞美、表达感受，并相互给予支持。因此，团体的最后一次聚会经常是一个庆祝的仪式。团体结束时使用的庆祝仪式包括：特别的聚餐、交换礼物、彼此回馈、临别赠言、团体照、团体工作者的赠言、结束的仪式、合唱团体的歌……为了让团体结束的庆祝仪式显得意义非凡，团体工作者应与所有成员一同拟定团体结束的庆祝仪式，在团体结束仪式进行的过程中，成员依然可随时提出对仪式的想法和意见（Garvin，1987：222）。

（二）非预期的团体结束

一般而言，大多数团体在依照原定计划的团体时间完成了团体既定的各种活动，也实现了团体预定的目标的时候，团体工作者和成员已经有心理准备结束团体。有一些团体是非计划内的结束，也就是团体无法依照原定计划进行各项团体活动，需要中途结束或提前结束，是非预期的。非预期的团体结束表现在临时性的团体结束、团体工作者的离开、团体失败（Garvin，1987：222-224）。这些非预期的团体结束，依然是团体工作者和团体需要完成的任务。

四　任务团体和虚拟团体的带领

由于任务团体拥有不同于处遇团体的目标设定，虚拟团体运用了特殊的技术手段作为工作媒介，这两类团体的带领过程中有一些特别的需求和要求。

（一）任务团体的带领

任务团体更多关注的是发展新的想法、制定方案和设计服务项目，解决团体目前面临的问题，并促进决策。因此，团体工作技巧在团体初期、团体中期和团体结束期也就有所不同。有效地带领任务团体，关键是不断关注团体要完成的目标和任务。特斯兰和里瓦斯对于任务团体带领中使用的基本方法进行了详细描述（Toseland and Rivas，2017：352-379）。

1. 团体初期

在任务团体中，向成员介绍机构的任务和使命及与团体目标之间的关系，能够帮助成员理解为什么开设这么一个团体。开场白要让成员理解机构的使命与团体任务之间的关系。一般来说，在任务团体中，成员常常会问自己的工作结果会如何运用。例如，任务团体的成员会有兴趣了解团体工作的发现和建议在多大程度上能够推动政策、程序和实务层面的改革。

保密也是一个重要的问题，成员可能不确定在成员之间可以讨论什么样的内容，分享什么样的数据。

为了让成员能够集中精力关注需要完成的任务，需要一个书面的日程。会议日程概要基本包括四个方面：同意上次会议的纪要；接受执行委员会和管理官员提供的报告；讨论目前的议题；讨论团体会议中提出的任何新的议题。日程通常还包括一些附件，能够解释日程的内容。带有附件的日程需要在会议前几天就提交给参会者，这样大家才有时间来熟悉会议中需要讨论的议题。

在任务团体中，2/3 的团体互动都集中在任务完成上，1/3 的互动集中在社会情感方面。要在团体的任务和社会情感方面保持一种平衡。这只有通过仔细评估团体和成员的需求才能做到。

在任务团体中，目标的形成是通过团体工作者与赞助机构的关系和对成员能力的评估来形成的。在任务团体中，可以确定三个层面的目标。例如，在受命对一个家庭服务机构的结案程序进行评估的委员会中，以团体为中心的目标可能是建立以成员为中心的开放的互动模式，共同的团体目标是向项目主任提出建议来完善结案程序。委员会个体的目标是探访其他机构以了解其工作过程，了解不同的结案程序，以便在下次聚会时与其他成员分享。

在团体开始的预估中，团体工作者对成员的人际和环境功能进行评估是非常有益的，任务团体的工作者的预估重点是考虑成员参与的动机和成员对完成团体任务的期望。

对于那些有兴趣建立社会行动团体和联盟的团体工作者来说，要善于发现对社区居民具有重要意义的问题，要清楚知道哪些人有能力对特定的问题做出改变，哪些人有能力阻碍或拖延改变，同时，还要采用不同的方法，从那些深受某个问题困扰的人群以及能够影响这个问题解决的人群那里收集相关信息。这些方法包括：集中的个人访谈；焦点团体；社区需要的评估；全国性和地区性的相关调查资料和报告等。同时，也不能轻视那些非刻意性收集的信息，例如在与社区居民、社区领导者、政治家和社区活动家们互动和建立联盟过程中无意间获得的信息。对于那些有兴趣建立社会行动团体和社区联盟的团体工作者来说，要尽快熟悉自己工作的社区，要了解社区中存在竞争的小帮派、隐藏的问题，需要投入很多的时间和精力，才能在社区中建立一个联盟。

2. 团体中期

团体工作者和其他助人性的专业人士常常主持委员会的会议，带领团队和其他任务团体。团体工作者在其中需要扮演一个支持者的角色，以协助团体明确自己的目标，有效开展工作。团体工作者要直接面对团体，具体职责和角色因人而异，一般包括：资源提供者、咨询者、使能者、分析师、执行者、战略家、促进者和技术顾问。任务团体的运用非常广泛，可是常常不受关注，如果功能不能正常发挥，那么会使成员感到灰心，例如"不可思议的会议陷阱"。因此，安排合理的会议会给成员带来积极的印象，他们很容易召集成员，建立有效的团队，使成员分享经验、交流思想、互相支持，并很快做出决定。

在任务团体的工作阶段，团体工作者常需要完成下列任务：为团体聚会做准备；协助成员分享信息；鼓励成员积极参与团体的工作；协助成员发掘新的想法和信息；处理冲突；协助成员有效做出决定；理解任务团体中的政治性；监督和评估团体；解决问题。

问题解决是任务团体唯一重要的功能。有效的问题解决包括六个步骤：界定问题；发展目标；收集资料；制定方案；选择最佳方案；实施方案。这些步骤有时候会重合，并通过反馈渠道相互联系在一起。

3. 团体结束

在任务团体中，成员常常会向团体口头报告自己的进展。尽管这些报告不被当成评估手段，但是它们还是团体工作者和成员经常用来监督团体工作的重要工具。在任务团体结束时，团体过程中产生的所有纪要、文件、最后的报告以及其他材料都可以作为评估团体是否成功的依据。

在任务团体中，成员的自我表露处于一个比较低的水平。由于这些团体的目标在于制造产物，例如报告、行动计划等。成员会带着成就感、完成任务的解脱感来期望团体结束。由于他们并没有放下自己的防卫机制，或者并没有深入分享自己的内心想法，所以大家很少会对团体的结束产生强烈的情感反应。另外，任务团体的成员可能以后还会有机会在其他的团队、委员会和议会中一起工作，因此，任务团体结束的情感反应不会太强烈。很多团体工作者会把重点放在应该采用什么技术来结束团体上。

对于任务团体的成员来说，重要的一点是，要预计到实施团体工作可能会遇到的阻碍，并发展出策略来应对。

（二）虚拟团体的工作技巧

虚拟团体或技术中介团体中有哪些不同于面对面团体的工作技巧？梅尔概括总结了团体初期、中期和结束的主要方法（Meier，2004：494－497）。

1. 团体初期

相对于面对面团体，虚拟团体需要重点关注如何通过各种以技术为中介的沟通来了解团体成员，让团体成员和团体工作者能对团体形成一个连贯一致的形象，即团体中还有谁。在适当的情况下，团体工作者可以通过要求团体成员在团体开始前提交简短的书面自我描述来加快这一过程。

团体工作者开启团体时，要依据不同技术手段，来欢迎成员和确认成员，识别"在场"的成员，必须更明确地承认对方的"存在"。与面对面团体一样，团体工作者必须通过帮助成员学习管理他们的互动来促进团体参与。在团体的早期，成员们应该讨论以技术为中介的沟通与面对面沟通的不同之处，以及这些差异如何影响他们之间的互动。成员必须学习、讨论和确定话轮转换（turn-taking）程序，团体工作者可以通过要求成员以循环方式开始讨论第一个主题来确保每个人都有机会做出贡献。

2. 团体中期

为了确保某些成员关注的问题不被忽视，团体工作者必须鼓励"安静"的成员做出贡献，并且必须减少占主导地位的成员的参与。在团体的整个生命周期中，虚拟团体的工作者必须比面对面团体的工作者更积极地管理成员参与。

团体在团体中期基本上能够自我维持，团体工作者可以将他/她的努力转移到让不太活跃的成员参与到团体上来。团体工作者可以私下联系不活跃的成员，以发现他们是否遇到了妨碍他们加入团体的问题。

3. 团体结束

和面对面团体一样，在团体结束的前几周，团体工作者应该提醒成员团体即将结束，并帮助他们应对团体结束后的感受。团体工作者应该鼓励成员回顾他们在团体中的经历，并让其他人知道他们认为有帮助的内容以及他们对团体结束的感觉。

第三节 团体活动的运用

团体活动分为破冰活动、自我探索活动、沟通活动、合作活动、信任活动、问题解决活动以及团体讨论活动，这只是一个笼统的分类，为了便于梳理讨论。事实上生活中的很多游戏及活动都可以演变成为团体工作的活动，例如运动、唱歌、闲聊等，只是需要团体工作者能够让这些活动为团体目标服务，活动是一个过程，并不是结果。实际上很多活动都具有多元功能，可能不单纯隶属于某一种活动类型。在团体工作过程中，选择活动时，除了前面提及的选择活动的标准，团体工作者还要对团体活动的细节有清晰的了解，如果是团体工作者不太熟悉的活动，预演彩排是很好的准备。在使用团体活动过程中，不必太拘泥于活动类型和活动规则，最重要的是团体活动符合团体当时的目标、成员的需要，能够达到预期效果。活动的规则和程序是灵活弹性的，可以基于团体的需要而及时修正。团体工作者在带领活动的过程中，首先要对团体活动有清晰的说明和解释。另外要注意的是，活动的结构化以及完成效果等并不是最重要的，重要的是成员在活动过程中的收获，因此活动之后的分享讨论是关键的环节。

一 破冰活动

破冰其实是一个隐喻。破冰用的破冰船就是专门为破开冰峰水道而设计的船只。在人际关系上，破冰技巧就是用来应付彼此关系开始时的冷漠和紧张，也希望带来温暖的气氛。所以，破冰活动又称为暖身活动、热身活动、打破僵局的活动。破冰活动通常时间较短，具有结构性，只需要很少准备就可以开始进行。

事实上，破冰活动并不限于在开始时使用的，每当团体气氛凝固及出现冷场时都可以使用。若在团体过程中出现了"结冰"的情况，则只要符合需要，各种破冰技巧都可以使用。

基本上，一个好的破冰活动主要有两个目标：第一，让成员互相介绍认识；第二，引导成员进入主题。使用适当的破冰活动，可以让成员对主题有更清晰的认识。

基本上，一个好的破冰活动应该是：符合团体的需要和兴趣；重视过程多于结果；鼓励参与及分享；让成员感到被接受及公平对待；通常会展现一个主题或要点，在使用破冰活动时，要注意和主题及下一环节的联系，因为破冰活动与主题可以无关，所以需要一个顺畅的转接；令人觉得有趣且富挑战性；没有对错之分（蔡炳纲、吴汉明，2002：36）。

（一）认识你

目标：协助成员初步互相认识，促使成员有机会展现自己。

方法：在团体中每两人配对（可由成员自己选择），利用5分钟的时间，两人用彼此喜欢的方式自由地了解对方；5分钟后成员说出彼此交谈的主题，由团体工作者将之记录在黑板上；接着团体工作者对成员说明："每个人一生中都会有几个我们视为知己的朋友，彼此之间是绝对真诚信任的，现在假想你的同伴会成为你的知己，你想要了解他/她什么呢？要维持知己关系的话，什么是你想要先弄清楚，且觉得是最重要的事？"接下来每组成员再利用5分钟的时间来讨论这个问题；5分钟之后，两人回到团体中和团体分享刚才讨论的主题，由团体工作者记录在前次记录的旁边；大家一起来讨论前两次的记录；分享彼此的感受（两次记录应是不同的，可能第二次的记录有更深入的私人问题）。

（二）真真假假

目标：尝试进一步了解其他成员。

方法：每位成员须与其他成员分享三件个人事件——但需要两件真一件假，而其他成员尝试找出事件真假。

（三）投球

目标：协助成员迅速了解大家的名字。

方法：准备一个球（皮球、海洋球或者网球之类的）；所有成员站成一圈，团体工作者首先报出自己的名字，然后把手中的球投给一个成员，接到球的成员要立刻报出自己的名字，然后把球投到另一个成员手中，另一个成员接着报出自己的名字，以此类推，直到所有成员已经被传球几次为止；接下来，对游戏规则做一些改变，要求成员接球的时候，必须说出投球者的名字，而不是自己的名字。

（四）个性名片

目标：协助成员积极地、直观地介绍自己。

方法：给每位成员发一张空白"名片"，让成员设计符合自己个性的名片，但使用的字数不超过 7 个或数字不超过 7。然后，让成员以自己的名片为依据，向其他成员作自我介绍。

（五）人名串联（叠罗汉）

目标：让成员认识彼此的名字和基本资料。

方法：成员围个圆圈坐下。先由某位成员介绍自己的姓名，依顺时针方向轮流。每位成员要介绍自己姓名之前，须重复前面已介绍过的成员的名字。越是往后面的成员需要重复的人名越多，压力越大，团体气氛越专注凝聚。

姓名介绍后，再选某一位成员先说出自己喜欢的一项运动。方式同前。

活动介绍后，再由另一位成员先说出自己喜欢吃的一种水果，方式同前。

也可叠其他样式的"罗汉"，视时间而定。例如网名、外号、喜欢的明星、喜欢的城市、喜欢的职业、爱好等。

团体工作者须适时协助，避免给予记忆力不佳的成员压力。

（六）三人行

目标：增进相互认识的机会。

方法：先由团体工作者点成员甲，在其右边的成员代其答"到"，在其左边的成员代其举手。然后再由甲点成员乙，乙右边的成员代其答"到"，左边的成员代其举手。以此类推，点名答"到"的速度加快，增强团体互动气氛。

（七）抢椅子

目标：增强气氛，减少团体的沉闷感。

方法：准备椅子若干，椅子的数量比游戏参与者的人数少一个；准备CD 机或录音机，音乐响起之后，成员绕着事先排成一个圆圈的椅子按照顺时针的方向转圈，音乐一停，每个人都争取抢到一张椅子，没有抢到椅子的那个人只能退出游戏，到一旁休息，音乐声每停一次后，就相应地抽掉一张椅子，直到最后只剩下一个参与者，游戏才结束。

二　自我探索活动

自我概念是由下列部分组成的：社交上的我，与他人沟通的能力；情绪上的我，个人的感觉、容许自己有的感觉及如何表达自己的感觉，其中也包括如何控制自己的情绪；心理上的我，认知能力及逻辑判断能力；身体上的我，对身体能力和外表的认同程度（蔡炳纲、吴汉明，2002：53）。自我概念并不是与生俱来的，它是通过我们和周围世界的交往而形成的。自我探索是建立正面自我概念的一个重要步骤。

增强自我认识的其中一个方法是约瑟夫·鲁夫特（Joseph Luft）和哈瑞·英翰姆（Harry Ingham）设计的"约哈里窗口"（见图 9-1）。每个人的"自我"区域都不同，而且不是平均划分的。有些人的盲目区域较大，也就是说，这些人较忽略自我反省，未能留意自己的优点及限制，也很少从周围的朋友中了解他们对自己的意见，因而造成自己的盲目区域很大，其后果是这些人会自以为是或比较以自我为中心，对周围的人不重视。另外，有些人秘密区域很大，这代表他们很少表露自己的意见和感受，或较少接触他人，所以造成别人不甚了解他们，而他们也会给人一种冷冰冰的感觉。当然，开放区域比重越高，我们越能认识自己。增加自我认识的途径有两种。

一是减少自己的盲目区域，多向周围的朋友询问他们对自己的意见和批评，尽量留意自己忽略的行为，以便改进自己的缺点。

二是减少自己的秘密区域，加强自我表露，通过与朋友建立关系，向朋友透露自己的意见和态度，分享自己的感受及个人隐私，其目标在于建立更深厚的友谊，以达到自我认识的目标。

	自己了解的信息	自己不了解的信息
别人了解的信息	透明窗格（开放区域）	不透明窗格（盲目区域）
别人不了解的信息	隐蔽窗格（秘密区域）	未知窗格（未知区域）

图 9-1　"约哈里窗口"示意

资料来源：Luft and Ingham, 1955。

在自我探索活动中，自我探索以及成员回馈都非常重要。团体工作者在设计活动和带领活动时，要考虑到让成员可以从中不仅探索自己的内心，也可以从别的成员的回馈增强对自我的认识，而成员在回馈其他的成员时对自我的探索也同样具有功能。在自我探索活动中，团体工作者不要期望成员立即改变，需要了解成员的心理防卫机制，在此基础上鼓励成员挑战突破自我。

（一）赞美和接受赞美

目标：自我肯定训练。

方法：一位成员做好准备接受其他成员对自己的赞美，在其他成员对自己赞美后，这位成员需要肯定地回答给予赞美的成员。要注意，赞美的话不能重复，并且要注意目光的交流。

（二）自我 SWOT 分析

目标：增强对自我的认识，了解自己的理想和现实的差距，从而找出自我学习改进的最佳方法。

方法：团体工作者发给每位成员一张 SWOT 分析表（见图 9-2），请成员把自己的优势、劣势、机会及威胁填在表中，再与团体的其他成员分享。

优势 （strengths）	劣势 （weakness）
机会 （opportunity）	威胁 （threats）

图 9-2　自我 SWOT 分析

（三）代表性的物体

目标：帮助成员进一步了解自己。

方法：给每位成员分发一张纸和一支笔，让大家考虑什么物体能够最好地代表自己，并且让他们画出来；所有成员画完之后，将自己的话展示给所有成员，然后完成这些话："如果我是一个物体，我希望成为……，我选择这件物体的原因是它在……方面具有优势。不过它仍然存在一些缺点，例如……就像我本人一样，这件物体往往……"；接着，引申出去，让成员们将自己想象成一种动物、一种植物等。

（四）自画像

目标：帮助成员进一步了解自己。

方法：每个成员在一张纸上画出一幅可代表自己的画，画中可以是任何东西和动物。完成后，每位成员向另一位成员或整个团体解释。

（五）性格描述

目标：帮助成员进一步了解自己以及别人眼中的自己。

方法：团体工作者准备一些即时贴或小纸片；每位成员在纸片上写下4个词语来描述自己，将写有4个词语的纸片贴在自己的胸前，然后利用15分钟的时间同那些写有类似词语的成员讨论；接着，团体工作者可以让成员在其他人的背后偷偷贴上最能够准确描述其特征的词语，大约5分钟之后，让成员们将自己背后的纸条拿下来，并且回答两个问题：看到纸条内容后，是否感到很意外？是否认同别人对你的评价？

（六）个人生命线

目标：帮助成员进一步了解自己。

方法：给每位成员分发纸笔，让成员在纸上画一条线，最左边填上自己的出生年月，最右边标上现在的日期；成员沿着这条线注明自己生命中的各种重要事件；然后轮流向团体解释自己的生命线。

（七）三件我想改变的事

目标：协助成员澄清问题和计划改变。

方法：让每个成员写下三件愿改变的事；完成后轮流分享。成员须选出其中一点，详细解释为什么不喜欢它、想改变什么、计划如何改变等。下一次聚会时每个成员报告进展。

（八）最喜欢的特质

目标：使成员了解自我特质，更加认识自我，通过别人的反馈来肯定自己。

方法：请成员选出自己喜爱的笔，写出多项代表自己的特质，再选出五项最具代表性的特质，并说出自己最喜欢哪一项特质，同时吸收别的成员的反馈。

三 沟通活动

沟通活动通常会涉及语言沟通与非语言沟通、单向沟通与双向沟通、表达与倾听。沟通活动在团体工作中有时用于促进团体，有时用于训练成员。沟通活动在人际关系、领导、团体合作及问题解决上都非常重要。

沟通活动中，角色扮演及练习是非常有效的工具（蔡炳纲、吴汉明，2002：71）。团体工作者要注意观察成员的沟通模式以及团体的沟通模式，需要协助成员和团体探讨沟通背后的含义。

一般来说，沟通有五个方面的层次。最外层的沟通是一般性沟通，是沟通的最低层次，例如应酬、闲聊、对客观环境（天气、股市）的交谈。第二层就是事务性沟通，是一种纯工作性质的沟通，是一种报道式谈论，例如你的家庭状况如何、你是哪里人等社会角色问题。第三层是观念性沟通，是一种除了沟通信息，还交流个人的想法及判断的沟通层次，分享个人的观念、思想或讨论。第四层是情感性沟通，沟通的双方除了分享对某一问题的看法及判断，还会表达及分享彼此的感觉、情感及愿望，例如会谈到个人隐私、对金钱的态度、个人能力判断等比较敏感的话题。第五层是共鸣性沟通，这是沟通的最高层次，指沟通的双方达到了短暂的、高度一致的感觉，全面分享个人的思想、价值观等个人内心的真实世界。不同层次的沟通适合不同的场合和谈话对象，层次越高，双方的沟通和相互信任越能体现出来。

（一）安静的生日

目标：让成员摆脱原来的沟通模式。

方法：

（1）让成员根据自己的生日日期，按照由小到大的顺序排成一组或者U形。唯一要求就是，禁止大家相互交谈。

（2）这个游戏组织起来比较方便，可以讨论沟通方法和领导问题等。

（二）线路图

目标：阐明正确传递信息的重要性。

方法：

（1）工作者让成员们想象一下，小组结束后邀请自己的同伴到家里聚会。给每位成员3~5分钟的时间，分别写一个便条说明去往自己家的路。

（2）然后将成员们写便条的不同方式进行归纳总结。一般来说，人们通常按照自己希望看到的便条形式去写便条。

（3）成员们讨论哪种方式对他们最有帮助。实际上，这种感受取决于个人。

（4）这个游戏让大家注意到这样一个事实：我们不仅必须清醒地了解应该如何为别人提供信息或指导说明，而且应该清楚哪些成员最善于收集信息。

（三）非语言表达

目标：阐明非语言交流的正面效果和负面效果。

方法：

（1）准备一些卡片，卡片上写下了不同的描述感想或人物性格的词语，例如激动、没有耐心、害羞、无聊、疲倦、麻烦、疯狂、快乐等。

（2）每个成员选择一张卡片，然后每个成员站起来，在 5～10 秒钟时间内各自表演出这些指定的情绪。

（3）一位成员进行表演的时候，其他成员则要根据他们看到的表演，写出他们认为的这位成员表演的情绪，同时写出他们之所以得出这样的结论的原因。

（4）所有成员的表演全部结束后，全部成员就结果进行讨论，看看猜对的有多少。

（5）注意：为了避免大家陷入尴尬境地，比较沉默寡言的成员指定一些简单的表情或特征，比较微妙的情绪留给那些他/她认为不容易感到尴尬的成员。

（四）"我"的练习

目标：帮助成员学会倾听他人。

方法：

（1）让成员站起来，给他们一个话题讨论 2 分钟，例如结婚和单身之间的区别、男人和女人之间的区别等，不过在讨论的过程中，不能使用"我"这个词，如果用了，就必须坐下。

（2）这个游戏让大家意识到自己在交谈中的自我中心倾向，要想做一个良好的倾听者，唯一的办法就是利用开放式的问题鼓励他人表达自己的观点，把关注的中心放到他人身上。

（五）撕纸

目标：让成员了解单向沟通与双向沟通的差别。

方法：

（1）给每个成员一张 A4 废纸。

（2）团体工作者简单介绍规则：在整个活动中，成员不许发问；请所有成员闭上眼睛；把纸张对折，把右上角撕下来；再对折，把纸的左下角撕下来；再对折，把纸的左上角撕下来。

（3）睁开眼睛，把纸张打开。

（4）工作者可请一位成员重复上述活动指示，唯一不同的是这次成员可以自由发问。

（5）问题讨论：完成第一次后，询问为什么有这样的差异。完成第二次后，已运用了双向沟通，为什么还有这样的差异。

（6）该活动也可做一些变化，例如画图等。

（六）以讹传讹

目标：使成员明白单向沟通的困难及沟通过程中会出现不少的限制。

方法：

（1）团体工作者将成员分成几组，每组人数相同，排成直线但背向团体工作者。

（2）团体工作者会向每组站在最前面的一个成员示范一套动作，完成后，该成员会拍前面成员的肩膀，要求成员转身向他/她，然后表演刚才的动作。以此类推，直到最后一位成员将动作表演出来，再做一次给团体工作者看。

（3）最接近原来动作的一组为胜方。

（4）胜负不重要，但要注意单向沟通过程中产生的问题。

四　合作活动

团体中的合作活动应很简单、易行、方便、容易让人投入，最常用的方式就是安排一些需要大家共同合作来完成的任务或活动。合作活动中常常会分组以竞争的形式进行，要让成员知道竞争也是合作的一种形式。

（一）突围闯关

目标：使成员体验团体的凝聚力，感受团体的团结对外精神及个别成员加入团体的困难。

方法：

（1）工作者首先要请一位成员自动出场，站在中央。

（2）其他成员围绕其站立，用手臂与左右成员连接形成包围圆圈。

（3）遭受围困的成员，可以采用钻、诱骗等任何方法，设法突围挣脱出圈外。

（4）各封锁成员也各尽其责，决不让被围者逃出。

（5）若被围者灰心失望，工作者或成员可鼓励他/她继续。

（6）工作者可看情况，变换被围者，或者轮流做被围者。

（7）完成后，可以带领成员讨论：被围者的感受；团体未被冲击前和冲击后，成员有何感受；成员对这一游戏的体会。

（8）也可以变化一下：被选出的成员可站在圈外，努力设法进入圈内（成员面向外面围圈）。

（二）并腿而行（N 人 N + 1 足）

目标：提高合作精神。

方法：

（1）让全体成员肩并肩站成一行。在保持队形成一条直线的前提下，队伍向前移动。

（2）难点在于，每个成员的任何一条腿在移动时，都必须与旁边挨着她/他这条腿的成员的那条腿一起移动。

（三）身体部位

目标：帮助成员学会以团队的形式工作。

方法：

（1）工作者准备卡片若干张，上面写上各个身体部位的名称。

（2）工作者给每位成员发一张卡片，上面注明了他们将代表的某个身体部位的名称，例如右腿、左腿、右臂、鼻子等。

（3）大家必须找到足够的人来组成一个完整的身体，但要求是大家不能说话。

（4）身体完整后，大家合作，表演各种各样的动作，例如呼吸、走路、奔跑等。

（四）拔河比赛

目标：考验成员的合作意识，探讨合作与竞争。

方法：

（1）最好以 20 人为限，5 人一组，共分成 4 个小组。

（2）工作者准备胶带、4 根长且轻的结实绳索或晒衣绳（长度最少 3

米）、一个结实的金属环、4 条红围巾或其他色彩鲜艳的可用来做记号的物品。

（3）在活动场地的中央，用粘贴胶带的方式在地上勾画出一个一尺的方框，将围巾和每根绳索的一端系到金属环上，将金属环置于胶带粘出的区域中央，绳索向四个方向延伸出去。

（4）每个小组握好一根绳索，给每个小组提出三条游戏规则："这一活动的目标是在 30 秒时间之内尽可能多地得分；标记每越线一次，就记 1 分；大家有 30 秒的讨论时间。"

（五）解人链

目标：拉近成员之间的关系，体验相互合作的感觉。

方法：

（1）请成员面向内围成一个小圆圈，请成员举出左手，握着对面一位成员的左手，不可放开；再举起右手，握着对面另一位成员的右手，不可以放开。

（2）在不可以放开手的情况下，解开这张错综复杂的人网。

（六）呼啦圈

目标：鼓励成员解决团体内的难题，互相合作和帮助。

方法：8~16 人一组，每组不同颜色呼啦圈 3~4 个。

（1）工作者首先指示成员手拉手围成一圆圈，过程中不能解开手。

（2）工作者放置一个呼啦圈于两个成员手拉手之间，然后要求成员顺时针方向传递给下一位成员，最后返回到开始成员的手上。

（3）工作者再加放第二个呼啦圈于组内，要求以反时针方向传递给下一位成员，途中某一位成员会同时有两个呼啦圈，这问题是成员需要想办法解决的。

（4）工作者再加放第三个呼啦圈于组内，可以朝任何方向在组内传递。

（5）问题讨论：成员如何将呼啦圈传递？成员之间是否有相互帮助，如何帮助的？成员对自己穿过呼啦圈是否充满信心？小组的整体合作性如何？

五 信任活动

信任活动一般可以分为分享类活动和肢体类活动。有些信任活动是用来讨论团体内的信任氛围的，有些信任活动是用来了解成员对己对人的信任程度的，有些活动是用来通过建立相互信任关系以建设团体动力的。

（一）信任跌倒大震撼

目标：通过认识自我与环境而产生自信，克服困难。

方法：

两人前后一组，后者站好位置，当工作者喊"倒"时，前者身体挺直向后跌倒，直直地倒下，倒一半时，后者要很平稳地接住。

（二）信任行

目标：让成员体会在某一环境之下自己是怎样建立起对同伴的信任的。

方法：两人一组，10分钟，每人一个眼罩。

（1）让成员两两一对，给每人发一个眼罩，然后让其中一个成员戴上眼罩，在另一位成员的指导及扶持之下，从教室出门在外面走一圈回来，然后对换角色进行体验。

（2）问题讨论：当你什么都看不见时，有什么感受？当了解对方感受后，你会怎样进行带领？

（三）信任圆环（疾风劲草）

目标：建立相互信任。

方法：

（1）由8～12人肩并肩围成一个紧密的圆圈。每个人都摆出正确的保护姿势：两腿微微弯曲，双手齐胸，两脚一前一后分开。一个人站在圆圈的中央，两臂交叉、双膝绷紧，看着周围的成员，大声地问他们是否准备好了接住他/她。

（2）在得到大家坚定的回答后，中间的那个人闭上眼睛大声说："我倒了!"然后身体笔直地倒向成员们伸出的手上。成员们温柔地将这个人沿着圆圈转一圈。

（3）一分钟后，中间的人会被大家扶起站正，然后回到圆圈中。

（4）当遇到如下情况时，应该立即叫停：动作过于粗鲁、置中间人于不顾地过分玩笑、转得太快、注意力不够集中。

（四）三个秘密

目标：试探个人信赖团体的程度。

方法：8～12 人，纸笔，安静的空间。

（1）给每位成员一张小纸片，要每位写上三个秘密，这三个秘密是无论如何绝对不愿意告诉其他成员的。写好后，自己保存着，不让别人看到，从一人开始，轮流说出每个秘密现在都不愿告诉别人的原因。

（2）工作者可试探性地以开玩笑的口气，企图使成员的秘密公开出来，但不得强迫说出秘密，除非他/她自己愿意说出来。

（3）讨论。

（五）秘密大串联

目标：尝试如何表达"移情作用"，增强相互的信任。

方法：8～12 人，90 分钟，纸笔和信封，安静的空间。

（1）以不记名方式，每位成员写下自己的一个秘密。为了确保无记名，团体工作者准备的纸笔最好一致。出于严肃的态度，提醒成员不可写下开玩笑的事件。

（2）团体工作者将每位成员写下的秘密收集起来，放在一个盒子里。

（3）每位成员从盒子中任抽一张，如有人抽到自己的秘密，即全部重新混合后重抽。

（4）每位成员公开读出自己抽取到的秘密，并说出假如自己也有这种秘密，将会有何种感受。

（5）如果时间充裕，且大家兴致很高，可重新做一遍（写下另一个秘密）。

六　问题解决活动

大多数的问题解决活动都是把成员或小组放在一个需要寻找答案的环境之中。这些活动通常不具威胁性。答案本身不需要预设或者硬性规定。督导最重要的是留意活动本身的目标，有时成员做出的解答会比预设的答案还好。实际上，问题解决活动的重点不在于最终答案，而是全体成员的参与。

在问题解决的过程中，其他因素如领导才能、沟通、团体建立等都可能会包含其中，因此，问题解决活动常常被利用为刺激沟通、加强领导及小组合作的工具，希望通过使用问题解决活动以实现建立团体的目标（蔡炳纲、吴汉明，2002：106）。

（一） 创意等式

目标：帮助成员进行创造性思考。

方法：

（1）工作者准备了一张挂图，上面写下了 5 + 5 + 5 = 550 这个等式。

（2）让成员在其中添加一条直线，使等式成立。

（3）答案是：将第一个加号顶部那个点和最左边那个点连起来，这样就得到了：545 + 5 = 550。

（4）当然，有成员会提出另一个答案：5 + 5 + 5 ≠ 550，这是不错的想法，但这不是一个等式。

（二） 硬币之谜

目标：强调创造性，引导成员"跳出来思考问题"。

方法：

（1）工作者给成员们发放 12 枚硬币，让大家将这些硬币摆成方形，方形的每一边各放 5 枚硬币。

（2）工作者给成员 10 ~ 15 分钟，让他们思考如何解决这个问题。

（3）解决办法是：将两枚硬币叠在一起，放在方形的四个角的位置，然后每两个角中间放一枚硬币，这样就构成了一个符合要求的正方形。

（三） 隐藏的正方形

目的：打破惯有思路，创新思维训练；分析能力的培养。

方法：

（1）向成员展示一张图案（见图 9 - 3）。

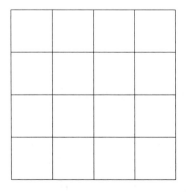

图 9 - 3 "隐藏的正方形"活动所用图形

（2）限时 1 分钟，让大家数出这个图案中到底含有多少个正方形。

正确答案：30 个（1 个大正方形，16 个小正方形，9 个由四个正方形组成的正方形，4 个由九个正方形组成的正方形。）

（3）相关讨论：什么因素阻碍了我们得到正确答案？这个问题可以给我们什么启示？当我们面对其他相似的问题的时候应该如何解决？

（四）图形转换

目的：强调打破传统，创造性地去考虑问题。

方法：

（1）将图 9 - 4 中的一张图分发给成员，要求他们在 5 分钟内把这个图形转化成一个正方形。

（2）规则：只能剪两刀，并且要把原来的每部分都用上。

（3）相关讨论：①你是怎样解决这个问题的，在你解不出来的时候是什么阻碍了你的想象？②你知道了答案后，是否觉得豁然开朗，是否意识到了自己先前所遗漏的一些东西？③这个游戏对于我们以后思考问题、解决问题有什么好处？

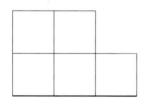

图 9 - 4　"图形转换"活动所用图形

七　团体讨论活动

团体讨论是团体工作中常用的活动之一，通过成员之间的面对面沟通，依照比较正式的程序，围绕严肃的议题，共同思考、分享信息、发表意见和交换经验，进行团体互动。

团体讨论一般有几种形式：头脑风暴法、小组漫谈会、菲利浦斯六六讨论法等。

（一）头脑风暴法

1. 头脑风暴法的基本程序

（1）浏览头脑风暴规则：延迟和不给予你对观点的评判；鼓励狂热的

和夸张的观点；在现阶段是量而不是质有价值；在他人提出的观点之上建立新观点；每个人和每个观点都有同等的价值。

（2）在一个小组或者大组中选择一位主持人和一位记录员（他们可以是同一个人）。

（3）通过头脑风暴法来定义问题或者概念。确保每人对将要探索的问题都有清晰的了解。

（4）建立讨论活动的规则。这些规则包括：主持人控制讨论进程；承认每个人做出的贡献；确保没有人侮辱、贬低或者评价另一成员的观点；声明没有一个答案是错误的；记录每个回答，除非它被一再重复；设定发言时间限制，到时立即终止发言。

（5）开始集体自由讨论。主持人让小组成员共享他们的观点。记录员记录下所有的观点，确保在讨论结束以前不要评价或批评任何回答。

（6）一旦集体讨论结束，马上检查记录结果和开始对各种观点进行评价。检查这些观点记录情况的时候，一些基本的要求包括：寻找任何重复或者相似的答案；将相似的概念聚集在一起；剔除明确不合适的观点；精简了记录清单以后，继续运用小组讨论的方式，讨论剩余的观点内容。

（7）可以继续使用反头脑风暴法，质疑每种设想或观点，完善前面提出的设想或观点。要求参加者对每个提出的设想都要提出质疑，并进行全面评论。对每组或每个设想，编制一个评论意见一览表和可行设想一览表。对质疑过程中抽出的评价意见进行估价，以便形成一个对解决所讨论问题实际可行的最终设想一览表。

2. 头脑风暴法的活动变化形式

（1）纸杯

目标：短时间内向成员们证明合作能够增强头脑风暴讨论会的效果。

方法：工作者准备一个纸杯，让大家在30秒内尽可能想象纸杯的所有可能的用途，大多数人都会想出4～6种用途；接着，让成员两人或三人组成一个小组，再给他们30秒钟的时间想象纸杯的用途，这时他们通常每人都能想出纸杯的9～11种用途；最后，整个小组一起在活动挂图上将全部成员在30秒内想出来的所有用途一一写出来，整个小组往往能够想出20～30种用途。

（2）幸运头脑风暴

目标：鼓励大家开动脑筋思考问题。

方法：工作者选择一个话题，准备与该主题相关的 3～5 个问题，在每张海报上写一个问题，给每个成员一支不同颜色的笔；成员围绕相应的问题尽可能把自己所有的想法全部罗列出来，但是其他成员写过的就不能往上写，不能重复；10～15 分钟过后，把所有成员写下的想法或建议加起来，对提供建议最多的成员进行奖励，其他成员也有适当的奖励。

（3）沉默的头脑风暴

目标：鼓励大家创造性地进行头脑风暴讨论。

方法：工作者给每个成员发一些贴纸，请大家尽可能用各种不同的方式说明同一个问题，但每张贴纸上只能记录一个想法。由于这种方法是不记名的，因此大家会写一些自己口头上不能说出来的想法。另外，采取这种方法能够使大家在最短的时间内表达出大量的想法。然后，工作者让大家将自己的想法随意贴在教室的墙上，并且寻找相似想法进行初步分类，为之后的讨论做准备，但是这期间不能相互交谈。

（二）小组漫谈会

小组漫谈会又可称为非正式小型座谈、耳语聚会。在小组漫谈会中，每个成员都有参与讨论的机会。小组漫谈会的过程是：

（1）将成员分组；

（2）每个小组指派主席角色；

（3）每个小组讨论一个主题；

（4）主席代表每个小组向大团体提出分组报告。

（三）菲利浦斯六六讨论法

菲利浦斯六六讨论法（phillips 66）是菲利浦斯（J. Donald Phillips）发明的集体思考的团体讨论活动。这一方法是将一个大团体，分成若干个六人小组，围绕可能解决的问题，以头脑风暴法为基础，同时进行 6 分钟讨论，最后得出一个解决问题的答案。虽然"六六"代表 6 个人一组讨论 6 分钟，但可适时适地进行弹性调整。菲利浦斯六六讨论法的过程是：

（1）将成员分组，一组 6～10 人；

（2）每组指派一位成员担任主席，一位成员担任计时员；

（3）设定时间限制，每组 6～10 分钟，每位成员 1 分钟；

（4）每位成员轮流围绕主题发言，以 1 分钟为限，不能少时或超时，时间一到，计时员则要求成员立即停止发言；

（5）每个小组整理成员意见，形成结论，用时 1 分钟；

（6）主席代表小组向大团体提出报告。

第十章　评估团体

　　团体工作的评估实际上从团体前期就开始在进行，团体工作评估一直伴随着团体工作的过程，例如团体服务需要评估、成员需求评估、团体发展的各个阶段的预估等。在英文中，"assessment"与"evaluation"都具有评估的含义。在社会工作中，"assessment"基本上指事前评估，一般称为预估；"evaluation"指事后评估。在中文中，"评估"一词包含了上述两种含义。因此，团体工作的评估既包括了团体工作实施不同阶段的预估过程，也包括团体结束阶段针对团体整体的评估。团体开始前的评估注重团体目标的评估、成员特性的掌握以及基线行为的评估；团体发展过程中的评估则在于团体工作者对于团体动力的察觉、团体目标与进度的掌握、成员参与行为的分析，甚至包括特殊事件的处理效果、成员观察等；团体结束后的评估涉及团体成效的评估、工作效能的检视以及成员行为发展的评估（徐西森，1997：231）。

　　团体工作者有责任提供有效的团体服务。通过团体工作评估，团体工作者能够知道哪一种团体实施程序最能有效协助团体成员实现目标和发生改变。另外，通过将团体工作评估方法与各种测量工具、实务经验积累的知识相结合，可以改进团体工作者使用的方法，以满足不同实务环境中的各种需求（Toseland and Rivas，2017：459）。

第一节　团体工作评估的意义

　　为什么需要团体工作评估？这个问题与团体工作的问责性（accountability）和循证实务（evidence-based practice）有关，其中包括：经费是否有效使用，是否值得；团体目标是否实现；团体的设计与技巧是否需要完善。实施团体工作评估的原因除了组织、资金、监管和其他要求外，对于团体工作者、团体成员和团体整体也有诸多益处。

团体工作评估的焦点应该在于了解团体发展以及成员成长的因素，以发挥团体和团体工作的积极功能。团体工作者在评估的时候应该随时反省，通过详尽适当的评估过程来促进团体工作的专业功能。对于团体工作者而言，团体工作的评估是建立在系统化和不存偏见的基础上的一个关键的过程。团体工作的评估帮助团体工作者收集客观的以及属于工作表现导向的资料，获得有关其团体带领能力的反馈，可以磨炼团体工作者的带领技巧（Zastrow，2015：508），能够不断地改进和提升团体工作者的服务质量和专业水准。特斯兰和里瓦斯指出，团体工作的评估对团体工作者有下列益处（Toseland and Rivas，2017：435）。

（1）评估可以满足团体工作者对介入团体工作效果的好奇与专业上的关心。

（2）从评估获得的资料可以帮助团体工作者提高他们的团体带领技巧。

（3）评估可以向机构、资助来源方或者社会显示团体工作或团体工作方法的有用性。

（4）评估可以帮助团体工作者估量团体成员的进步过程，且从整体上看，可以了解到团体预定的目标是否实现。

（5）评估让团体成员及其他有关人员可以自由地表达他们对团体的满意和不满意。

（6）评估给团体工作者积累经验的机会，让团体工作者可以与其他人分享自己在团体工作方法使用方面的经验。

（7）评估可以协助团体工作者将实践过程中的非正式的假设生成和假设检验过程系统化。

（8）评估可以检验团体工作服务的成本效益。

对于团体成员而言，团体工作评估通过在团体过程中不断评估成员订立的个人目标实现程度，让团体工作者即时掌握成员的进度，并且立即改善介入手法和技巧，协助团体成员实现个人目标。另外，在团体结束后还可以评估成员在完成团体后的转变。

对于团体而言，团体工作评估可以通过各种方法来分析成员的转变是否与团体介入有关，探讨团体内促进成员改变的因素。

第二节　团体工作评估的执行

团体工作者在思考评估团体工作的方法时，应该邀请所有相关的人员共同决定评估的内容和范围，团体工作者、成员和观察者或者督导适当的参与，一起决定评估研究的设计和使用的工具。不同的人评估团体的角度不一样，评估的重点也不一样（黄惠惠，2001：103～104）。需要将这些不同角度的评估要素统合起来组成一个系统，厘清各要素之间的关系，协调好经费预算、评估、实施、资料收集及资料分析等要素之间的关系。

团体工作者要按照评估流程选择评估的先后顺序，以保证整个评估过程有序进行，包括收集资料、审核整理资料、统计分析资料等，特别强调其中的客观性和敏感性。要尽量减少评估者个人的主观因素对评估实施的影响，尽可能保持评估对象的自然状态，并在评估过程中增强评估者对事实的敏感度，尽可能全面、有深度地捕捉呈现的事实，控制评估过程中其他变量的影响（顾正品，2017）。

一　团体工作者评估

团体工作者评估主要集中在两方面：一是工作内容方面，例如目标是否实现、对成员的了解程度如何、是否有效协助成员改变；二是工作过程方面，例如成员之间关系如何、促进成员参与程度如何、处理团体事件的效果如何、维持团体气氛的功能如何等。

每个团体工作者都希望自己所做的工作能实现目标和得到别人的肯定，但是这种主观意愿绝不能影响到评估的结果。某些团体工作者为了获得成员"满意"的反应，会诱导他们给予满意的答案，或者选择性地记录团体过程，这样团体工作者就不能从评估中吸取教训和获取经验。

二　成员评估

成员评估着重在三方面。一是成员本身，参加团体的目标是否实现；行为是否获得改变。二是成员参与过程，参与的程度如何；探索程度如何；努力程度如何；是否有防卫性行为出现。三是团体效能，例如，团体是否协助自己实现目标；内容是否恰当；工作者的介入是否合适；团体过程中发生了哪些有意义的事；团体气氛如何；团体是如何发展的。

三 观察者评估

观察者评估包括三方面。一是针对成员，着重在行为表现上，例如，成员的协助性行为（如倾听、自我表露、同理、尊重等）和阻碍性行为（如防卫、阻碍、垄断等破坏性行为）的观察、记录与分析。二是针对团体工作者，着重在团体工作者工作行为的有效性上，如同理的反应、引导的技巧、适时的介入、尊重与接纳、积极的关注、有效倾听、自我祖露等行为表现。三是针对团体效能，着重在团体计划的可行性与有效性，以及团体的结果如何等。

第三节 团体工作评估的方法

团体工作评估根据团体工作的实施内容和范围进行全面性、整体性的评估，根据特斯兰和里瓦斯的分类，团体工作的评估方法主要包括：团体计划的评估、团体监测的评估、团体效能的评估、团体发展的评估（Toseland and Rivas，2017：437－454）。

一 团体计划的评估

团体计划是团体工作的总纲，计划是否翔实是团体工作成败的关键。团体计划评估通常是评估团体的设计和计划过程，通过收集相关资料，团体工作者要掌握成员是否自愿参加团体、成员参加团体的动机、成员各自的能力、是否能够帮助团体实现目标等信息。团体计划的评估包括以下几方面。

（一）计划信息的获得

针对团体计划是否完善这一方面，团体工作评估可以先检查计划的信息来源。一般而言，团体工作者应该广泛地从过去的一些会议资料、机构档案、报刊、研讨会等先收集信息，等信息收集完备后，再开始拟订团体计划。

（二）需要预估

在团体前会谈中，团体工作者可以通过询问团体的预备成员来验证一些信息，例如他们参加团体的意愿、参与团体的动机以及他们帮助团体实现目标的能力等，从他们的回答中，便可以了解他们对团体的需要状况。另外，也可以通过个别会谈、电话访谈或者信函等方式进行需要预估。团体工作者必须在团体筹备阶段对团体需要进行正确预估，从而设计出有效的干预计划。团体需要预估中必须考虑团体整体需要、成员需要和团体环境需要。

二 团体监测的评估

团体监测的评估（evaluations for monitoring a group），主要是通过团体监测，在团体工作服务开展过程中跟踪预估团体成员的进步和团体发展的进度，在团体结束后评估导致成员改变和团体发展的团体工作实务过程方面的因素。

在团体工作服务开展过程中，团体监测作为一种彻底和全面的预估过程，有助于成员的改变过程以及团体的问题解决（Toseland and Rivas，2017：253－254）。根据团体监测的预估结果，团体工作者可以确定哪些成员和团体的目标已经完成，哪些工作还有待完成，对团体计划和团体目标进行适当调整和改变，以便更符合成员和团体发展需要，促进团体建设性地朝着团体目标发展。

在团体结束后，团体工作者基于团体监测整个实务过程的相关资料，利用问卷、量表、回馈、录影、录音、过程记录、摘要记录等方法，评估团体发展阶段、团体动力、团体凝聚力、团体沟通、团体结构等，着重探讨团体内什么因素导致了成员的改变和团体发展。

总体而言，团体监测的评估可以从团体工作者和团体成员两方面来进行。

（一）团体工作者方面

团体工作者主要通过团体工作记录来对团体过程进行监测。此外，团体工作者也可以使用量表等进行自我评估。

1. 团体工作记录

作为一个负责任的团体工作者，在每次团体聚会之后都必须及时撰写团体工作记录。通过团体工作记录，团体工作者可以回顾团体的进展，并且计划团体未来的发展或者改善技巧。团体工作者可以根据团体工作实际情况，灵活使用以下几种形式的团体工作记录：过程记录、摘要记录、以问题为导向的记录、录音与录影记录等。不论使用哪一种形式的记录，团体工作者都要注意及时记录，记录要详细、明确与顺畅，注意保密性。

（1）过程记录

团体工作的过程记录是一种叙述式的记录，是依时间先后及活动顺序详细记述每次聚会活动的团体流程、分析团体互动状况、发现问题以及解决问题的记录，是每次团体聚会活动都应有的记录。这种过程记录可以提供丰富的细节，帮助团体工作者分析团体聚会期间发生的互动以及反思团体聚会期间发生的事件，适合用于团体工作初学者的训练和督导。表 10 - 1 是一份关于团体工作过程记录的较为详细的纲要。

表 10 - 1　团体工作的过程记录

团体名称： 团体次数： 团体日期： 团体时间： 团体工作者： 出席成员： 缺席成员：
本次聚会目标：
一、团体前的预备与观察
二、团体成员座位及交流图
三、团体过程分析 1. 团体的流程 说明团体真实进行的流程与团体工作者所设计的流程间的差异。 2. 过程记录——关键事件分析 主要内容包括：简述关键事件；关键事件对该成员有何影响；谁引起关键事件的发生；谁在过程中参与、该成员有何反应；工作者的介入目标和技巧；在事件过程中，有哪些言语和行为会引起该成员有转变；评价介入成效；工作者感想及回应；等等。 3. 团体动力分析 主要包括：人际交往分析（团体沟通与相互交往模式、回顾主要的沟通问题）；团体气氛；团体规范；凝聚力；成员领导模式；成员决策模式；成员处理冲突模式；等等。

续表

四、对本次团体聚会的整体分析与评价

1. 团体发展阶段

说明本次团体聚会进展到哪个阶段。

2. 目标实现程度

分析本次团体聚会的目标实现情况，描述团体在实现本次聚会目标时遭遇的主要阻碍（如果有的话）。

3. 团体活动的适切性

对本次团体聚会中的每个活动项目的适切性（包括形式及内容）进行分析、检讨，并提出改进建议。

4. 团体成员的个体成长情况

分析本次团体聚会中团体成员的参与程度、对自己和其他人的感知、个人变化等。

5. 团体工作者对介入技巧的自我评价

主要包括：团体工作者的角色、工作表现、面临的困难。

五、计划下一次团体聚会

1. 下一次团体聚会须改善或注意的事项。

2. 原定的下一次团体聚会计划是否、有何修改。

（2）摘要记录

团体工作的摘要记录是一种综合性的记录，也被称为团体工作总结记录，是摘要、分析与建议的记录。相对于过程记录，摘要记录较为省时，也较具选择性和聚焦性，着重对团体过程中关键事件的记录。关键事件是指对团体成员特别重要、与各成员有关或成员对其产生强烈情感的事件。这些关键事件通常涉及洞察、自我表露以及成员之间或者成员与工作者间的重要交流等。这些事件可能是某一次团体内其中一部分团体过程中发生的事情。记录这些事件，能帮助探讨团体促进成员转变的影响因素。团体工作者首先识别出可能与某一成员有关或对其起重要影响的关键事件，工作者可根据该成员的反应或由工作者直接询问成员的看法，确定有关事件是否为关键事件。团体工作者以该事件为基础，分析该成员的情绪反应、行为和思想（杨家正、陈高凌，1998）。需要注意的是，团体工作的摘要记录往往不能将团体工作者的活动与团体的具体目标和结果有机联系起来。

团体工作的摘要记录可分为两种：会期摘要记录，即每次团体聚会的简要摘要记录；阶段性摘要记录，即每月或数月一次将团体活动进行概括整理的记录。在每次团体聚会中都有最起码必要的记录项目，因此，每次团体聚会的会期摘要记录都是最基本的。如果团体是短期团体，例如聚会为 12 次以内，通常只做一次阶段性摘要记录加上每次聚会的会期摘要记录即可；如果是长期团体，则应该要在会期摘要记录的基础上，每隔一段适当的阶段就做一次阶段性摘要记录，以免团体时间跨度太长而无从整理（林万亿，1998：286）。

表 10 - 2 是特斯兰和里瓦斯的团体工作的摘要记录格式和内容，实际上就是一种会期摘要记录。表 10 - 3 是林万亿提供的摘要记录的参考格式，这种格式的摘要记录属于团体工作的阶段性摘要记录。

表 10 - 2　团体工作的会期摘要记录

团体名称：

团体次数：

团体日期：

团体时间：

团体地点：

团体工作者：

出席成员：

缺席成员：

团体目标：

本次聚会目标：

活动内容：

团体工作者对本次聚会的分析：

下一次聚会的计划：

资料来源：Toseland and Rivas，2017：441。

表 10 - 3 团体工作的阶段性摘要记录

团体名称： 团体次数： 团体期间： 团体地点： 团体工作者： 团体成员：
团体目标：
团体组成： 请摘述团体的组成缘起、问题特性、组成经过以及选择标准等
团体过程摘要： 请连贯系统地摘述每一次团体聚会的过程，着重分析关键事件及处理。
团体工作者的自我评价：
下一个阶段的团体工作计划：

资料来源：林万亿，1998：287。

（3）以问题为导向的记录

以问题为导向的记录是明确、清楚地界定团体要探讨的问题和目标，依照每个详细陈述的问题收集和记录信息，并详细记录每个问题的介入方式。这种记录方式的优点是能让团体工作者清楚地看出被设计用来完成团体目标的那些介入方式与问题的具体评估之间的相互关系。

（4）录音和录影记录

录音和录影记录也是团体工作者获得信息的有力工具，这种记录的最大优点是能提供完全正确而未经修改过的团体聚会记录。录音和录影的记录方式能够提供给团体工作者永久的记录，可作为与团体分享、与督导讨论或在教育工作坊中交流的依据。

2. 量表

量表也经常被用于团体工作者的自我评估，以监测团体过程中的技巧运用或工作表现。表 10-4 可用于团体工作者每次聚会结束时或整个团体结束时对工作表现的自我评估。

表 10-4　团体工作者自我评估量表

仔细阅读以下每句话，选择最适合你的技巧层次或情景的答案。

评估指标	在这个团体中我……	需要做更多	现在做得很好	需要少做一点
观察	确认紧张			
	注意谁对谁说话			
	注意谁正被遗漏了			
	了解对我的意见的反应			
	发现什么时候团体逃避一个话题			
	确认伙伴的行为（角色）			
	注意非语言的行为			
沟通	主动地参与			
	简短地和简要地说话			
	肯定的行为			
	主动地倾听			
	拘泥于某个主题			
	中断讨论			
	活动之间的串词			
	说话前先思考			
	和成员有同理反应			
	鼓励用"我的信息"			
忍受情绪的情境	面对冲突/生气			
	容许沉默			
	忍受紧张			
	接受亲密/感情			
	接受悲伤			
	对挑战做出反应			
	接受预期的冒险			
	表现没有防卫性			

续表

评估指标	在这个团体中我……	需要做更多	现在做得很好	需要少做一点
与成员的关系	挑战/面质个人			
	抽离对自己的注意力			
	使用隐喻			
	自发性的反应			
	自嘲			
	创造一个安全的气氛			
	分享控制			
	对此时此刻做出反应			
自我表露	以言语表达生气			
	表现幽默			
	感谢的话语			
	隐藏感情			
	分享个人的经验			
一般的	耐心等待			
	邀请回馈			
	示范接纳			
	对过程的评论			
	鼓励成员采取行动			

资料来源：Reid，1997：281－282。

（二）成员方面

团体监测的评估也可通过收集成员有关其自身行为、其他成员行为、团体工作者行为以及团体状况的信息来进行。首先，成员的团体日记是很重要的一种常用方法。在团体聚会结束之后，邀请成员撰写个人的团体日记，记录团体中与他人分享或其他成员给予回馈时的个人感受，写下团体活动之后成员间彼此互动的情形，记录成员在团体外的行为改变。团体工作者或观察者在成员允许的情况下，可不定期地察看成员的团体日记，根据他们的观点，评估成员在团体活动中达到的学习效果。

另外，成员也经常在每次聚会的结束，或者每隔一段时间，以填写书面的评估表、填答一些开放式的问题等方式，了解和监测成员、团体工作者以及团体的进步情形（见表 10 – 5、表 10 – 6）。

表 10 – 5 的量表可用于团体成员对团体工作者的工作表现的评估。表 10 – 6 的量表可用于团体成员对于团体气氛的评估。

表 10 – 5　团体成员对团体工作者的评估量表

项目	很不同意	不同意	没有意见	同意	很同意
对于成员和他们的问题表示了解					
鼓励成员说出心中特别的问题和心里的感受					
当团体中出现有人操纵的场面时，能够予以阻止					
能够注意到那些不发言的人，并且能把他们带领出来					
对于那些不发言的人，表现出尊敬的态度					
能够帮助整个团体设定目标、确立讨论主题和方向及态度					
仔细倾听且能真诚接受成员					
经常表现出紧张或忧虑					
当成员彼此之间进行感情上的沟通时，能够予以鼓励					
当团体中有人迟到或缺席时，表现出生气的态度					
发现成员出现言行不一致时，能够立刻指出					
在成员没有明说的情况下，能够洞察他们真实的情感					
能够开放地表露自己的感情					
能与成员共同分享自己的经验					
协助成员觉得自己是一个有潜力的人					
能够说出对成员的看法，这种看法与成员的自我概念是不同的					
鼓励成员能够讲出他们的目标和计划					
不用刻意地表现，就能将自己对成员的关心表现出来					
要求成员共同分享各自的感受					
当牵涉成员关心的问题时，能将自己的价值观及想法拿出来与大家共同讨论					

资料来源：黄惠惠，2001：325 – 328。

表10-6　团体气氛评估量表

请回顾你的同组成员对待你的情形，选择适当的选项。

我觉得和我同组的人	A. 总是这样	B. 时常这样	C. 偶尔这样	D. 极少这样	E. 绝不会这样
1. 诚实对待我					
2. 抓到我说话的重点					
3. 打断或不理会我提出的意见					
4. 接受我					
5. 当我干扰他们的时候，他们很自然地让我知道					
6. 误解我所说的和所做的					
7. 对我感到有兴趣					
8. 提供一种气氛使我能表现真实的我					
9. 有事藏在心里不让我知道					
10. 能洞悉我是怎样的一个人					
11. 无论什么事都能考虑我一份					
12. 对我采取判断式的反应					
13. 对我完全坦白					
14. 能察觉我的困扰					
15. 不论我的能力或地位如何，都能充分尊重我					
16. 如果我表现特异的话，就嘲笑我或不表示赞同					

注：团体气氛问卷计分方法：第3、6、9、12、16项是负向行动，先予评分，A=0，B=1，C=2，D=3，E=4；其他的项目计分方法相反，A=4，B=3，C=2，D=1，E=0；然后按下述原则将各项分数相加，得出下面4种团体气氛的分数：真诚包括第1、5、9、13项；了解包括第2、6、10、14项；尊重包括第3、7、11、15项；接纳包括第4、8、12、16项。分数越高，团体气氛越好。

资料来源：林幸台、宋汀玲，1984：75~76。

三　团体效能的评估

团体效能评估，主要是一种结果评估或者成效评估，着重于分析成员发生了什么改变、团体目标是否实现、团体功能是否发挥、成员需要是否得到满足等。团体结束阶段，团体工作者会设计一些问卷或量表，例如表10-7的团体成员自我评估量表、表10-8的团体成长评估量表，让成员根据自己的改变状况填写，以评估团体效果，了解团体是否完成了预定目标和任务，并为以后主持类似的团体积累经验。

团体效能评估包括团体效力评估和团体效率评估两方面。效力评估着重在了解一个团体完成它的目标的程度，这个指标可以让团体工作者对团体所使用的方法的有用性获得一个较为客观的回馈。效率评估则着重在比较团体计划要实现的利益能否与它的花费相符，也就是说，把经济上的价值放在团体的成果上来衡量，且要评估团体的花费是否值得。

团体效能评估一般采用问卷、量表等方法，在团体参加前与团体结束后，分别让团体成员填写，然后用统计分析方法，比较前后两次的结果是否有明显的改变，团体成员预期的目标是否实现。一般团体工作者在团体结束时会进行检讨，收集成员对团体内容、工作方法以及团体工作者表现等方面的意见，并以此作为评估依据。团体效能的评估有时会选择团体的实验设计与准实验设计，这时应该考虑测量方式的信度和效度，还要注意统计方法和统计程序的选用，因此相对而言比较复杂、严谨且困难得多。

表 10 - 7　团体成员自我评估量表

根据下面的叙述对你自己在团体中的表现给予评分。

1	2	3	4	5
从不	很少	有时	常常	总是

_____我是这个团体的一个主动和有贡献的成员

_____我愿意与其他成员有相称的个人投入

_____我希望在团体中尝试新的行为

_____当感觉出现的时候我努力去表达我的感觉

_____我注意地倾听他人，并且对他们直接做反应

_____我努力直接面对并给予反应

_____我通过对我所认为及我所感觉到的其他人给予回应，分享我对他人的看法

_____我要参加团体的聚会活动

_____我提供支持给其他成员而不是解救他们

_____我以没有防卫的态度接受回馈

_____我注意我对团体工作者的感受，并分享我的感受

_____我愿意对从这个团体中所得到的和没有得到的负责

_____我将我从团体中所学的应用到团体以外的生活中

资料来源：Reid，1997：279。

表 10－8　团体成长评估量表

请就每一项目，根据团体最初的情形与现在的情形分别给予 1～7 分。7 分表示最接近事实，1 分表示与事实最不符合。

项目		最初	现在
气氛	团体把我当一个真正的人看待		
	我觉得和这个团体的每个人都很亲密		
	这个团体表现了分工合作和团队精神		
	团体其他人协助我个人的成长		
	我信任团体里的其他人		
	团体中的每个人都互相帮助		
	作为团体里的一分子，我觉得很满意		
	我在心理上觉得和这个团体很接近		
	在团体中我觉得有成就感		
	在这个评估量表上我很认真作答		
信息分享	我愿意与团体里其他人分享信息		
	我能自然地与团体里的人讨论我私人的事		
目标	我以个人目标为主，而不是以团体目标为主		
	这个团体使用合作、有组织的方法解决问题，而不是用竞争方法		
	我能迅速而妥善地处理团体的重要问题		
	团体的活动能反映出全体成员的需要和欲望		
	团体的活动能满足我的需要和欲望		
控制	全体成员对工作的完成很有责任感		
	我觉得被团体里的其他人操纵		
	我觉得我在操纵这个团体		

资料来源：林幸台、宋汀玲，1984：77～78。

四　团体发展的评估

团体发展的评估表面上与团体效能的评估有相似之处，实际上团体发展评估的目标在于思考团体设计与技巧是否需要改变。

团体发展的评估对于那些有兴趣于准备新团体工作计划者，或者发展新团体工作方法者，或者完善现有团体计划的团体工作者会有较大的帮助。这种评估方式帮助团体工作者持续发展和改进自己的团体工作服务，以及创造或试验一些新的团体工作计划。一般而言，在发展或评估一个新的团体工作计划或方法时，最常使用的研究设计有两种方法，即单一系统法和个案研究法。

单一系统法主要用来评估一个单一系统，例如一位成员或一个团体所收集到的资料。单一系统法可以用来比较团体先行设定的行为基础资料和介入后所收集到的资料。单一系统法是用来评估当介入方式完成后，个人或团体整体行为目标完成的程度。

个案研究法比较注重对单一个案进行精确的描述、正确的观察和仔细的分析，是一种质性研究方法。个案研究法的优势在于它能够提供对团体工作程序和过程的清晰、详细和生动的描述。由于团体工作者习惯于详细记录和分析自己的工作，这种方法深受团体工作者的欢迎。

第四节　团体工作评估的测量工具

有效的团体工作评估，需要选择一系列测量工具来收集资料。不同的评估取向和评估层次，使用的测量技术和测量工具也是不同的。测量工具和测量技术当然是要求高信度和高效度，然而这是相当费时的，因此，团体工作者在选择测量工具时，要考虑到时间和资源上的限制，可以选择成熟的、现成的、有信度和效度的测量工具。除此之外，团体工作者还要考虑这些测量工具是否符合团体目标和团体成员的能力。

在选择测量工具时，团体工作者要避免盲目采用测量工具（张兆球、苏国安、陈锦汉，1999：75～76）。一是要避免采用错误的测量工具。团体工作者在某些工具书中发现一些量表后，便迫不及待地使用它，完全没有考虑量表是否符合团体活动的要求，在这种情况下，成员在量表上没有显示任何转变，并不意味着活动没有产生任何效果，而是由于采用了错误的测量工具。二是要避免妄自设计独有的测量工具。由于没有时间或者不够时间去检验自己设计的测量工具的信度和效度，团体工作者会因此忽略或不考虑这些测量工具（问卷或量表等）是否符合测量的标准，背离了设计量表和问卷时必须遵守的一些规则和基本要求，例如问题不要有敏感性和有诱导性等。

一　行为的测量

（一）行为计算

行为测量的工具之一是行为计算。这可以测量成员出现目标行为的次数，例如自我表露、寻求协助、表达自己的价值观、称赞其他成员的行为、完成家庭作业、出缺席情况、和熟识者说话的次数、感情表达的次数等。目前已发展出许多不同的工具，例如电子计数器和相关的表格等，以提高测量的方便程度。

（二）行为观察

行为测量的工具之二是行为观察。首先，行为观察可以针对成员的行为问题（包括团体内和团体外的），通过成员自我观察、对成员的重要他人的观察以及团体工作者的直接观察来实现。其次，行为观察可以针对团体状况的改变，例如团体和团体工作者希望增加成员的情绪表达、自我表露、寻求协助、准时出席、表达自己的价值观、以口语称赞他人的行为等，这时团体工作者可以通过观察成员的行为，然后计算这些行为在团体中出现的总次数。团体工作者可以在团体进行过程中自行记录这些行为，或邀请团体外的观察者或团体中的某位成员来记录这些行为，然后在团体结束时与整个团体分享记录的结果。最后，行为观察也可以是针对团体工作者的行为表现，这可以由协同工作者、观察者或者督导来进行记录。表10－9参考了特洛泽的团体成员过程评估量表、结合团体角色的分类进行修改，形成了团体成员行为观察表，用于观察团体成员在团体中的行为表现及角色扮演。表10－10的团体工作者行为观察表，用于观察者对团体工作者在团体中的行为表现进行记录和分析。

表 10 - 9　团体成员行为观察表

团体名称：	团体成员位置图：
团体时间：	
团体地点：	
成员人数：	
观察者：	

续表

成员行为		成员代号	说明
反团体角色	导师		
	悲痛者		
	敌对者		
	垄断者		
	沉默者		
	自卫者		
	代罪者		
	自命不凡者		
	依赖者		
	操纵者		
	拯救者		
	讲故事者		
团体任务角色	发起人		
	信息意见寻求者		
	信息意见提供者		
	细心经营者		
	协调者		
	导引者		
	评估者		
	加油者		
团体维系角色	鼓舞者		
	调和者		
	妥协者		
	标准设定者		
	追随者		

其他观察事项请注明：

资料来源：参见 Trotzer，2006：427－428。

表 10－10　团体工作者行为观察表

团体名称：		团体成员位置图：
团体时间：		
团体地点：		
成员人数：		
被观察者：		
观察者：		

项目	等级	说明
守时		
穿着适当		
轻松自在（镇静沉着）		
能保持眼神的接触		
没有令人分心的肢体语言		
口语表达清楚明白		
面部表情适当自然		
对专业精神有很清楚的了解		
对成员的心理行为有很清楚的概念		
能专注并很好地倾听		
回答合乎逻辑及道理		
及时且适当的回答		
有技巧地引导思考的问题		
情绪稳定		
对他人表现出关切		
尊重成员		

等级说明：
1. 在平均之下（完全非如此）　　2. 平均（有时如此）
3. 在平均之上（大部分如此）　　4. 优异（完全如此）
5. 无法评估（不适用）

其他观察事项请注明：

资料来源：参见徐西森，1997：104。

二 心理测量工具

行为科学家、心理学家和社会工作者也发展出了许多不同的心理测量工具，以作为团体工作者评估时使用，且在使用这些心理测量工具时，并不需要高度专业的心理测量训练，例如情绪的自我评估量表、分享归因的测量等。在使用这些量表时，要注意考虑以下因素：量表的内容与团体目标的相关性、量表的信度和效度、量表使用对成员的干扰程度（杨家正、陈高凌，1998）、成员的文化背景。

三 目标达成评估表

目标达成评估表包括目标问题评估、目标达成等级记录表和任务达成表格。

（一）目标问题评估

关于目标问题评估，团体工作者可以在团体前会谈时，请成员提出 3 项困扰他们的问题，并且给每项问题评分，然后到了事后评估面谈时，再对这些问题进行评分，看是否有所改善（杨家正、陈高凌，1998）。

（二）目标达成等级记录表

目标达成等级记录表是一种测量服务对象目标达成状况的工具，记录表将每个目标从最差到最佳的完成程度分成五个等级，这个记录表的平均值代表成员目标达成的概率。当团体工作者运用这种记录表时，团体成员可以协助彼此一起界定每个等级的程度和目标达成的状况（Garvin，1987：195）。与目标问题评估相似，团体工作者在设计和使用目标达成等级记录表时，可以邀请成员在团体前会谈时列出 3 项希望在团体结束时能够达成的目标，然后在事后评估时对各项目标进行评分（杨家正、陈高凌，1998）。

（三）任务达成表格

在许多任务取向的团体中，成员通过完成不同的任务，以达成自己设定的目标。每位成员在任务达成表格中需要填写的信息包括：本次团体需要完成的任务或次任务；成员在完成该项任务时遭遇的阻碍；在本次团体中，成员为克服阻碍所拟订的计划；该项任务是由谁建议的（团体工作者、成员自己或其他成员）；成员对该项任务认同的程度，以及任务完成的情形等。团体成员在每次团体聚会结束时都需填写一次表格，以便正确评估自己任务完成的状况（Garvin，1987：199）。

四　团体沟通结构测量

团体沟通结构测量主要针对的是成员与成员、团体工作者以及团体之间的谁对谁说话的团体沟通过程，这是团体结构测量中最简单的一种测量方式。

沟通结构测量通过表格（见表 10－11）将成员与成员、团体工作者以及团体说话的次数记录下来，观察后计算总记录，并且计算出百分比，从而可以了解每位成员引发话题的次数或比例以及每位成员接受信息的次数或比例。此外，通过多次的观察测量，团体工作者可以通过这种记录进行比较，从而可以清楚地了解相对于成员与团体工作者、成员与成员以及成员与团体之间的对话次数是否有明显的增加。另外，通过分析每个成员对其他成员说话的频率，可以描述团体决策、团体凝聚力的改变，也可以分析每次聚会沉默的次数和长度。

表 10－11　团体沟通结构测量

对谁说（信息接收者）

谁在说话（信息发送者）		A	B	C	D	E	F	W	G	合计
	A									
	B									
	C									
	D									
	E									
	F									
	合计									

注：其中，A、B、C、D、E、F 为团体成员，W 为团体工作者，G 为整个团体，空格中记录对话次数。

五　内容分析

内容分析主要针对的是团体中"成员们正在说什么"和"成员们正在

做什么"。团体工作中的内容分析项目有：给予意见或建议的回馈、提问题、对问题给予回馈、自我建议性的回馈、负向情绪反应、正向情绪反应和提供信息等。团体工作者根据这些项目，记录谁对谁做了哪种回馈。团体工作者根据记录的内容，可以了解在团体过程中，哪位成员最常做回馈，而谁最常对谁做回馈，以及成员最常使用哪一种回馈方式。随着成员和团体工作者关心议题的变化以及团体的发展，这些记录也会发生变化，也能动态呈现团体改变的状况。

六　社会测量技术

1934 年，美国学者莫雷诺（Moreno，1934）首创社会测量技术（sociometric technique）。社会测量技术在团体中实施，可以测量团体成员社会关系联结，可以用来决定团体成员之间的互动模式，评估测量团体中的人际吸引或拒斥关系，决定每个成员被其他成员接受加入团体的程度，评估与分析团体内的人际关系，观察次团体的改变，了解个人在团体中的地位及团体的结构（Moreno，1947）。

社会测量技术通过向一个团体中的成员提出一些问题，例如最想要跟谁从事某一项特殊活动，合作、喜爱、认为最有权威，等等，要求他们按照一定的标准在团体成员中进行选择，再根据这些选择来分析团体的人际关系。一般而言，问题的表达可以是正面吸引性的，例如"你最喜欢的成员"，也可以是负面拒斥性的，例如"你不愿意和哪位成员一起合作"。问题的内容可以涉及情境性的、弱标准的，例如"你喜欢和谁一起去旅行"，也可以是强标准的，例如"最喜欢与哪一位成员共事"和"觉得与哪一位成员最亲近"等。在社会测量中，成员的选择数目可以限定，例如选择 2～3位成员，也可以不限定。一次测量过程中设计多少个问题，虽然没有严格限制，但一般是 3～6 个问题比较常见。

社会测量技术的优点是简便易行，能直观地以数量化的形式表明团体的内部结构和人际的吸引和拒斥关系。社会测量技术的缺点是信度和效度有时较低，难以说明人际吸引或拒斥的原因。

（一）社会测量的结果处理

社会测量的结果处理有两种基本方式：一种是列表法，称为社会矩阵（sociomatrix）；二是图示法，称为"社会关系图"（sociogram）。

1. 社会矩阵

社会矩阵，又称社交矩阵、社会计量方阵、社会关系计量表。社会矩阵是一个根据社会测量结果表示团体成员间关系的 n×n 的方形表格或矩阵表。左方一排列出选择者的姓名或代号，上方一排列出被选择者的姓名或代号。被选择者依其选择次序（1、2、3……）填在适当的空格上，最后计算各个人的被选次数及互选数。社会矩阵主要用于分析个人在团体中的社会地位、领导能力以及团体的内部结构和凝聚力。

2. 社会关系图

社会关系图，又称社会计量图或社会图，是一种表示团体中各成员之间的迎拒、取舍、亲疏、爱恶以及团体凝聚趋向的示意图。社会关系图比社会矩阵更加具有直观性，它可以使人们十分清楚地看出每个成员在群体中所占有的地位。社会关系图不仅可以使团体工作者在短时间内了解到成员在团体中的社会地位、影响力、适应性以及成员彼此间的吸引或排斥，同时团体中的各种特性，诸如团体的结构，次团体的分化，团体的领导作用、凝聚性、士气以及对外部压力的抵抗等，都能一目了然。

社会关系图以几何图形（圆形或三角形）代表个别成员，图形中写上姓名或其代号。通常受选次数最多的排在中间的位置，次多的位于其周围，最少的则位于最外围，然后用线连接选择者与被选者，如果是单向选择，则用单箭头指向被选者；如果是双向选择，则使用双箭头；如果是拒斥的关系，则作线方式相同，但以虚线或彩色线表示。

3. 示例

在一个高中班级，询问 16 位同学"你愿同谁一起去参加夏令营"得出相应结果。表 10 - 12 是根据各位同学自己填报的调查表汇总而成，表10 - 13 则由表 10 - 12 整理而成，其中有圆圈的数字表示双方互相被选择，无圆圈的数字表示所选择的其他人，或被其他什么人所选择。

表 10 - 12　社会矩阵示例（1）

选择者	被选择者																总计
	1	2	3	4	5	6	7	8	9	10	11	12	13	14	15	16	
1		+								+		+					3
2	+			+		+								+			4

续表

选择者	被选择者																总计
	1	2	3	4	5	6	7	8	9	10	11	12	13	14	15	16	
3		+		+			+	+									4
4		+															1
5			+				+										2
6				+						+			+				3
7		+		+				+									3
8				+													1
9												+		+	+		3
10	+			+													2
11				+				+									2
12	+														+		2
13				+						+							2
14		+					+								+		3
15			+							+							2
16				+													1
总计	3	5	2	9	0	1	3	2	0	5	0	2	1	1	1	3	38

资料来源：彼得罗夫斯基、施巴林斯基，1984：102。

表 10 – 13 社会矩阵示例（2）

编号	选择了谁				被谁选择了								
1	②	⑩	⑫		②	⑩	⑫						
2	①	④	6	⑭	①	3	④	7	⑭				
3	2	4	7	8	5	15							
4	②				②	3	6	7	8	10	11	13	16
5	3	7											
6	4	10	13		2								
7	2	4	10		3	5	14						
8	4				3	11							
9	12	15	16										
10	①	4			①	6	7	13	15				

续表

编号	选择了谁			被谁选择了		
11	4	8				
12	①	16		①	9	
13	4	10		6		
14	②	7	16	②		
15	3	10		9		
16	4			9	12	14

资料来源：彼得罗夫斯基、施巴林斯基，1984：103。

图 10-1 是根据表 10-12 和表 10-13 绘制而成。其中△代表男生，○代表女生，其中的数字代表人的编号，如 ⚠ 代表 1 号男生，②代表 2 号女生。发出的箭头代表他/她选择谁，接受的箭头代表他/她被谁所选择，双向的箭头代表互相选择。从图 10-1 中可以看出，4 号男生最受人爱戴，有 9 个成员选他，而他只选择了 2 号女生；2 号成员、10 号成员次之，各有 5 个人选他们；而 5 号成员、9 号成员、11 号成员则没有人选他们。

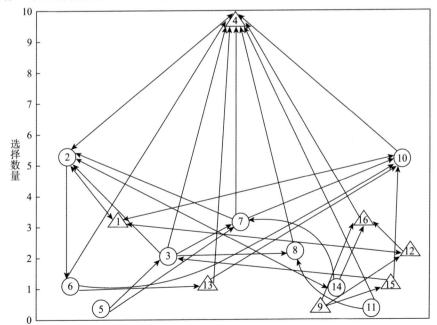

图 10-1　社会关系图示例

资料来源：彼得罗夫斯基、施巴林斯基，1984：107。

（二）社会测量的结果分析

1. 社会关系图的结构

在社会关系图的结果分析上，通常需注意以下八类基本结构，即孤立、被拒、互选（对偶）、互拒、串联、小团体、明星与领袖。团体工作者可以通过社会关系图来了解个人在团体中的地位、小团体的组成以及人际沟通的网络（杨国枢等，2006：558～561）。

孤立指的是不被任何人选择也不选择任何人的成员。在团体中，这种人几乎没有，所以有时候也可用来指选择数和被选数都极少的成员。

被拒指的是被拒数很多的成员。有时候也仅指受到任何拒绝的成员。

互选（对偶）指互选的一对成员。越是整合的团体，对偶数就越多。

互拒指互相拒斥的一对成员。一个团体中互拒数越多，对立关系越尖锐，分裂性也就越大。

串联是三个人以上的连锁关系，是团体凝结的要素，串联越多越长，越是凝结。它有两种类型：单向选择的串联（A→B→C）与双向选择的串联（A←→B←→C）。后者比前者的关系紧密。

小团体是一种封闭的连锁关系，可视为串联的变形。它由三个以上成员组成，每个人至少选择一个小团体中的成员，并且至少获得其中一个人的选择。它可由单向选择关系而建立，也可由双向选择关系而建立。

明星指被选数特别多的成员，又称高被选择者。

领袖是团体中最具影响力的人物，在多数情况下，明星亦是领袖。但有时领袖未必拥有特别多的支持，但他/她所选的都是明星，而这些明星人物都有积极的回报，即形成了对偶。换言之，他/她所受的选择均来自团体中深孚众望的人物。

从社会关系图中，我们可以得出以下几点推论。

（1）如果社会关系图显示有很明确的小团体和割裂现象，那么这个团体可能难免发生摩擦或敌对行为，也难以同心协力开展一项活动。

（2）如果社会关系图显示单项串联短而多、互选对偶又很少，则这个团体中成员缺乏时间或机会进行互动或认识。

（3）散乱而缺乏重心（明星或领袖）的社会关系图，表明团体结构非常松散。

（4）有大量的互选（对偶）及长而重叠的串联，表明团体有相当完整的结构、良好的沟通网络、较好的人际关系，团体成员互相赏识。

2. 社会测量指数分析

莫雷诺在《谁将留下？社会测量学、团体心理治疗和社会戏剧的基础》（1953）一书中，曾提出了若干社会测量指数，并指出可以发展出更多的指数。通过社会测量指数可以发现某种情境下个人在团体中的社会地位，而且能得到数量化的指标。综合有关资料，常见的社会测量指数大致可分为有关个人地位的指数和有关团体性质的指数两大类（杨国枢等，2006：561－563）。

（1）有关个人地位的指数

① 情绪扩张性指数：表示个人是否使用了其所有可用的选择的指数，仅在没有限制选择数时适用。

$$情绪扩张性指数 = 实际个人所用到的总选择数$$

② 社会地位指数：表明个人在团体中受重视的程度，又称社会强度。

$$社会地位指数 = （受选总数 + 受拒总数）÷ （团体人数 - 1）$$

③ 受选地位指数：表明个人在团体中所受支持的程度。

$$受选地位指数 = 受选总数 ÷ （团体人数 - 1）$$

④ 高被选择者：指受选数在平均选择数一个标准差以上者。

$$高被选择者 ≥ 平均数 + 一个标准差$$

（2）有关团体性质的指数

① 吸引率：表明团体中吸引作用发生的程度。

$$吸引率 = 总被选择数 ÷ （总被选择数 + 总拒斥数）$$

② 团体凝聚力指数：又称凝结指数，表明团体凝结的程度。

$$团体凝聚力指数 = 团体中互为对偶的选择数 ÷ 团体中有可能存在的相互选择数$$

③ 调和指数：表明团体中调和的程度。

$$调和指数 = 团体中对偶数 ÷ （团体人数 - 1）$$

④ 相对名望指数：表明一个团体受团体外成员支持的程度。

$$相对名望指数 = 实际得自团体外的选择数 ÷ 可能得自团体外的选择数$$

以上各种指数都可以用来对成员地位及团体性质进行较准确的比较，但在解释时要注意两方面：第一，社会测量分数在统计上相等，在心理上未必相等，因为其中涉及选择的次别差异问题，如在 A→B→C 这一串联关系中，B 和 C 虽得票相同，但 C 的实际影响力大于 B，因为 C 可通过 B 而间接影响 A；第二，社会测量地位相等，在团体中的影响力未必相等。因为其中涉及选择者的权力差异问题，例如领袖和明星间的差异便属于此种情况（程国萍、秦志华，2018：130）。

3. 统计法

在社会关系测量结果的分析中，可以用统计的方法处理团体成员的被选择数或被拒斥数，例如显著性、相关性、因素分析等。

第五节　团体工作评估报告的撰写

团体工作评估报告撰写，并没有固定的格式。正如撰写团体计划书一样，必须根据团体工作评估报告的目标，来决定其格式及内容。

团体工作评估报告包括事实报告和分析评估两部分，重点在于分析活动中哪些因素须加以完善，才能为服务对象提供更好的服务。

表 10-14 是参考了张兆球、苏国安、陈锦汉（1999：77）提供的一份较为全面的相关内容后整理而成的团体工作评估报告的主要内容。

表 10-14　团体工作评估报告的主要内容

一、基本资料

1. 团体简介

2. 团体方案执行情况（含团体成员出勤情况）

二、财政报告

1. 报告收支情况

2. 解释超支或盈余的原因

三、评估及分析

1. 团体成员分析：分析团体成员与预期的团体成员在数量和特性方面的差距、成员的改变等；

2. 团体宣传和招募策略：检验不同策略的得失利弊；

3. 团体筹备工作：报告和分析工作进度及遇到的问题；

4. 团体目标达成度：评估团体目标达成度；评估有没有其他没有预料到的不良后果；初步分析成败的原因，例如，是程序执行的问题还是设计漏洞的问题；

5. 团体活动设计的评估：根据团体目标的达成度，分析团体活动设计须加留意或改善的地方；

6. 团体成员对程序安排的满意程度：按照团体成员的意见，分析哪些安排需要继续改善

四、总结及建议

1. 总结：团体活动程序的得失、目标是否过低、资源使用是否恰当、问题是否得到解决、有无副作用等

2. 建议：日后是否开展同类团体工作、哪些地方应该改善等

参考文献

蔡炳纲、吴汉明，2002，《72 个体验活动：理论与实践》，香港：汇智出版有限公司。

蔡屹，2008，《小组工作运用于板房安置点受灾群众社会关系的重建——以勤俭人家"和谐巷"居民自我管理弄堂会为例》，《华东理工大学学报》（社会科学版）第 4 期。

曹迪、杜青云，2018，《缅怀往事疗法下促进退休老人自我整合的小组工作介入——以 Y 社区某项目为例》，《南京工程学院学报》（社会科学版）第 2 期。

常雅慧，2011，《GEC 大学生小组工作模式探索与实践》，《社会工作》（学术版）第 10 期。

陈晓东、毛传俊，2018，《聚焦抗逆力：小组工作在空巢老人服务领域中的运用研究》，《重庆城市管理职业学院学报》第 1 期。

程国萍、秦志华，2018，《组织行为学》（第 2 版），东北财经大学出版社。

戴香智、侯国凤，2007，《小组工作发展的文化优势与挑战》，《中国社会导刊》第 14 期。

范茹、谢宇，2018，《我的"荣耀英雄榜"——互联网时代青少年小组工作的创新》，《中国社会工作》第 13 期。

冯聪聪、张策，2019，《社会工作方法在残疾人社会福利服务中的运用——以 Y 社区小组工作为例》，《社会与公益》第 4 期。

傅愫冬，1982，《燕京大学社会学系三十年》，《社会》第 4 期。

葛新静，2017，《社会工作在侗寨——"三区"留守老人孙辈教育小组》，《中国社会工作》第 6 期。

顾正品，2017，《小组工作技巧·小组评估技巧（四）》，《中国社会工作》第 28 期。

关瑞梧、李槐春，1947，《区位儿童福利个案工作》，中华书局。

郭金龙，2011，《社会工作专业小组实习教学模式探索——以民工外展服务小组为例》，《社会工作》（学术版）第 1 期。

韩辉，2008，《社会工作视野下的青少年生涯辅导——体验式小组工作的应用》，《青年探索》第 4 期。

何欣、王晓慧，2013，《关于自助组织的研究发展及主要视角》，《社会学评论》第 5 期。

何雪松，2007，《社会工作理论》，世纪出版集团、上海人民出版社。

洪姗姗，2009，《低年级农民工子女团体社会工作介入的互动模式初探——以厦门市 C 小学社会工作实习为例》，《社会工作》（理论）第 8 期。

侯建州，2014，《健康照顾社会工作专业发展之研究：病友组织社会工作者核心能力之探讨》，《玄奘社会科学学报》第 12 期。

黄丹、林少妆，2018，《园艺治疗之受欺凌青少年身心康复小组运用》，《社会工作》第 4 期。

黄惠惠，2001，《团体辅导工作概论》，台北：张老师文化事业股份有限公司。

黄耀明，2007，《小组工作治疗模式在强制戒毒群体中的应用》，《中国药物依赖性杂志》第 6 期。

黄逸弘，2017，《微信促进小组社会工作创新发展的价值和路径》，《井冈山大学学报》（社会科学版）第 4 期。

蒋旨昂，1946，《社会工作导论》，商务印书馆。

晋长华，2009，《精神病患陪护小组工作的本土化探索》，《社会工作》（理论）第 7 期。

柯露露，2016，《留守儿童家庭亲子关系的小组工作方法介入》，《青少年研究与实践》第 1 期。

赖美合，1999，《安宁照顾团体工作：遗族辅导团体实务分享》，《安宁疗护杂志》第 12 期。

李飞虎、黎柏伶，2016，《公租房社区儿童家居安全与小组工作介入研究——以康居西城为例》，《重庆城市管理职业学院学报》第 3 期。

李建兴，1980，《社会团体工作》，台北：五南图书出版公司。

李敏兰，2009，《回访映秀随笔》，《社会工作》（实务版）第 5 期。

李晓静，2015，《城市流动儿童家庭亲子沟通小组工作的实践研究》，《儿童青少年与家庭社会工作评论》第 Z1 期。

李应华，2009，《未婚妈妈小组工作探析》，《社会工作》（理论）第 7 期。

李郁文，2001，《团体动力学：群体动力的理论、实务与研究》，台北：桂
　　冠图书股份有限公司。

李增禄，1996，《社会工作概论》（增订 2 版），台北：巨流图书公司。

利爱娟、白萧娟，2015，《小组工作对低收入自闭症儿童家长的减压功能
　　研究》，《社会工作与管理》第 4 期。

廖荣利，1987，《社会工作理论与模式》，台北：五南图书出版公司。

林家兴，1987，《会心团体与人际关系训练》，台北：天马文化事业公司。

林孟平，1998，《小组辅导与心理治疗》，商务印书馆（香港）有限公司。

林万亿，1998，《团体工作：理论与技巧》，台北：五南图书出版公司。

林霞，2012，《社会工作专业价值体系实训教程》，中国劳动社会保障出
　　版社。

林幸台、宋汀玲，1984，《人际沟通活动》，高雄：复文图书出版社。

刘斌志，2015，《论小组工作介入艾滋病防治的理念与模式》，《重庆师范
　　大学学报》（哲学社会科学版）第 4 期。

刘梦、朱凯，2013，《从坐而论道走向实践行动——中国小组工作二十
　　年》，《中华女子学院学报》第 4 期。

刘雅敏、张翼，2019，《健康中国视角下医务社工小组工作模式在公立医
　　院的实务探讨》，《医药论坛杂志》第 7 期。

卢谋华，1991，《中国社会工作》，中国社会出版社。

罗忆源、李佩琪，2019，《小组工作对社区轻度失智老年人的干预作用研
　　究——以广州市 X 社区 T 健脑小组为例》，《老龄科学研究》第 3 期。

毛艳青，2013，《关爱进城务工者子女：小组工作应用的不足及建议》，
　　《教育教学论坛》第 36 期。

民政部，2017，《社会工作方法 小组工作 （MZ/T 095—2017）》，http://xxgk.
　　mca. gov. cn：8011/gdnps/n164/n230/n240/c13015/attr/88483. pdf，最后
　　访问日期：2020 年 2 月 20 日。

民政部人事教育司、《中国民政》编辑部，1991，《社会工作》（民政干部
　　培训丛书），中国社会出版社。

裴谕新，2011，《性、妇女充权与集体疗伤——关于四川地震灾区刺绣小
　　组的个案研究》，《开放时代》第 10 期。

裴谕新，2008，《映秀妇女刺绣小组培育记》，《中国社会导刊》第 28 期。

彭迪，2012，《红枫妇女热线督导工作的实践与探索——"督导－教练督导小组－朋辈三级管理体系"》，《社会与公益》第11期。

彭佳慧，2016，《来深流动儿童社区融入小组工作模式的探索——基于流动儿童社区融入的实地研究》，《社会工作与管理》第1期。

彭善民，2010，《篆刻艺术小组：戒毒社会工作的本土创新》，《福建论坛》（人文社会科学版）第7期。

彭善民、顾晓丹，2012，《"生命之美"：疾痛视域中的乳癌小组工作探索》，《华东理工大学学报》（社会科学版）第1期。

彭少峰、罗玲，2014，《自助·互助·助社会：戒毒社会工作与同伴教育的融合探索——以上海"涅重生同伴教育小组"为例》，《社会福利》（理论版）第11期。

秦和，2019，《空间重组中的社区"共治型"微治理转向研究——基于小组工作的实务视角》，《西南科技大学学报》（哲学社会科学版）第4期。

青年会全国协会，1918，《童子养成法》，青年协会出版社。

丘俊凤，2018，《当戒毒康复人员遇到青少年》，《中国社会工作》第27期。

上海政法学院社区矫正研究中心课题组，2019，《浦东新区社区矫正小组工作模式实证研究》，《犯罪与改造研究》第10期。

邵雍，2008，《中国近代社会史》，合肥工业大学出版社。

沈黎、刘晴暄、蔡维维，2012，《社会技能训练与精神健康工作的实践研究——以"同舟共'技'"病友小组为例》，《广东工业大学学报》（社会科学版）第5期。

沈黎、吕静淑，2014，《华人社会工作伦理守则的比较研究》，《华东理工大学学报》（社会科学版）第3期。

宋林飞，1997，《西方社会学理论》，南京大学出版社。

宋镇照，2000，《团体动力学》，台北：五南图书出版公司。

孙江涛、刘阳，2013，《小组社会工作在社区社会组织领袖能力建设中的实务研究——以北京市西城区L社区为例》，《北京青年政治学院学报》第1期。

孙志丽，2016，《民国时期专业社会工作研究》，人民出版社。

王才章、王艺达，2019，《农村留守儿童社会工作的实践与反思——基于X村留守儿童小组工作实务的探讨》，《井冈山大学学报》（社会科学版）第 4 期。

王青山，2004，《雷洁琼与中国社会工作——为庆贺雷老 99 岁华诞而作》，
　　《社会工作》第 9 期。

魏礼群，2018，《当代中国社会大事典》（1978－2015　第 4 卷），商务印
　　书馆、华文出版社。

魏爽，2003，《社会工作专业学生"自我成长小组"模式初探》，《北京工
　　业大学学报》（社会科学版）第 S1 期。

温欣，2018，《情绪抗逆力：小组工作介入大学生情绪管理的应用研究——
　　以 A 高校社会工作服务项目为例》，《青少年学刊》第 3 期。

温信学、侯建州，2019，《病友组织社会工作人员核心能力之研究》，《慈
　　济大学人文社会科学学刊》第 23 期。

吴梦珍，1994，《小组工作》，香港社会工作人员协会。

吴桢，1987，《社会工作讲座 第 5 讲 群体工作》，《中国民政》第 9 期。

吴桢，1948a，《教养机关内社会工作及人员之训练》，《儿童福利通讯》第
　　15 期。

吴桢，1948b，《社会工作是一种社会制度抑或社会运动》，《社会建设》
　　（重庆）第 5 期。

向鑫，2009，《优势视角下的映秀母亲互助小组》，《中国社会工作》第
　　15 期。

肖萍，2010，《扬帆成长小组的社会工作实践研究》，《社会工作（下半月)》
　　第 9 期。

谢扶雅，1923，《基督教青年会原理》，青年协会书局。

徐芳、张晓溪，2016，《NLP 教练技术：青少年团体工作的有效路径》，
　　《北华大学学报》（社会科学版）第 5 期。

徐西森，1997，《团体动力与团体辅导》，心理出版社有限公司。

徐选国、陈琼，2010，《社会工作成长小组模式建构——青少年社会工作
　　实践的新领域》，《社会工作（下半月)》第 7 期。

言心哲，1944，《现代社会事业》，商务印书馆。

杨彩云、高梅书、张昱，2014，《动态需求取向：小组工作介入社区矫正
　　的探索性研究——以 N 市 C 区社区服刑人员角色认同小组为例》，《中
　　国人民公安大学学报》（社会科学版）第 1 期。

杨国枢、文崇一、吴聪贤、李亦园，2006，《社会及行为科学研究法》（下）

（第 13 版），重庆大学出版社。

杨欢、常进锋、陆卫群，2014，《大学生生命教育小组工作及其方案探讨》，《贵州师范学院学报》第 3 期。

杨家正、陈高凌，1998，《小组工作评估》，载杨家正、陈高凌、廖卢慧贞：《小组工作实践：个案汇编》，第 19 ~ 35 页，香港社会工作人员协会有限公司。

杨晶，2007，《残疾人小组工作本土化模式探析》，《贵州大学学报》（社会科学版）第 2 期。

杨荣，2003，《论团体社会工作在中国的发展》，《北京工业大学学报》（社会科学版）第 S1 期。

杨婉秋、张河川，2007，《发展性小组工作在大学生恋爱心理辅导中的实践研究》，《社会工作》第 3 期。

易松国，2017，《中国需要什么样的社会工作伦理规范》，《中国社会工作》第 16 期。

尹士安，2016，《老年人精神慰藉的社会工作介入——基于机构养老小组实践的思考》，《新西部》（理论版）第 13 期。

张惠，2014，《社会工作介入企业员工帮助计划（EAP）研究——以成都富士康"新员工适应成长小组"为例》，《无锡职业技术学院学报》第 1 期。

张孟群，2014，《萨提亚模式在外来媳小组工作中的运用探索——以上海市 JP 街道家庭增能项目为例》，《儿童青少年与家庭社会工作评论》第 1 期。

张威，2016，《专业性社会工作督导对助人者自我成长的推动作用——以华仁社会工作发展中心的小组督导为例》，《社会工作》第 5 期。

张文华、孔屏，2011，《留守儿童保护中小组工作介入研究》，《青少年研究》（山东省团校学报）第 3 期。

张勇主编，2017，《广东社会工作教育蓝皮书：政策规划、专业教育和职业实践（2006—2016）》，暨南大学出版社。

张兆球、苏国安、陈锦汉，1999，《活动程序：计划、执行和评鉴》，香港：香港城市大学出版社。

赵芳，2016，《社会工作伦理：理论与实务》，社会科学文献出版社。

甄静慧，2014，《我们为什么需要"团体"?》，《南风窗》第 3 期。

郑玲玲、蒋秋红，2017，《老小孩，大课堂——一例针对动拆迁社区老年居民的小组工作》，《中国社会工作》第 3 期。

中国互联网络信息中心，2021，《第 47 次中国互联网络发展状况统计报告》，http://www. cnnic. cn/hlwfzyj/hlwxzbg/hlwtjbg/202102/P0202102033346334 80104. pdf，最后访问日期：2021 年 5 月 5 日。

周晓虹，1990，《现代西方社会心理学流派》，南京大学出版社。

朱玲芳，2010，《福利机构应注重小组工作方法》，《社会福利》第 8 期。

A. B. 彼得罗夫斯基、B. B. 施巴林斯基，1984，《集体的社会心理学》，卢盛忠、龚浩然、张世臣译，人民教育出版社。

Abels, P. 2013. "History of the Standards for Social Work Practice with Groups: A Partial View." *Social Work with Groups* 36 (2 – 3): 259 – 269.

Adamsen, L., and Julie Midtgaard Rasmussen. 2001. "Sociological Perspectives on Self-help Groups: Reflections on Conceptualization and Social Processes." *Journal of Advanced Nursing* (6): 909 – 917.

Alat, K. 2017. "The Use of Online Parent Support Groups by Parents of Children with Autism." *Turkish Studies* 12 (33): 67 – 80.

Alissi, A. S. 1980. "Social Group Work: Commitments and Perspectives." In *Perspectives on Social Group Work Practice: a Book of Readings*, edited by Albert S. Alissi, pp. 5 – 35. The Free Press.

Alissi, A. S. 2001. "The Social Group Work Tradition: Toward Social Justice a Free Society." *Social Group Work Foundation Occasional Papers*, http://digitalcommons. uconn. edu/sw_op/1.

Andrews, J. 2001. "Group Work's Place in Social Work: a Historical Analysis." *Journal of Sociology and Social Welfare* 28 (4): 45 – 65.

Archibald, M. E. 2007. "An Organizational Ecology of National Self-Help/Mutual-Aid Organizations." *Nonprofit and Voluntary Sector Quarterly* (4): 598 – 621.

Asch, S. E. 1952. *Social Psychology*. Prentice Hall.

Bales, R. F., and Stephen P. Cohen. 1979. *SYMLOG: A System for the Multiple Level Observation of Groups*. New York: Free Press.

Bales, R. F. 1950a. "A Set of Categories for the Analysis of Small Group Interaction." *American Sociological Review* (2): 257 – 263.

Bales, R. F. 1950b. *Interaction Process Analysis: a Method for the Study of Small Groups.* Redding, MA: Addison-Wesley.

Bales, R. F. 2001. *Social Interaction Systems: Theory and Measurement.* Routledge.

Bales, R. F. 1970. *Personality and Interpersonal Behaviors.* Holt, Rinehart and Winston, Inc.

Balgopal, P. R., and Thomas V. Vassil. 1979. "The Group Psychotherapist: A New Breed." *Perspectives in Psychiatric Care* (3): 132 – 137.

Bandura, A. 1977. *Social Learning Theory.* Prentice Hall.

Barker, R. L. 2003. *The Social Work Dictionary* (5th ed.). Washington, DC: National Association of Social Workers.

Barlow, S. H., Gary M. Burlingame, R. Scott Nebeker, and Ed Anderson. 2000. "Meta-Analysis of Medical Self-Help Groups." *International Journal of Group Psychotherapy* (1): 53 – 69.

Barsky, A. 2017. "The 2017 NASW Code of Ethics: What's New?" *New Social Worker* (4): 4 – 7.

Bedeian, A. G. 1986. *Management.* The Dryden Press.

Benne, K. D., and Paul Sheats. 1948. "Functional Roles of Group Members." *Journal of Social Issues* (2): 41 – 49.

Benson, J. F. 2010. *Working More Creatively with Groups* (3rd ed.). Routledge.

Bernstein, S. 1965. *Explorations in Group Work: Essays in Theory and Practice.* Boston University School of Social Work.

Blumer, H. 1978. "Society as Symbolic Interaction." In *Symbolic Interaction: a Reader in Social Psychology*, edited by J. G. Manis, and B. N. Meltzer, Boston: Allyn and Bacon.

Blumer, H. 1969. *Symbolic Interactionism: Perspective and Method.* University of California Press.

Bogardus, E. S. 1936. "Ten Standards for Group Work." *Sociology and Social Research* (2): 175 – 183.

Borkman, T. 1999. *Understanding Self-help/Mutual Aid: Experiential Learning in the Commons.* Rutgers University Press.

Bradford, L. P. 1976. "The Laboratory Method: a Historical Perspective." *Group & Organization Management* (4): 415 – 429.

Bradshaw, J. R. 1972. "The Concept of Social Need." *New Society* (30): 640 – 643.

Brown, R., and Sam Pehrson. 2020. *Group Processes: Dynamics within and between Groups* (3rd ed.). John Wiley & Sons Inc.

Busch, H. M. 1934. *Leadership in Group Work*. Association Press.

Carroll, M. R., and J. D. Wiggins. 1997. *Elements of Group Counseling: Back to the Basics* (2nd ed.). Love Publishing Company.

Cohen, C. S., and Amy Olshever. 2013. "IASWG Standards for Social Work Practice with Groups: Development, Application, and Evolution." *Social Work with Groups* 36 (2 – 3): 111 – 129.

Cooley, C. H. 1902. *Human Nature and the Social Order*. Charles Scribner's Sons.

Corey, G., Marianne Schneider Corey, Patrick Callanan, and J. Michael Russell. 1982. *Group Techniques*. Brooks/Cole Publishing Company.

Corey, G., Marianne Schneider Corey, Patrick Callanan, and J. Michael Russell. 2015. *Group Techniques* (4th ed.). Brooks/Cole, Cengage Learning.

Corey, M. S., Gerald Corey, and Cindy Corey. 2018. *Groups: Process and Practice* (10th ed.). Brooks/Cole, Cengage Learning.

Cournoyer, B. R. 2011. *The Social Work Skills Workbook* (6th ed.). Brooks/Cole, Cengage Learning.

Coyle, G. L. 1947a. "On Becoming Professional." In *Toward Professional Standards*, edited by American Association of Group Workers, pp. 17 – 18. New York: American Association of Group Workers.

Coyle, G. L. 1947b. *Group Experience and Democratic Values*. Woman's Press.

Coyle, G. L. 1949. "Definition of the Function of the Group Worker." *The Group* 11 (3): 11 – 12.

Coyle, G. L. 1948. *Group Work with American Youth: a Guide to the Practice of Leadership*. New York: Harper.

Coyle, G. L. 1952. "Social Group Work: An Aspect of Social Work Practice." *Journal of Social Issues* 8 (2): 23 – 34.

Coyle, G. L. 1937. *Studies in Group Behavior*. Harper & Brothers.

Coyle, G. L. 1959. "Some Basic Assumptions about Social Group Work. " In *The Social Group Work Method in Social Work Education (Vol. XI)* : *Curriculum Study*, edited by Murphy, Marjorie, pp. 88 – 105. New York : Council on Social Work Education.

Dinkmeyer, D. C. , and James J. Muro. 1979. *Group Counseling* : *theory and practice (2nd ed.)* . F. E. Peacock Publishers, Inc.

Douglas, T. 1979. *Group process in Social Work* : *a Theoretical Synthesis*. New York : John Wiley & Sons.

Dreyfus, H. L. , and Stuart E. Dreyfus. 1986. *Mind over Machine* : *The Power of Human Intuition and Expertise in the Age of the Computer*. The Free Press.

Egan, G. 1973. *Face to Face* : *The Small-group Experience and Interpersonal Growth*. Brooks/Cole Publishing Company.

Euster, G. L. 1980. "Group Work. " In *Contemporary Social Work (2nd ed.)* , edited by Donald Brieland, Lela B. Costin, Charles R. Atherton, and Contributors, pp. 103. McGraw-Hill.

Finn, J. , and Melissa Lavitt. 1994. "Computer-Based Self-help Groups for Sexual Abuse Survivors. " *Social Work with Groups* 17 (1 – 2) : 21 – 46.

Finn, J. 1999. "An Exploration of Helping Processes in an Online Self-Help Group Focusing on Issues of Disability. " *Health & Social Work* 24 (3) : 220 – 232.

Finn, J. 1995. "Computer-based Self-help Groups : A New Resource to Supplement Support Groups. " *Social Work with Groups* (1) : 109 – 117.

Forsyth, D. R. 2010. *Group Dynamics (5th ed.)* . Cengage Learning.

Forsyth, D. R. 2019. *Group Dynamics (7th ed.)* . Cengage Learning.

Garland, J. A. , Hubert Jones, and Ralph L. Kolodny. 1965. "A Model for Stages And Development in Social Work Groups. " In *Exploration in Group Work*, edited by Saul Bernstein. Boston University School of Social Work.

Garvin, C. D. 1987. *Contemporary Group Work (2nd ed.)* . Prentice-Hall Inc.

Gilat, I. , and Golan Shahar. 2009. "Suicide Prevention by Online Support Groups : An Action Theory-Based Model of Emotional First Aid. " *Archives of Suicide Research* 13 (1) : 52 – 63.

Gilat, I., Yishai Tobin, and Golan Shahar. 2011. "Offering Support to Suicidal Individuals in an Online Support Group." *Archives of Suicide Research* 15 (3): 195 – 206.

Gitterman, A., and Robert Salmon. 2009. *Encyclopedia of Social Work with Groups*. Routledge.

Gottlieb, B. H. 1982. "Mutual-help Groups: Members' Views of Their Benefits and of Roles for Professionals." *Prevention in Human Services* (3): 55 – 67.

Greenwood, E. 1957. "Attributes of a Profession." *Social Work* (3): 45 – 55.

Griffin, R. W., and Gregory Moorhead. 2014. *Organizational Behavior: Managing People and Organizations* (11*th* ed.). Cengage Learning.

Handlin, O. 1951. *The Uprooted: the Epic Story of the Great Migrations that Migrations that Made the American People*. Grosset & Dunlap.

Hartford, M. E. 1964. "Frame of Reference for Social Group Work." In *Working Papers toward a Frame of Reference for Social Group Work*, edited by NASW, pp. 4 – 10. New York: National Association of Social Workers, Inc.

Hartford, M. E. 1971. *Groups in Social Work: Application of Small Group Theory and research to Social Work Practice*. Columbia University Press.

Hendry, C. E. 1940. "Review of Group Work's Affirmations." In *Proceedings of the National Conference of Social Work*, edited by National Conference of Social Work, pp. 539 – 551. New York: Columbia University Press.

Henry, S. 1981. *Group Skills in Social Work: a Four-Dimensional Approach*. Itasca, IL: Peacock.

Henry, S. 1992. *Group Skills in Social Work: a Four-Dimensional Approach* (2*nd* ed.). Pacific Grove, CA: Brooks/Cole.

Hepworth, D. H., Ronald H. Rooney, Glenda Dewberry Rooney, and Kimberly Strom-Gottfried. 2017. *Direct Social Work Practice: Theory and Skills* (10*th* ed.). Cengage Learning.

Hepworth, D. H., Ronald H. Rooney, Glenda Dewberry Rooney, and Kimberly Strom-Gottfried. 2013. *Direct Social Work Practice: Theory and Skills* (9*th* ed.). Cengage Learning.

Hodge, J. 1985. *Planning for Co-leadership: A Practice Guide for Groupworkers*, Groupvine.

Homans, G. 1950. *The Human Group.* New York: Harcourt Brace Jovanovich.

Hurdle, D. E. 2001. "Social Support: A Critical Factor in Women's Health and Health Promotion." *Health & Social Work* (2): 72 – 79.

IASSW. 2018. "Global Social Work Statement of Ethical Principles." Last Modified April 27. https://www.ifsw.org/wp-content/uploads/2018/07/Global-Social-Work-Statement-of-Ethical-Principles-IASSW – 27 – April – 2018 – 1. pdf

IASWG. 2016. "IASWG Standards for Social Work Practice with Groups (2015)." Last Modified May 5. https://www.iaswg.org/assets/docs/Resources/2015_ iaswg_standards_for_social_work_practice_with_groups.pdf.

Ingham, A. G. , George Levinger, and James Graves. 1974. "The Ringelmann effect: Studies of Group Size and Group Performance." *Journal of Experimental Social Psychology* (4): 371 – 384.

Janis, I. L. 1982. *Groupthink: Psychological Studies of Policy Decisions and Fiascos* (2*nd ed.*). Houghton Mifflin.

Janis, I. L. 1973. "Groupthink and Group Dynamics: a Social Psychological Analysis of Defective Policy Decisions." *Policy Studies Journal* (1): 19 – 25.

Janis, I. L. 1972. *Victims of Groupthink: A Psychological Study of Foreign-Policy Decisions and Fiascoes.* Boston: Houghton Mifflin.

Johnson, D. W. , and Frank P. Johnson. 1991. *Joining Together: Group Theory and group Skills* (4*th ed.*). Prentice Hall.

Johnson, L. C. 1995. *Social Work Practice: A Generalist Approach* (5*th ed.*). Newton, MA: Allyn & Bacon.

Kaslyn, M. 1999. "Telephone Group Work: Challenges for Practice." *Social Work with Groups* 22 (1): 63 – 77.

Kirst-Ashman, K. K. , and Jr. Grafton H. Hull. 2018. *Understanding Generalist Practice* (8*th ed.*). Gengage Learning.

Klein, A. F. 1972. *Effective Groupwork: an Introduction to Principle and Method.* Association Press.

Klein, A. F. 1970. *Social Work through Group Process, School of Social Welfare.* State University of New York.

klein, A. F. 1953. *Society-Democracy and the Group.* New York: William Morrow and Company.

Knowles, M. S. , and Hulda F. Knowles. 1959. *Introduction to Group Dynamics*. New York: Association Press.

Kolk, C. J. Vander. 1985. *Introduction to Group Counseling and Psychotherapy*. Charles E. Merrill Publishing Company.

Konopka, G. 1991. "All Lives are Connected to Other Lives: The Meaning of Social Group Work. " In *Theory and Practice in Social Group Work: Creative Connections*, edited by Kenneth L. Chau, Marie Weil, and Dannia Southerland, pp. 29 – 38. New York: The Haworth Press, Inc.

Konopka, G. 1997. "Human Dignity: All Lives are Connected to Other Lives. " *Reflections: Narratives of Professional Helping* 3 (4): 55 – 58.

Konopka, Gisela. 1963. *Social Group Work: a Helping Process*. Englewood Cliffs, N. J: Prentice-Hall.

Konopka, G. 1949. *Therapeutic Group Work with Children*. University of Minnesota Press.

Konopka, G. 1978. "The Significance of Social Group Work Based on Ethical Values. " *Social Work with Groups* (2): 123 – 131.

Kravitz, D. A. , and Barbara Martin. 1986. "Ringelmann Rediscovered: The Original Article. " *Journal of Personality and Social Psychology* (5): 936 – 941.

Kunstler, P. 1955. *Social Group Work in Great Britain*. London: Faber and Faber Ltd.

Kurland, R. , and Robert Salmon. 1998. "Purpose: A Misunderstood and Misused Keystone of Group Work Practice. " *Social Work with Groups* 21 (3): 5 – 17.

Kurtz, L. F. 1997. *Self-help and Support Groups: A Handbook for Practitioners*. Sage Publications, Inc.

Kurtz, L. F. 2004. "Support and Self-help Groups. " In *Handbook of Social Work with Groups*, edited by Charles D. Garvin, Lorraine M. Gutiérrez, and Maeda J. Galinsky, pp. 139 – 159. Guilford Press.

Lang, N. C. 1979a. "A Comparative Examination of Therapeutic Uses Of Groups in Social Work and in Adjacent Human Service Professions: Part I-

The Literature from 1955 – 1968. ” *Social Work with Groups* (2): 101 – 115.

Lang, N. C. 1979b. “A Comparative Examination of Therapeutic Uses Of Groups in Social Work and in Adjacent Human Service Professions: Part II. ” *Social Work with Groups* 2 (3): 197 – 220.

Lavoie, F. , Thomasina Borkman, and Benjamin Gidron. 1995. *Self-help and Mutual Aid Groups: International and Multicultural Perspectives.* Haworth Press.

Leavitt, H. J. 1951. “Some Effects of Certain Communication Patterns on Group Performance. ” *The Journal of Abnormal & Social Psychology* (1): 38 – 50.

Lee, C. D. 2018. “Social Work with Groups'Practice Ethics and Standards: Student confidence and Competence. ” *Research on Social Work Practice* 28 (4): 475 – 481.

Levy, L. H. 1976. “Self-help Groups: Types and Psychological Processes. ” *The Journal of Applied Behavioral Science* 12 (3): 310 – 322.

Levy, L. H. 2000. “Self-help Groups. ” In *Handbook of Community Psychology*, edited by Julian Rappaport, and Edward Seidman, pp. 591 – 613. Kluwer Academic/Plenum.

Lewin, K. 1939a. “Field Theory and Experiment in Social Psychology: Concepts and Methods. ” *The American Journal of Sociology* (6): 868 – 896.

Lewin, K. 1939b. “Experiments in Social Space. ” *Harvard Educational Review* (9): 21 – 32.

Lewin, K. 1947. “Group Decision and Social Change. ” In *Readings in Social Psychology*, edited by Theodore M. Newcomb, and Eugene L. Hartley, pp. 330 – 344. New York: Henry Holt and Company, Inc.

Lieberman, J. 1938. *New Trends in Group Work.* Association Press.

Lieberman, M. A. , and Leonard D. Borman. 1979. *Self-help Groups for Coping with Crisis: Origins, Members, Processes, and Impact.* San Francisco: Jossey-Bass.

Light, D. , and Suzanne Keller. 1975. *Sociology* (5th ed.) . New York: Alfred A. Knopf, pp. 158.

Lindeman, E. C. 1939. “Group Work and Education for Democracy. ” In *Pro-

ceedings of the National Conference of Social Work: Selected Papers Sixty-sixth Annual Conference. Buffalo, New York, June 18 – 24, edited by The National Conference of Social Work, pp. 344. New York: Columbia University Press.

Lindsay, T. , and Sue Orton. 2008. *Groupwork Practice in Social Work.* Learning Matters Ltd.

Lipson, J. G. 1982. "Effects of a Support Group on the Emotional Impact of Cesarean Childbirth. " In *Helping People to Help Themselves: Self-help and Prevention*, edited by Leonard D. Borman, L. E. Borck, R. Hess, and F. L. Pasquale. New York: The Haworth Press.

Luft, J. , and Harry Ingham. 1955. "The Johari Window: A graphic model of awareness in interpersonal relations. " In *Proceedings of the Western Training Laboratory in Group Development.* pp. 246. Los Angeles: UCLA Extension Office.

Mann, R. D. , Graham S. Gibbard, and John J. Hartman. 1967. *Interpersonal Styles and Group Development: an Analysis of the Member-Leader Relationship.* New York: John Wiley & Sons, Inc.

Mann, R. D. 1966. "The Development of the Member-Trainer Relationship in Self-analytic Groups. " *Human Relations* (1): 85 – 115.

Mayadas, N. S. , Rebecca Smith, and Doreen Elliott. 2004. "Social Group Work in a Global Context. " In *Handbook of Social Work with Groups*, edited by Charles D. Garvin, Lorraine M. Gutiérrez, and Maeda J. Galinsky, pp. 45 – 57. The Guilford Press.

McCaughan, N. 1977. "Social Group Work in the United Kingdom. " In *Integrating Social Work Method*, edited by Specht, Harry, and Anne Vickery, pp. 151 – 163. London: George Allen & Unwin.

McClenahan, B. A. 1936. "The Group Work Field: A Professional Evaluation in Terms of a Summary of Aims, Principles, and Types of Group Work. " *Social Forces* 14 (4): 566 – 572.

McKenna, K. Y. A. , and John A. Bargh. 2002. *Consequences of the Internet for Self and Society: is Social Life Being Transformed?* Blackwell.

Mead, G. H. 1934. *Mind, Self, and Society: From the Standpoint of a Social*

Behaviorist. The University of Chicago Press.

Meier, A. 2002. "An Online Stress Management Support Group for Social Workers." *Journal of Technology in Human Services* 20 (1/2): 107 – 132.

Meier, A. 1998. "Inventing New Models of Social Support Groups: A Feasibility Study of an Online Stress Management Support Group for Social Workers." *Social Work with Groups* 20 (4): 35 – 53.

Meier, A. 2004. "Technology-Mediated Groups." In *Handbook of Social Work with Groups*, edited by Charles D. Garvin, Lorraine M. Gutiérrez, and Maeda J. Galinsky, pp. 479 – 503. The Guilford Press.

Middleman, R. R. , and Gale Goldberg Wood. 1990. "From Social Group Work to Social Work with Groups." *Social Work with Groups* (3): 3 – 20.

Milson, F. 1973. *An Introduction to Group Work Skill.* London: Routledge and Kegan Paul.

Morales, A. , and Bradford W. Sheafor. 2004. *Social Work: A Profession of Many Faces* (10*th ed.*) . Pearson Education Inc.

Moreno, J. L. 1947. "Contributions of Sociometry to Research Methodology in Sociology." *American Sociological Review* (3): 287 – 292.

Moreno, J. L. 1934. *Who Shall Survive: A New Approach to the Problem of Human Interrelations.* Nervous and Mental Disease Publishing.

Moreno, J. L. 1953. *Who Shall Survive? Foundations of Sociometry, Group Psychotherapy, and Sociodrama* (2*nd ed.*) . Beacon House.

Munn-Giddings, C. , and Andrew McVicar. 2007. "Self-Help Groups as Mutual Support: What do Carers Value?" *Health & Social Care in the Community* 15 (1): 26 – 34.

Murphy, M. 1959. *The Social Group Work Method in Social Work Education* (*Vol. XI*): *Curriculum Study.* New York: Council on Social Work Education.

NASW. 1965. *Encyclopedia of Social Work.* National Association of Social Workers, Inc.

Nicholas, D. B. 2003. "Participant Perceptions of Online Group Work with Fathers of Children with Spina Bifida. " In *Social Work with Groups: Social*

Justice Through Personal, *Community and Societal Change*, edited by Nancy E. Sullivan, Ellen Sue Mesbur, Norma C. Lang, Deborah Goodman, and Lynne Mitchell, pp. 227 – 240. Haworth Press.

Northen, H. , and Roselle Kurland. 2001. *Social Work with Groups*. Columbia University Press.

Northen, H. 2004. "Ethics and Values in Group. " In *Handbook of Social Work with Groups*, edited by Charles D. Garvin, Lorraine M. Gutiérrez, and Maeda J. Galinsky, pp. 76 – 89. New York: The Guilford Press.

Papell, C. P. , and Beulah Rothman. 1980. "Relating the Mainstream Model of Social Work with Groups to Group Psychotherapy and the Structured Group Approach. " *Social Work with Groups* (2): 5 – 23.

Papell, C. P. , and Beulah Rothman. 1966. "Social Group Work Models: Possession and Heritage. " *Journal of Education for Social Work* (2): 66 – 77.

Papell, C. P. 2015. "More Than 60 Years with Social Group Work: Personal and Professional History. " *Social Work with Groups* 38 (3 – 4): 201 – 219.

Parsons, T. , and Robert Freed Bales. 1956. *Family*, *Socialization and Interaction Process*. Routledge.

Parsons, T. 1960. *Structure and Process in Modern Society*. New York: The Free Press.

Parsons, T. 1951. *The Social System*. The Free Press of Glencoe.

Pearson, Richard E. 1981. "Basic Skills for Leadership of Counseling Groups. " *Counselor Education and Supervision* (1): 30 – 37.

Perlman, H. H. 1957. "Freud's Contribution to Social Welfare. " *Social Service Review* 31 (2): 192 – 202.

Pernell, R. B. 1962. "Identifying and Teaching the Skill Components of Social Group Work. " In *Educational Developments in Social Group Work*, edited by Council on Social Work Education, pp. 18 – 36. New York: The Council.

Pernell, R. B. 1957. "Professional and Volunteer Workers in Traditional Youth-Serving Agencies. " *Social Work* (1): 63 – 67.

Phillips, H. U. 1957. *Essentials of Social Group Work Skill*. Association Press.

Plasse, B. R. 1995. "Parenting Groups for Recovering Addicts in a Day Treatment Center. " *Social Work* (1): 65 – 74.

Postmes, T. , Russell Spears, Khaled Sakhel, and Daphne de Groot. 2001. "Social Influence in Computer-Mediated Communication: The Effects of Anonymity on Group Behavior. " *Personality and Social Psychology Bulletin* (10): 1243 – 1254.

Powell, T. J. 1994. *Understanding the Self-help Organization: Frameworks and Findings.* Sage Publications.

Preston-Shoot, Michael. 1987. *Effective Groupwork.* Macmillan Education Ltd.

Quinney, L. , and Peter Fowler. 2013. "Facilitating Shared Online Group Learning between Carers, Service Users and Social Work Students. " *Social Work Education* 32 (8): 1021 – 1031.

Reid, K. E. 1997. *Social Work Practice with Groups: a Clinical Perspective* (2nd ed.) . Brooks/Cole Publishing Company.

Richmond, M. E. 1920. "Some Next Steps in Social Treatment. " *Family* (4): 6 – 10.

Richmond, M. E. 1922. *What is Social Case Work? An Introductory Description.* New York: Russel Sage Foundation.

Riessman, F. 1965. "The " Helper " Therapy Principle. " *Social Work* (2): 27 – 32.

Roberts, R. W. , and Helen Northen. 1976. *Theories of Social Work with Groups.* Columbia University Press.

Rogers, C. R. 1970. *Carl Rogers on Encounter Groups.* Harper & Row, Publishers, pp. 4 – 5.

Sandaunet, A. G. 2008. "The Challenge of Fitting in: Non-Participation and Withdrawal FROM an Online Self-Help Group for Breast Cancer Patients. " *Sociology of Health & Illness* (1): 131 – 144.

Sarri, R. C. , and Maeda Galinsky. 1974. "A Conceptual Framework for Group Development. " In *Individual Change Through Small Groups*, edited by Paul H. Glasser, Rosemary C. Sarri, and Robert D. Vinter, pp. 71 – 88. Free Press.

Schopler, J. H. , and Maeda J. Galinsky. 1995. "Group Practice Overview. " In Encyclopedia of Social Work (19th ed.) volume 2, edited by Richard

L. Edwards, pp. 1129 – 1143. The NASW Press.

Schopler, J. H., and Maeda J. Galinsky. 1984. "Meeting Practice Needs." *Social Work With Groups* 7 (2): 3 – 21.

Schopler, J. H., Melissa D. Abell, and Maeda J. Galinsky. 1998. "Technology-Based Groups: A Review and Conceptual Framework for Practice." *Social Work* (3): 254 – 266.

Schutz, W. C. 1973. "Encounter." In *Current Psychotherapies*, edited by R. Corsini, pp. 401 – 443. F. E. Peacock Publishers, Inc.

Schwartz, W. 1971. "On the Use of Groups in Social Work Practice." In *The Practice of Group Work*, edited by William Schwartz, and Serapio R. Zalba, pp. 3 – 24. Columbia University Press.

Schwartz, W. 1977. "Social Group Work: The Interactionist Approach." In *The Encyclopedia of Social Work*, *vol. 2*, edited by National Association of Social Workers, pp. 1252 – 1263. National Association of Social Workers.

Schwartz, W. 1961. "The Social Worker in the Group." In *New Perspectives on Services to Groups: Theory, Organization, and Practice*, edited by National Association of Social Workers, pp. 7 – 34. National Association of Social Workers.

Schwartz, W. 1962. "Toward a Strategy of Group Work Practice." *Social Service Review* (3): 268 – 279.

Shanley, C. 2008. "Supporting Family Carers Through Telephone-Mediated Group Programs: Opportunities For Gerontological Social Workers." *Journal of Gerontological Social Work* 51 (3 – 4): 199 – 209.

Sherif, M. 1936. *The Psychology of Social Norms*. Harper & Brothers Publishers.

Smith, T. L., Ronald W. Toseland, Victoria M. Rizzo, and Michele A. Zinoman. 2005. "Telephone Caregiver Support Groups." *Journal of Gerontological Social Work* (1 – 2): 151 – 172.

Smokowski, P. R., Sheldon Rose, Kathleen Todar, and Katherine Reardon. 1999. "Postgroup-Casualty Status, Group Events, and Leader Behavior: An Early Look into the Dynamics of Damaging Group Experiences." *Research on Social Work Practice* 9 (5): 555 – 574.

Steadman, J., and Chrisma Pretorius. 2014. "The impact of an Online Facebook Support Group for People with Multiple Sclerosis on Non-Active Users. " *African Journal of Disability* 3 (1): 1 – 10.

Stein, L. , Beulah Rothman, and Manuel Nakanishi. 1993. " The Telephone Group. " *Social Work with Groups* 16 (1 – 2): 203 – 215.

Steinberg, D. M. 2014. *A Mutual-Aid Model for Social Work with Groups* (3rd ed.), Routledge.

Stommel, W. 2009. *Entering an Online Support Group on Eating Disorders: A discourse analysis.* New York: Rodopi B. V. , Amsterdam.

Stoner, J. A. F. 1968. "Risky and Cautious Shifts in Group Decisions: The Influence of Widely Held Values. " *Journal of Experimental Social Psychology* (4): 442 – 459.

Sundel, M. , Paul H. Glasser, Rosemary C. Sarri, and Robert D. Vinter. 1985. *Individual Change through Small Groups* (2nd ed.) . The Free Press.

Thelen, H. , and Watson Dickerman. 1949. " Stereotypes and the Growth of Groups. " *Educational Leadership* (5): 309 – 316.

Toseland, R. W. , and Max Siporin. 1986. "When to Recommend Group Treatment: a Review of the Clinical and the Research Literature. " *International Journal of Group Psychotherapy* (2): 171 – 201.

Toseland, R. W. , André Ivanoff, and Steven R. Rose. 1987. "Treatment Conferences: Task Groups in Action. " *Social Work with Groups* (2): 79 – 94.

Toseland, R. W. , and Robert F. Rivas. 1995. *An Introduction to Group Work Practice* (2nd ed.) . Allyn and Bacon.

Toseland, R. W. , and Robert F. Rivas. 2017. *An Introduction to Group Work Practice* (8th ed.) . Allyn and Bacon.

Toseland, R. W. , and Robert F. Rivas. 2005. *An Introduction to Group Work Practice* (5th ed.) . Pearson Education, Inc.

Trecker, H. B. 1948. *Social Group Work: Principles and Practices.* New York: The Woman's Press.

Trecker, H. B. 1972. *Social Group Work: Principles and Practices.* Association Press.

Trevithick, Pamela. 2012. *Social Work Skills and Knowledge: A Practice Handbook* (3rd ed.) . Open University Press.

Trevithick, P. 2005. *Social Work Skills: a Practice Handbook* (2*nd ed.*) . Open University Press.

Tropp, E. 1978. "Whatever Happened to Group Work?" *Social Work with Groups* (1): 85 – 94.

Trotzer, J. P. 1977. *The Counselor and the Group: Integrating Theory, Training and Practice.* Brooks/Cole Pub. Co.

Trotzer, J. P. 2006. *The Counselor and the Group: Integrating Theory, Training and Practice* (4*th ed.*) . Routledge/Taylor & Francis Group.

Tuckman, B. W. , and Mary Ann C. Jensen. 1977. "Stages of Small-Group Development Revisited. " *Group & Organization Studies* (4): 419 – 427.

Tuckman, B. W. 1965. "Developmental Sequence in Small Groups. " *Psychological Bulletin* 63 (6): 384 – 399.

Uden-Kraan, C. F. van, Constance H. C. Drossaert, Erik Taal, Bret R. Shaw, Erwin R. Seydel, and Mart A. F. J. van de Laar. 2008. " Empowering Processes and Outcomes of Participation in Online Support Groups for Patients With Breast Cancer, Arthritis, or Fibromyalgia. " *Qualitative Health Research* 18 (3): 405 – 417.

Vinter, R. D. 1967. *Readings in Group Work Practice.* New York: Campus Publishers.

Vinter, R. D. 1965. "Social Group Work. " In *Encyclopedia of Social Work,* edited by National Association of Social Workers, pp. 715 – 724. New York: National Association of Social Workers.

Waldron, V. R. , Melissa Lavitt, and Douglas Kelley. 2000. "The Nature and Prevention of Harm in Technology-Mediated Self-Help Settings: three Exemplars. " *Journal of Technology in Human Services* (2 – 3): 267 – 293.

Wallach, M. A. , Nathan Kogan, and Daryl J. Bem. 1962. "Group Influence on Individual Risk Taking. " *Journal of Abnormal & Social Psychology* (2): 75 – 86.

Weinberg, N. , Janet S. Uken, John Schmale, and Margaret Adamek. 1995. "Therapeutic Factors: Their Presence in a Computer-Mediated Support Group. " *Social Work with Groups* 18 (4): 57 – 69.

Welford, A. T. 1958. *Ageing and Human Skill.* London: Oxford University Press.

Whittaker, J. K. 1970. "Models of Group Development: Implications for Social Group Work Practice. " *Social Service Review* 44 (3): 308 – 322.

Wilson, G. , and Gladys Ryland. 1949. *Social Group Work Practice: the Creative Use of the Social Process.* Houghton Mifflin Co.

Witmer, H. L. 1942. *Social Work: An Analysis of a Social Institution.* New York: Farrar & Rinehart, Inc.

Wong, D. K. P. , and Sau Fong Chow. 2006. "Beyond Clinical Trials and Narratives: a Participatory Action Research with Cancer Patient Self-help Groups. " *Patient Education and Counseling* 60: 201 – 205.

Zastrow, C. H. 2015. *Social Work with Groups: a Comprehensive Work text* (9th ed.) . Cengage Learning.

Zhu, Y. , and Keri K. Stephens. 2019. "Online Support Group Participation and Social Support: Incorporating Identification and Interpersonal Bonds. " *Small Group Research* 50 (5): 593 – 622.

图书在版编目（CIP）数据

团体社会工作 / 肖萍著. -- 2 版. -- 北京：社会
科学文献出版社，2022.7
（社会工作丛书. 第二辑）
ISBN 978 - 7 - 5228 - 0359 - 3

Ⅰ.①团… Ⅱ.①肖… Ⅲ.①社会团体 - 社会工作
Ⅳ.①C916

中国版本图书馆 CIP 数据核字（2022）第 111311 号

社会工作丛书·第二辑

团体社会工作（第二版）

著　　者 / 肖　萍

出 版 人 / 王利民
责任编辑 / 胡庆英
责任印制 / 王京美

出　　版 / 社会科学文献出版社·群学出版分社　（010）59366453
　　　　　　地址：北京市北三环中路甲 29 号院华龙大厦　邮编：100029
　　　　　　网址：www.ssap.com.cn
发　　行 / 社会科学文献出版社　（010）59367028
印　　装 / 三河市尚艺印装有限公司

规　　格 / 开　本：787mm × 1092mm　1/16
　　　　　　印　张：21.25　字　数：355 千字
版　　次 / 2022 年 7 月第 2 版　2022 年 7 月第 1 次印刷
书　　号 / ISBN 978 - 7 - 5228 - 0359 - 3
定　　价 / 59.00 元

读者服务电话：4008918866